报关单
填制规范及案例解析

BAOGUANDAN TIANZHI GUIFAN JI ANLI JIEXI
(DI-ER BAN)

（第二版）

徐炜　潘英麟　门毅◎编

中国海关出版社有限公司

·北京·

图书在版编目（CIP）数据

报关单填制规范及案例解析 / 徐炜，潘英麟，门毅编. -- 2版. -- 北京：中国海关出版社有限公司，2025. -- ISBN 978-7-5175-0899-1

Ⅰ. F752. 5

中国国家版本馆CIP数据核字第2025QH7656号

报关单填制规范及案例解析（第二版）

BAOGUANDAN TIANZHI GUIFAN JI ANLI JIEXI（DI-ER BAN）

作　　者：徐　炜　潘英麟　门　毅
策划编辑：景小卫
责任编辑：文珍妮
责任印制：王怡莎
出版发行：中国海关出版社有限公司
社　　址：北京市朝阳区东四环南路甲1号　　邮政编码：100023
编 辑 部：01065194242-7504（电话）
发 行 部：01065194221/4238/4246/4247（电话）
社办书店：01065195616/5127（电话）
https://weidian.com/?userid=319526934（网址）
印　　刷：固安县铭成印刷有限公司　　经　　销：新华书店
开　　本：710mm×1000mm　1/16
印　　张：17.25　　字　　数：265千字
版　　次：2025年7月第2版
印　　次：2025年7月第1次印刷
书　　号：ISBN　978-7-5175-0899-1
定　　价：72.00元

前　言

随着全球经济一体化的不断深入发展，国际贸易日益频繁，进出口报关单作为国际贸易中不可或缺的一环，其准确性和规范性对于保障贸易的顺利进行具有至关重要的作用。为了适应国际贸易新形势的发展需求，同时提升我国海关通关效率和服务水平，海关总署对进出口报关单填制规范进行了修订和完善。

自2018年3月关检融合以来，进出口报关单的填制规范经过了多次修改，本次修订旨在进一步规范进出口货物收发货人的申报行为，统一进出口货物报关单的填制要求，确保报关单的完整、准确和有效。通过优化整合原有的申报数据项，减少冗余信息，提高填报效率，同时新增部分重要栏目，以满足海关对进出口货物管理的需要。这些修订不仅有助于提升报关单的规范性和准确性，还有助于加强海关对进出口货物的监管力度，保障国家经济安全。

作为进出口企业及相关从业人员，我们深知报关单填制的重要性。一份规范、准确的报关单能够为我们节省大量的时间和成本，避免不必要的麻烦和损失。因此，我们有必要深入了解并严格遵守海关对进出口报关单填制规范的最新规定。

本书旨在为进出口收发货人及代理人的关务从业人员提供一份全面、详细的进出口报关单填制指南。我们将根据海关总署发布的最新规定，对报关单的各个栏目进行逐一解读，并提供相应的填报技巧和注意事项。同时，我们还结合不同申报模式、不同监管方式、不同进出口货物的实际案例，分析填报过程中常见的错误和风险点，帮助大家规避潜在的风险和问题。

我们相信，通过本书的学习和使用，进出口收发货人及代理人的关务从业人员能够更好地掌握进出口报关单的填制规范和技巧，提高报关单的准确性和规范性，为企业的国际贸易活动提供更加便捷、高效的服务。让我们携手共进，共同推动我国国际贸易的繁荣和发展！

由于修订时间有限，书中难免存在疏漏、不足之处，望广大读者不吝指正，以便在后续版本中得以改进和完善。

编　者

2025 年 1 月

目　录

1　报关单填制规范

2 案例解析

1

报关单填制规范

本部分按照“单一窗口”中报关填制项、报检填制项、报关单改版后新增和调整项的顺序，依次讲解报关单中各申报栏目的填制规范、信息来源及注意事项，依据读者对各申报栏目的熟悉程度，循序渐进地指引读者阅读内容。其中，个别申报栏目无“信息来源”或“注意事项”，是因该申报栏目基本可以根据“填制规范”正确填报，因此不再赘述。同时，本部分通过图文并茂的方式，建立起理论填制规范与实际申报操作之间的关联，从而更全面、更系统地指导报关从业人员完成电子报关单数据的录入。

申报地海关

一、申报地海关填制界面

申报地海关填制界面见图 1-1。

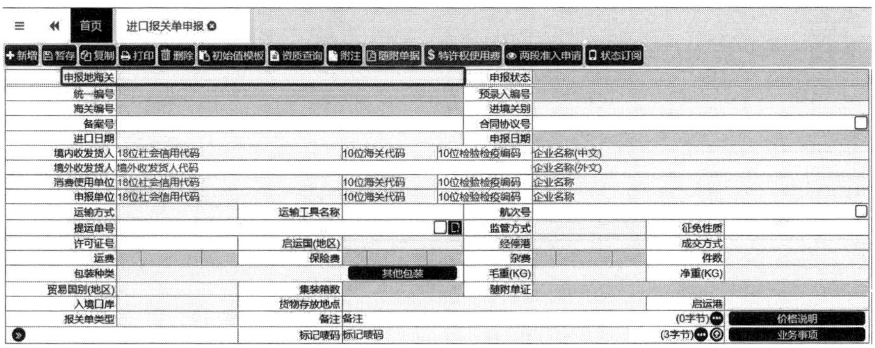

图 1-1　申报地海关填制界面

二、填制规范

本申报栏目为必填项。

根据报关人员在货物进出口时的自主选择，填报海关规定的《关区代码表》中相应海关的名称及代码。例如，选择“浦东机场”为申报地海关时，应录入“2233”。

三、信息来源

“申报地海关”是指接受货物申报的海关所在的隶属关区。全国通关一体化实行以来，报关人员可选择的货物申报地海关不仅限于实际进出口口岸及企业所在地海关。

四、注意事项

1. 申报地海关的关别代码后两位不能为“00”。

2. 限定申报地海关的情形：在某些特定的业务模式下，申报地海关是固定且唯一的。例如，海关特殊监管区域内货物二线进出口时，该特殊监管区域内的企业必须向该区域的主管地海关申报；暂时进出境货物需要进出口的，暂时进出境货物收发货人应当在货物复运出境、复运进境期限届满前向主管地海关办理进出口手续，《中华人民共和国海关暂时进出境货物管理办法》（海关总署令第233号）明确主管地海关是指暂时进出境货物进出境地海关。

进/出境关别

一、进/出境关别填制界面

进境关别填制界面见图1–2，出境关别填制界面略。

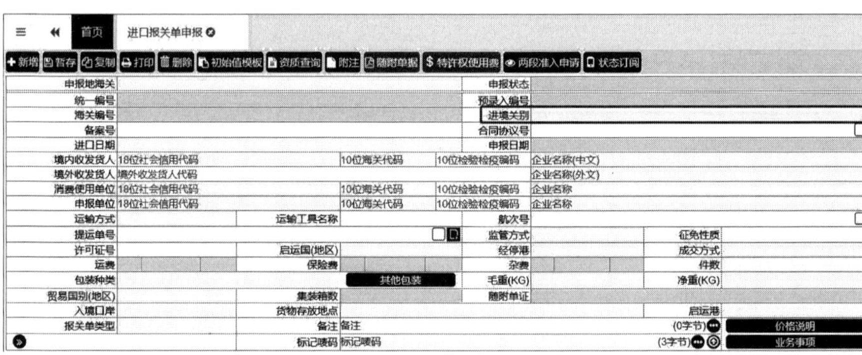

图1–2　进境关别填制界面

二、填制规范

本申报栏目为必填项。

根据货物实际进/出境的口岸海关，填报海关规定的《关区代码表》中相应口岸海关的名称及代码。例如，货物实际进/出境的口岸海关为“广州机场”时，应录入“5141”。

三、信息来源

“进/出境关别”是指货物实际进/出境的口岸海关，属于与海关管理相关的信息。提单（物权凭证）或运单中注明了运输工具进/出境口岸，报关人员应根据进/出境货物的运输工具进/出境口岸填报本栏目。

四、注意事项

进口转关运输货物，填报货物进境地海关名称及代码；出口转关运输货物，填报货物出境地海关名称及代码。按转关运输方式监管的跨关区深加工结转货物，出口报关单填报转出地海关名称及代码，进口报关单填报转入地海关名称及代码。

在不同海关特殊监管区域或保税监管场所之间调拨、转让的货物，填报对方海关特殊监管区域或保税监管场所所在的海关名称及代码。

其他无实际进/出境的货物，填报接受申报的海关名称及代码。

国家对汽车整车、药品等货物限定口岸进口；对稀土、甘草、锑及锑制品等货物限定口岸出口，对实行许可证管理的货物，按证件核准口岸限定进/出口。加工贸易进/出境货物，应填报主管海关备案时所限定或指定货物进/出口的口岸海关名称及代码。

备案号

一、备案号填制界面

备案号填制界面见图1-3。

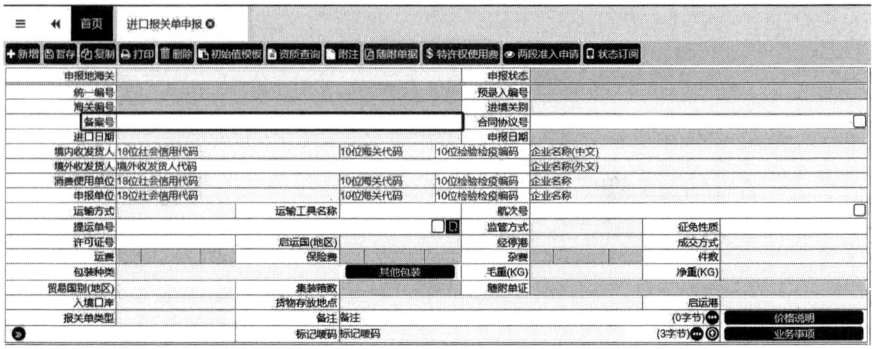

图 1-3　备案号填制界面

二、填制规范

本申报栏目为选填项。

填报进出口货物收发货人、消费使用单位、生产销售单位在海关办理加工贸易合同备案或征、减、免税审核确认等手续时，海关核发的《加工贸易手册》、海关特殊监管区域和保税监管场所保税账册、《中华人民共和国海关进出口货物征免税确认通知书》（以下简称《征免税确认通知书》）或其他备案审批文件的编号。

具体填制规范如下：

1. 加工贸易项下货物，除少量低值辅料按规定不使用《加工贸易手册》及以后续补税监管方式办理内销征税的以外，填报《加工贸易手册》编号。

加工贸易成品凭《征免税确认通知书》转为减免税进口货物的，进口报关单中本栏目填报《征免税确认通知书》编号，出口报关单中本栏目填报《加工贸易手册》编号。

对加工贸易设备、使用账册管理的海关特殊监管区域内减免税设备之间的结转，转入和转出企业分别填制进、出口报关单，本栏目填报《加工贸易手册》编号。

2. 涉及征、减、免税审核确认的报关单，本栏目填报《征免税确认通知书》编号。

3. 减免税货物退运出口，填报《中华人民共和国海关进口减免税货物准予退运证明》编号。减免税货物补税进口，填报《减免税货物补税通知书》编号。减免税货物进口或结转进口（转入），填报《征免税确认通知书》编号；相应的结转出口（转出），填报《中华人民共和国海关进口减免税货物结转联系函》编号。

4. 免税品经营单位经营出口退税国产商品的，本栏目免予填报。

三、信息来源

备案号属于与海关管理相关的信息，反映了进出口货物适用的通关制度，需要报关人员与收发货人确认。具体有如下几种情形：

1. 加工贸易进口料件或出口成品，适用保税加工货物报关程序的，本栏目填报进出口收发货人的电子账册编号或电子化手册编号。

2. 外商投资设备、物品，适用减免税货物报关程序的，本栏目填报《征免税确认通知书》编号。

3. 适用一般进出口货物报关程序的，本栏目为空。

四、注意事项

份报关单只允许填报一个备案号。

备案号的填报，应与报关单中“监管方式”“征免性质”“征免”“用途”“项号”等栏目内容相对应。

合同协议号

一、合同协议号填制界面

合同协议号填制界面见图 1-4。

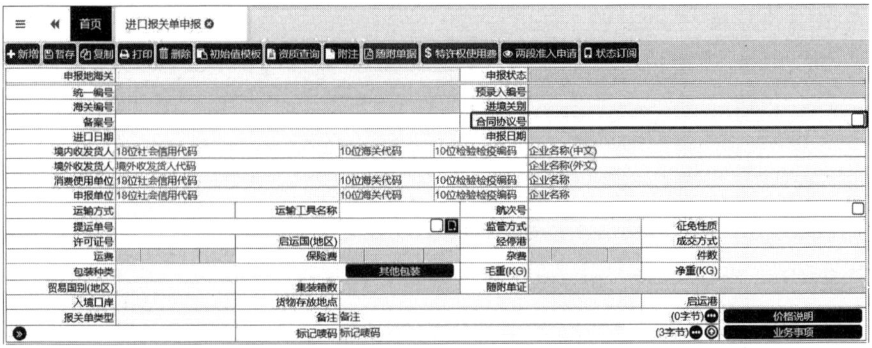

图 1-4　合同协议号填制界面

二、填制规范

本申报栏目为选填项。

填报进出口货物合同（包括协议或订单）编号。未发生商业性交易的免予填报。

免税品经营单位经营出口退税国产商品的，免予填报。

三、信息来源

合同协议号属于与货物成交相关的信息，一般表示为“Contract No.：××××××”。此处的“××××××”即为本栏目应填报的内容。

进/出口日期

一、进/出口日期填制界面

进口日期填制界面见图 1-5，出口日期填制界面略。

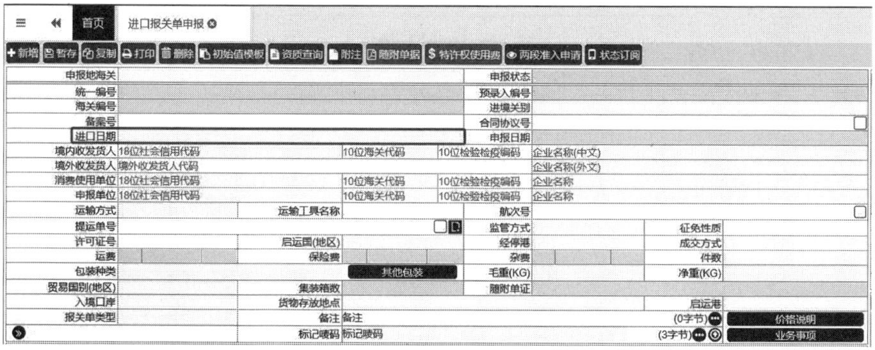

图 1–5　进口日期填制界面

二、填制规范

进/出口日期为必填项。

进口日期填报运载进口货物的运输工具申报进境的日期。出口日期指运载出口货物的运输工具办结出境手续的日期，在申报时免予填报。无实际进出境的货物，填报海关接受申报的日期。

进/出口日期为 8 位数字，顺序为年（4 位）、月（2 位）、日（2 位）。

三、信息来源

1. 进口日期，报关人员应根据运输工具申报进境日期正确填报。
2. 出口日期，报关人员在申报时无须填报。

四、注意事项

对于进口日期，报关人员应在填报前使用海关总署新舱单信息查询系统查询运输工具的进境日期。如申报的进口日期与新舱单信息中的进境日期有出入，会导致海关退单。

境内收发货人

一、境内收发货人填制界面

境内收发货人填制界面见图 1-6。

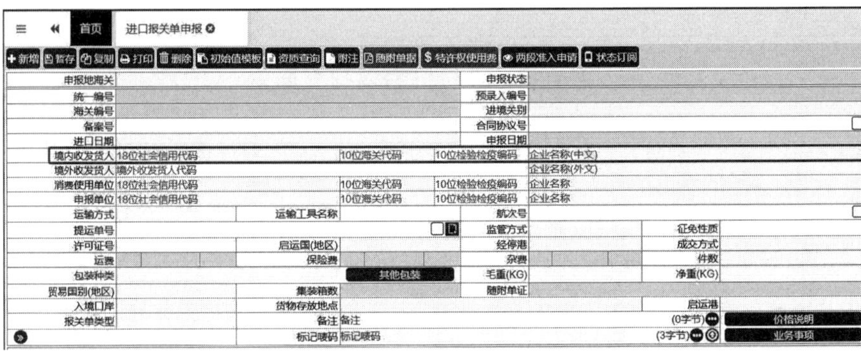

图 1-6　境内收发货人填制界面

二、填制规范

本申报栏目为必填项。

填报在海关备案的对外签订并执行进出口贸易合同的中国境内法人、其他组织名称及编码。编码填报 18 位法人和其他组织统一社会信用代码；没有统一社会信用代码的，填报其在海关的备案编码。进口填“境内收货人”，出口填“境内发货人”。人工录入企业代码后，系统自动返填企业中文名称。

特殊情况下填制要求如下：

1. 进出口货物合同的签订者和执行者非同一企业的，填报执行合同的企业。

2. 外商投资企业委托进出口企业进口投资设备、物品的，填报外商投资企业，并在标记唛码及备注栏注明“委托某进出口企业进口”，同时注明被委托企业的18位法人和其他组织统一社会信用代码。

3. 有代理报关资格的报关企业代理其他进出口企业办理进出口报关手续时，填报委托的进出口企业。

4. 海关特殊监管区域收发货人填报该货物的实际经营单位或海关特殊监管区域内经营企业。

5. 免税品经营单位经营出口退税国产商品的，填报免税品经营单位名称。

6. 无统一社会信用代码及海关正式编码的企业，填报企业在海关申领的临时编码。

三、信息来源

境内收发货人属于与货物成交相关的信息，填报时报关人员需要与委托单位进行确认。同时，报关人员可以通过国家企业信用信息公示系统查询收发货人的统一社会信用代码及相关信用信息。

四、注意事项

考虑到有部分存量企业仅可以通过海关备案10位编码进行申报，以及一个18位法人和其他组织统一社会信用代码可能会对应多个海关备案10位编码的情况，在实际预录操作时本栏目可以填写10位海关备案编码。

境外收发货人代码

一、境外收发货人代码填制界面

境外收发货人代码填制界面见图1-7。

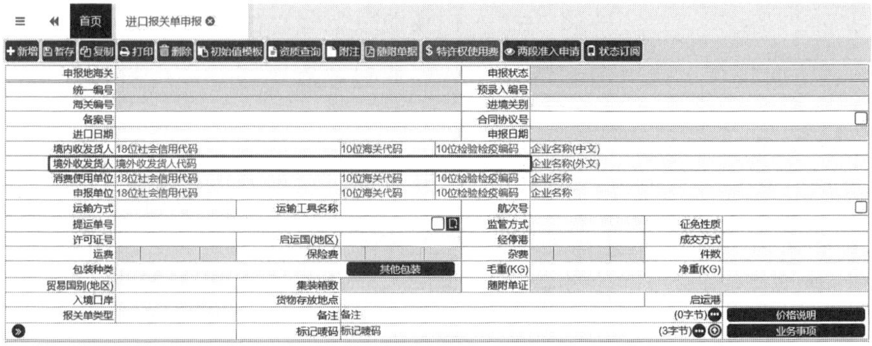

图 1-7　境外收发货人代码填制界面

二、填制规范

本申报栏目为选填项。

境外收货人通常指签订并执行出口贸易合同中的买方或合同指定的收货人，境外发货人通常指签订并执行进口贸易合同中的卖方。

对于境外收发货人为中国海关已互认国家（地区）海关 AEO 企业的，本栏目填报 AEO 企业编码，填报样式为“国别（地区）代码+海关企业编码”。例如，新加坡 AEO 企业填报 SG123456789012（新加坡国别代码+12 位企业编码），韩国 AEO 企业填报 KR1234567（韩国国别代码+7 位企业编码）。

三、信息来源

报关人员需要在申报本栏目前与企业进行确认，即使该企业来自与中国签订 AEO 互认的国家（地区），也需要确认其是否已具备 AEO 资质。

四、注意事项

报关人员如不清楚已与中国签订 AEO 互认安排的国家（地区），易漏报本栏目。

截至2024年12月31日，已与中国签订AEO互认安排并且已经实施互认的国家（地区）包括新加坡、韩国、中国香港、欧盟（27国）、英国、瑞士、新西兰、以色列、日本、白俄罗斯、智利、澳大利亚、哈萨克斯坦、蒙古国、乌拉圭、阿联酋、塞尔维亚、乌干达、南非、巴西、伊朗、俄罗斯、乌兹别克斯坦、菲律宾、中国澳门、哥斯达黎加等。

境外收发货人企业名称（外文）

一、境外收发货人企业名称（外文）填制界面

境外收发货人企业名称（外文）填制界面见图1-8。

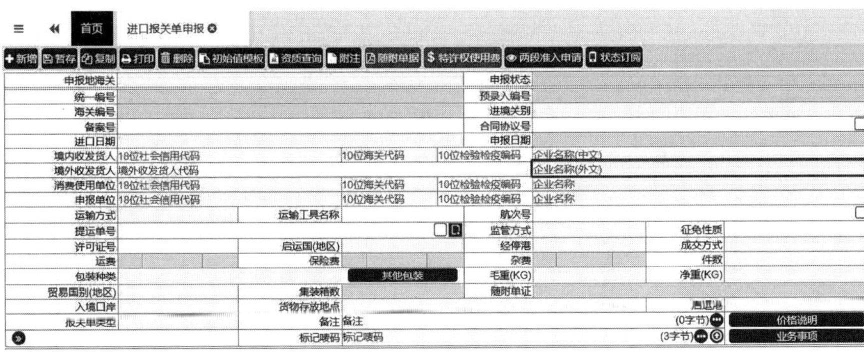

图1-8 境外收发货人企业名称（外文）填制界面

二、填制规范

本申报栏目为必填项。

名称一般填报英文名称，检验检疫要求填报其他外文名称的，在英文名称后填报，以半角括号分隔。

三、信息来源

发票、箱单、贸易合同等单证中有列明境外收发货人的企业名称，报关人员可据此申报。

消费使用单位/生产销售单位

一、消费使用单位/生产销售单位填制界面

消费使用单位填制界面见图 1-9，生产销售单位填制界面略。

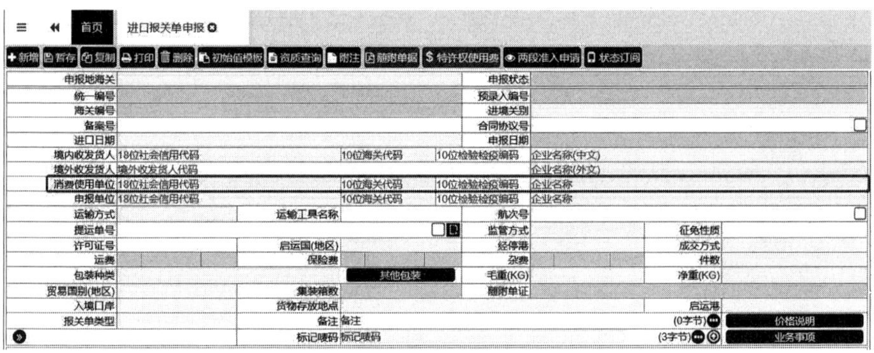

图 1-9　消费使用单位填制界面

二、填制规范

本申报栏目为必填项。

填报 18 位法人和其他组织统一社会信用代码，没有统一社会信用代码的，填报“NO”。进口填“消费使用单位”，出口填“生产销售单位”。人工录入企业代码后，系统自动返填企业中文名称。

具体填制规范如下：

1. 消费使用单位填报已知的进口货物在境内的最终消费、使用单位的名称，包括：

（1）自行进口货物的单位；

（2）委托进出口企业进口货物的单位。

2. 生产销售单位填报出口货物在境内的生产或销售单位的名称，包括：

（1）自行出口货物的单位；

（2）委托进出口企业出口货物的单位；

（3）免税品经营单位经营出口退税国产商品的，填报该免税品经营单位统一管理的免税店。

3. 减免税货物报关单的消费使用单位/生产销售单位应与《征免税确认通知书》的"减免税申请人"一致；保税监管场所与境外之间的进出境货物，消费使用单位/生产销售单位填报保税监管场所的名称［保税物流中心（B型）填报中心内企业名称］。

4. 海关特殊监管区域的消费使用单位/生产销售单位填报区域内经营企业（"加工单位"或"仓库"）。

5. 进口货物在境内的最终消费或使用，以及出口货物在境内的生产或销售的对象为自然人的，填报身份证号、护照号、台湾居民来往大陆通行证号等有效证件号码及其姓名。

三、信息来源

消费使用单位/生产销售单位属于与货物成交相关的信息，报关人员需要与委托单位确认消费使用单位/生产销售单位的中文全称或代码。

四、注意事项

本栏目的填报关系到货物进口或出口后，增值税/出口退税是否可以申请抵扣。如填报错误，会影响企业的税费抵扣、退还等操作。例如，出口货物是由国内没有进出口经营权的工厂委托某家外贸公司代为出口的，本栏目仍应填报工厂的18位法人和其他组织统一社会信用代码。又如，国内工厂将货物销售给国内某家贸易公司，该贸易公司与外方签订外贸合同，这种情况下该批货物的出口报关单中本栏目应填报该贸易公司的 18 位法人和其他组织统一社会信用代码。

运输方式

一、运输方式填制界面

运输方式填制界面见图 1–10。

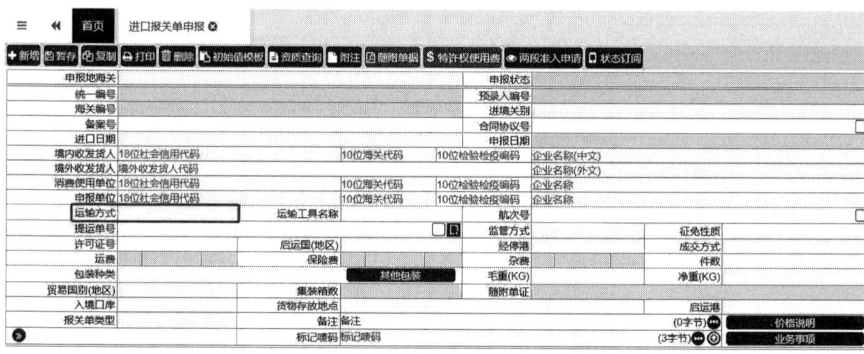

图 1–10　运输方式填制界面

二、填制规范

本申报栏目为必填项。

运输方式包括实际运输方式和海关规定的特殊运输方式。前者指货物实际进出境的运输方式，按进出境所使用的运输工具分类；后者指货物无实际进出境的运输方式，按货物在境内的流向分类。

根据货物实际进出境的运输方式或货物在境内流向的类别，按照海关规定的《运输方式代码表》选择填报相应的运输方式。

1. 特殊情况下填制规范如下：

（1）非邮件方式进出境的快递货物，按实际运输方式填报。

（2）进口转关运输货物，按载运货物抵达进境地的运输工具填报；

出口转关运输货物，按载运货物驶离出境地的运输工具填报。

（3）不复运出（入）境而留在境内（外）销售的进出境展览品、留赠转卖物品等，填报“其他运输”（代码9）。

（4）进出境旅客随身携带的货物，填报“旅客携带”（代码L）。

（5）以固定设施（包括输油、输水管道和输电网等）运输货物的，填报“固定设施运输”（代码G）。

2. 无实际进出境货物在境内流转时填制规范如下：

（1）境内非保税区运入保税区货物和保税区退区货物，填报“非保税区”（代码0）。

（2）保税区运往境内非保税区货物，填报“保税区”（代码7）。

（3）境内存入出口监管仓库和出口监管仓库退仓货物，填报“监管仓库”（代码1）。

（4）保税仓库转内销货物或转加工贸易货物，填报“保税仓库”（代码8）。

（5）从境内保税物流中心外运入中心或从中心运往境内中心外的货物，填报“物流中心”（代码W）。

（6）从境内保税物流园区外运入园区或从园区内运往境内园区外的货物，填报“物流园区”（代码X）。

（7）保税港区、综合保税区与境内（区外）（非海关特殊监管区域、保税监管场所）之间进出的货物，填报“保税港区/综合保税区”（代码Y）。

（8）出口加工区、珠澳跨境工业区（珠海园区）、中哈霍尔果斯边境合作区（中方配套区）与境内（区外）（非海关特殊监管区域、保税监管场所）之间进出的货物，填报“出口加工区”（代码Z）。

（9）境内运入深港西部通道港方口岸区的货物以及境内进出中哈霍尔果斯边境合作中心中方区域的货物，填报“边境特殊海关作业区”（代码H）。

（10）经横琴新区和平潭综合实验区（以下简称“综合实验区”）

二线指定申报通道运往境内区外或从境内经二线指定申报通道进入综合实验区的货物，以及综合实验区内按选择性征收关税申报的货物，填报“综合实验区”（代码 T）。

（11）海关特殊监管区域内的流转、调拨货物，海关特殊监管区域、保税监管场所之间的流转货物，海关特殊监管区域与境内区外之间进出的货物，海关特殊监管区域外的加工贸易余料结转、深加工结转、内销货物，以及其他境内流转货物，填报“其他运输”（代码 9）。

三、信息来源

运输方式属于与运输相关的信息，由实际进出境的货物所使用的进出境运输工具决定。

无实际进出境货物中进出特殊监管区域的货物，报关人员需在确认货物流向后填报。

运输工具名称

一、运输工具名称填制界面

运输工具名称填制界面见图 1–11。

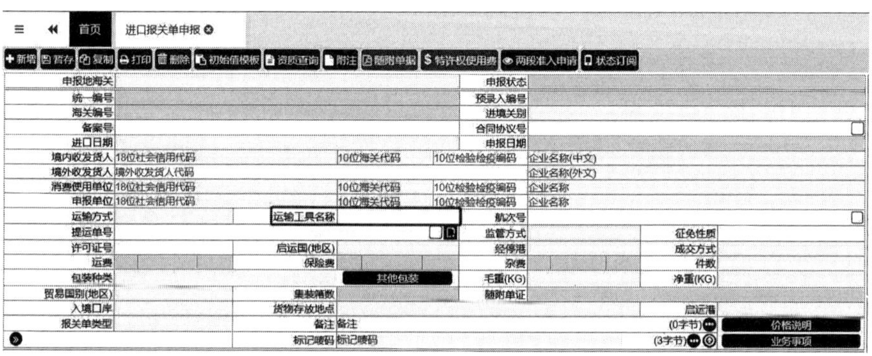

图 1–11　运输工具名称填制界面

二、填制规范

本申报栏目为有条件选填项。

填报载运货物进出境的运输工具名称或编号。填报内容应与运输部门向海关申报的舱单（载货清单）所列相应内容一致。

具体填制规范如下。

1. 直接在进出境地或采用全国通关一体化通关模式办理报关手续的报关单。

（1）水路运输：填报船舶编号（来往港澳地区小型船舶填报监管簿编号）或者船舶英文名称。

（2）公路运输：启用公路舱单前，填报该跨境运输车辆的国内行驶车牌号，深圳提前报关模式的报关单填报国内行驶车牌号+“/”+“提前报关”。启用公路舱单后，免予填报。

（3）铁路运输：填报车厢编号或交接单号。

（4）航空运输：填报航班号。

（5）邮件运输：填报邮政包裹单号。

（6）其他运输方式：填报具体运输方式名称，如管道、驮畜等。

2. 转关运输货物的报关单。

（1）进口。

①水路运输：直转、提前报关填报“@”+16位转关申报单预录入号（或13位载货清单号）；中转填报进境英文船名。

②铁路运输：直转、提前报关填报“@”+16位转关申报单预录入号；中转填报车厢编号。

③航空运输：直转、提前报关填报“@”+16位转关申报单预录入号（或13位载货清单号）；中转填报“@”。

④公路及其他运输：填报“@”+16位转关申报单预录入号（或13位载货清单号）。

⑤以上各种运输方式中使用广东地区载货清单转关的提前报关货物

填报“@”+13 位载货清单号。

（2）出口。

①水路运输：非中转填报“@”+16 位转关申报单预录入号（或 13 位载货清单号）。如多张报关单需要通过一张转关单转关的，运输工具名称字段填报“@”。

中转货物，境内水路运输填报驳船船名，境内铁路运输填报车名（主管海关 4 位关区代码+“TRAIN”），境内公路运输填报车名（主管海关 4 位关区代码+“TRUCK”）。

②铁路运输：填报“@”+16 位转关申报单预录入号（或 13 位载货清单号），如多张报关单需要通过一张转关单转关的，填报“@”。

③航空运输：填报“@”+16 位转关申报单预录入号（或 13 位载货清单号），如多张报关单需要通过一张转关单转关的，填报“@”。

④其他运输方式：填报“@”+16 位转关申报单预录入号（或 13 位载货清单号）。

3. 采用“集中申报”通关方式办理报关手续的，填报“集中申报”。

4. 无实际进出境的货物，免予填报。

5. 免税品经营单位经营出口退税国产商品的，免予填报。

三、信息来源

运输工具名称属于与运输相关的信息，报关人员在填制本栏目时需要根据提运单中的信息如实申报，也可以查询海关总署新舱单信息查询系统，获取运输工具名称。针对转关货物，需填报转关申报单预录入号。

航次号

一、航次号填制界面

航次号填制界面见图 1-12。

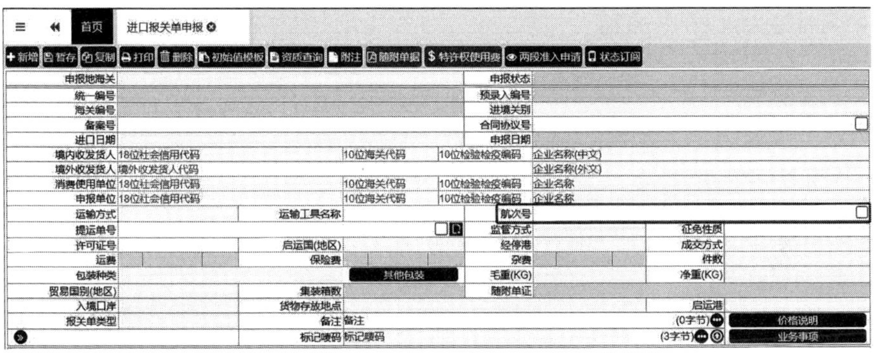

图 1-12　航次号填制界面

二、填制规范

本申报栏目为有条件必填项，在货物实际进出境时触发必填项。

填报载运货物进出境的航次号。填报内容应与运输部门向海关申报的舱单（载货清单）所列相应内容一致。

具体填制规范如下。

1. 直接在进出境地或采用全国通关一体化通关模式办理报关手续的报关单。

（1）水路运输：填报船舶的航次号。

（2）公路运输：启用公路舱单前，填报运输车辆的 8 位进出境日期［顺序为年（4 位）、月（2 位）、日（2 位），下同］。启用公路舱单后，填报货物运输批次号。

（3）铁路运输：填报列车的进出境日期。

（4）航空运输：免予填报。

（5）邮件运输：填报运输工具的进出境日期。

（6）其他运输方式：免予填报。

2. 转关运输货物的报关单。

（1）进口。

①水路运输：中转转关方式填报“@”+进境干线船舶航次。直转、提前报关免予填报。

②公路运输：免予填报。

③铁路运输：“@”+8 位进境日期。

④航空运输：免予填报。

⑤其他运输方式：免予填报。

（2）出口。

①水路运输：非中转货物免予填报。中转货物，境内水路运输填报驳船航次号，境内铁路、公路运输填报 6 位启运日期［顺序为年（2 位）、月（2 位）、日（2 位）］。

②铁路拼车拼箱捆绑出口：免予填报。

③航空运输：免予填报。

④其他运输方式：免予填报。

3. 无实际进出境的货物，免予填报。

4. 免税品经营单位经营出口退税国产商品的，免予填报。

三、信息来源

航次号属于与运输相关的信息，报关人员在填制本栏目时需要根据提运单中的信息如实申报。

四、注意事项

同“运输工具名称”栏，报关人员需要根据提运单信息、货物运输方式以及是否适用转关操作来确定本栏目的填报内容。

提运单号

一、提运单号填制界面

提运单号填制界面见图 1-13。

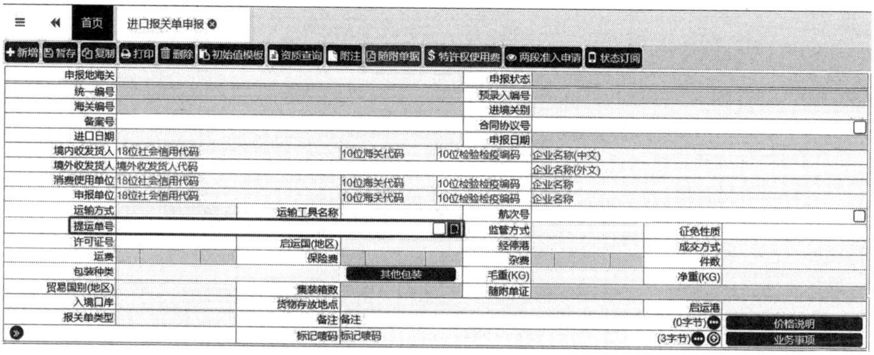

图 1-13　提运单号填制界面

二、填制规范

本申报栏目为有条件必填项，在货物实际进出境时触发必填项。

填报进出口货物提单或运单的编号。一份报关单只允许填报一个提单或运单号，一票货物对应多个提单或运单时，应分单填报。

具体填制规范如下：

1. 直接在进出境地或采用全国通关一体化通关模式办理报关手续的报关单。

（1）水路运输：填报进出口提单号。如有分提单的，填报进出口提单号+ “ * ” +分提单号。

（2）公路运输：启用公路舱单前，免予填报；启用公路舱单后，填报进出口总运单号。

（3）铁路运输：填报运单号。

（4）航空运输：填报总运单号+ “_ ” +分运单号，无分运单的填报总运单号。

（5）邮件运输：填报邮运包裹单号。

2. 转关运输货物的报关单。

（1）进口。

①水路运输：直转、中转填报提单号。提前报关免予填报。

②铁路运输：直转、中转填报铁路运单号。提前报关免予填报。

③航空运输：直转、中转填报总运单号+“_”+分运单号。提前报关免予填报。

④其他运输方式：免予填报。

⑤以上运输方式进境货物，在广东省内用公路运输转关的，填报车牌号。

（2）出口。

①水路运输：中转货物填报提单号；非中转货物免予填报；广东省内汽车运输提前报关的转关货物，填报承运车辆的车牌号。

②其他运输方式：免予填报。广东省内汽车运输提前报关的转关货物，填报承运车辆的车牌号。

3. 采用“集中申报”通关方式办理报关手续的，报关单填报归并的集中申报清单的进出口起止日期［顺序为年（4位）月（2位）日（2位）年（4位）月（2位）日（2位）］。

4. 无实际进出境的货物，免予填报。

三、信息来源

本栏目所填报的运输单证编号，主要为海运提单号、海运单号、铁路运单号、航空运单号。提运单号属于与运输相关的信息，报关人员可按照提运单上的提单号或运单号填报提运单号，也可使用新舱单信息查询系统查询。

提运单号的填报，需要与海关的舱单系统数据一致。报关单电子数据发送后，如填报信息错误，海关会做退单处理，报关人员需要将相关单号与口岸海关的舱单系统数据修改一致后，重新发送。

四、注意事项

有时，船公司或无船承运人为了向托运人或其代理人表明货物已收妥待装，会向托运人或其代理人签发海运单，海运单上显示的海运单编号不能作为本栏目的填制来源，本栏目需要根据海运提单或空运单上的“B/L No.”或“Sea Way Bill No.”“Air Way Bill No.”进行填报。

监管方式

一、监管方式填制界面

监管方式填制界面见图 1–14。

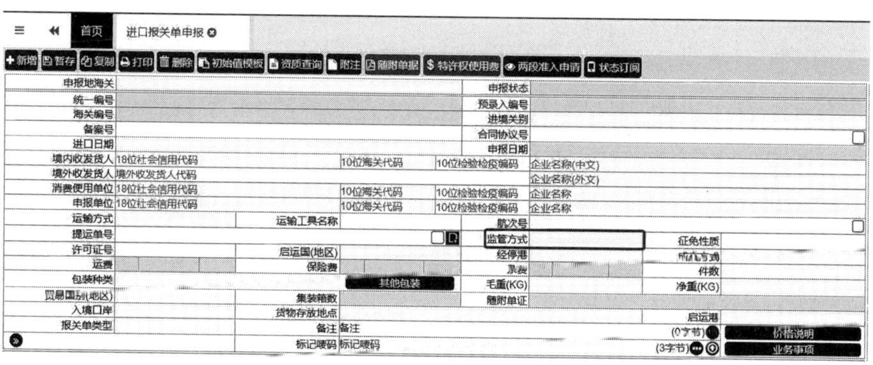

图 1–14　监管方式填制界面

二、填制规范

本申报栏目为必填项。

监管方式是以国际贸易中进出口货物的交易方式为基础，结合海关对进出口货物的征税、统计及监管条件综合设定的海关对进出口货物的管理方式。其代码由 4 位数字构成，前两位是按照海关监管要求和计算机管理需要划分的分类代码，后两位是参照国际标准编制的贸易方式代码。

根据实际对外贸易情况，按海关规定的《监管方式代码表》选择填报相应的监管方式简称及代码。

特殊情况下加工贸易货物监管方式填报要求如下：

1. 进口少量低值辅料（即5000美元以下，78种以内的低值辅料），按规定不使用《加工贸易手册》的，填报“低值辅料”；使用《加工贸易手册》的，按《加工贸易手册》上的监管方式填报。

2. 加工贸易料件转内销货物以及按料件办理进口手续的转内销制成品、残次品、未完成品，填制进口报关单时，本栏目填报“来料料件内销”或“进料料件内销”；加工贸易成品凭《征免税确认通知书》转为减免税进口货物的，分别填制进、出口报关单，出口报关单中本栏目填报“来料成品减免”或“进料成品减免”，进口报关单中本栏目按照实际监管方式填报。

3. 加工贸易出口成品因故退运进口及复运出口的，填报“来料成品退换”或“进料成品退换”；加工贸易进口料件因换料退运出口及复运进口的，填报“来料料件退换”或“进料料件退换”；加工贸易过程中产生的剩余料件、边角料退运出口，以及进口料件因品质、规格等原因退运出口且不再更换同类货物进口的，分别填报“来料料件复出”“来料边角料复出”“进料料件复出”“进料边角料复出”。

4. 加工贸易边角料内销和副产品内销的，进口报关单中本栏目填报“来料边角料内销”或“进料边角料内销”。

5. 企业销毁处置加工贸易货物未获得收入，销毁处置货物为料件、残次品的，填报“料件销毁”；销毁处置货物为边角料、副产品的，填报“边角料销毁”。

企业销毁处置加工贸易货物获得收入的，填报为“进料边角料内销”或“来料边角料内销”。

6. 免税品经营单位经营出口退税国产商品的，填报“其他”。

三、信息来源

1. 了解进出口货物的用途、流向。在确定国际贸易项下货物所适用的监管方式前，报关人员应充分了解贸易双方交易的背景及货物的最终流向和用途，如通关货物是否需要收付汇、生产后成品流向、与之前进出口货物是否存在关联关系等。

2. 结合监管方式的含义判断。监管方式属于与海关管理相关的信息，报关人员需要了解不同监管方式的内涵和使用范围，在报关前与委托单位进行沟通，最终确认监管方式。

四、注意事项

一份报关单只允许填报一种监管方式。

自 2019 年 3 月 1 日起，海关增列监管方式“特许权使用费后续征税”（代码 9500）。该监管方式适用于纳税义务人在货物进口后支付特许权使用费，并在支付特许权使用费后的 30 日内向海关申报纳税。

征免性质

一、征免性质填制界面

征免性质填制界面见图 1-15。

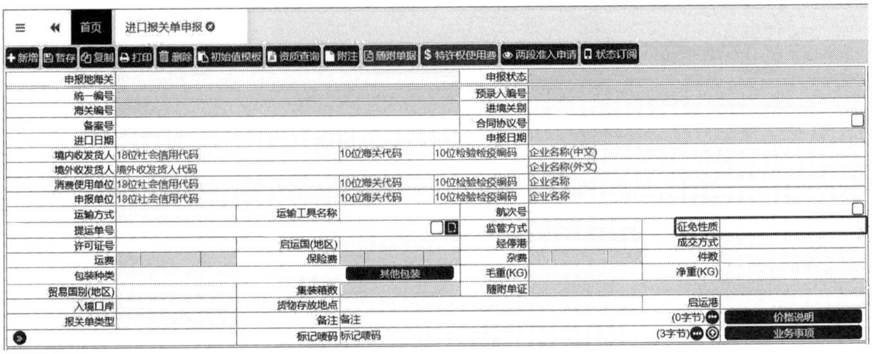

图 1–15　征免性质填制界面

二、填制规范

本申报栏目为选填项。

根据实际情况按海关规定的《征免性质代码表》选择填报相应的征免性质简称及代码，持有海关核发的《征免税确认通知书》的，按照《征免税确认通知书》中批注的征免性质填报。

加工贸易货物报关单按照海关核发的《加工贸易手册》中批注的征免性质简称及代码填报。

特殊情况填报要求如下：

1. 加工贸易转内销货物，按实际情况填报（如一般征税、科教用品、其他法定等）。

2. 料件退运出口、成品退运进口货物，填报“其他法定”。

3. 加工贸易结转货物，免予填报。

4. 免税品经营单位经营出口退税国产商品的，填报“其他法定”。

三、信息来源

报关单的监管方式（贸易方式）与征免性质的填制，反映了进出口货物适用的报关程序，两个栏目存在相互对应的逻辑关系。

1. 对以“一般贸易”成交，确认按一般进出口通关制度报关（征税）的货物，其对应关系如下：

监管方式：一般贸易。

征免性质：一般征税。

2. 对“来料加工”或“进料加工”进出口货物，并确认按保税通关制度报关（保税）的，其对应关系如下：

监管方式：来料加工/进料对口。

征免性质：来料加工/进料加工。

3. 对来料/进料深加工结转货物，并确认按保税通关制度报关（保税）的，其对应关系如下：

监管方式：来料深加工/进料深加工。

征免性质：空。

4. 对外商投资企业在投资额度内进口设备/物品，并已确认按特定减免税通关制度报关（免税）的，其对应关系如下：

监管方式：合资合作设备/外资设备物品。

征免性质：鼓励项目。

5. 对外商投资企业在投资额度外利用自有资金进口设备/物品，并已确认按特定减免税通关制度报关（免税）的，其对应关系如下：

监管方式：一般贸易。

征免性质：自有资金。

四、注意事项

一份报关单只允许填报一种征免性质。

为便于进口税收优惠政策实施情况的统计分析，自 2019 年 2 月 1 日起，海关总署决定对原适用“国批减免”征免性质的部分进口税收优惠政策项下进口货物，单独设立征免性质并明确其对应的监管方式：科普单位进口自用科普影视作品的减免税审核确认手续纳入减免税管理系统管理，征免性质为科普影视（代码 705）；将“十三五”期间勘探开发煤层气项目进口物资的减免税审核确认手续纳入减免税管理系统管理，征免性质为勘探开发煤层气（代码605）。减免税申请人或其代理人在进口税收优惠政策项下向海关办理有关货物的减免税审核确认手续和进口报关手续时，应使用调整以后的征免性质及对应的监管方式。

许可证号

一、许可证号填制界面

许可证号填制界面见图1–16。

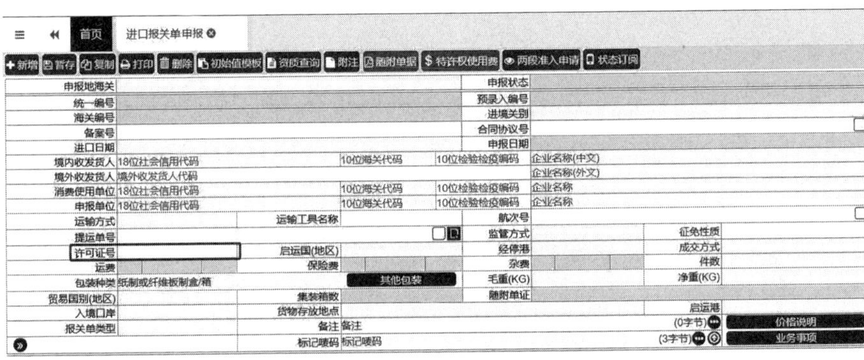

图1–16　许可证号填制界面

二、填制规范

本申报栏目为选填项。

填报进（出）口许可证、两用物项和技术进（出）口许可证、两用物项和技术出口许可证（定向）、纺织品临时出口许可证、出口许可证（加工贸易）、出口许可证（边境小额贸易）的编号。

免税品经营单位经营出口退税国产商品的，免予填报。

三、信息来源

许可证号属于与海关管理相关的信息，报关人员需要确认所报关的商品编号涉及的监管条件。如果涉及许可证管理，按照许可证编号填报本栏目。

四、注意事项

一份报关单只允许填报一个许可证号。

实际预录时，无须预录许可证号中出现的“-”。

启运国（地区）/运抵国（地区）

一、启运国（地区）/运抵国（地区）填制界面

启运国（地区）填制界面见图 1-17，运抵国（地区）填制界面略。

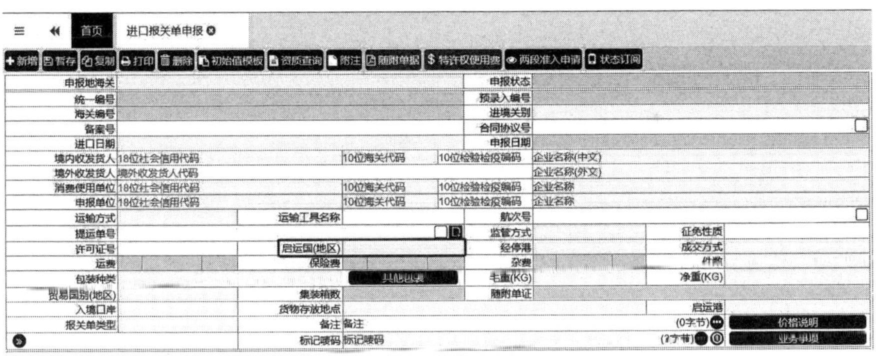

图 1-17　启运国（地区）填制界面

二、填制规范

本申报栏目为必填项。

启运国（地区）按海关规定的《国别（地区）代码表》填报进口货物启始发出直接运抵我国，或者在运输中转国（地区）未发生任何商业性交易的情况下运抵我国的国家（地区）。例如，申报进口货物的

启运国为美国时，根据下拉菜单选择填报“USA-美国”，也可在本栏目录入中文“美国”。

运抵国（地区）按海关规定的《国别（地区）代码表》填报出口货物离开我国关境直接运抵，或者在运输中转国（地区）未发生任何商业性交易的情况下最后运抵的国家（地区）。例如，申报出口货物的运抵国为马来西亚时，根据下拉菜单选择填报“MYS-马来西亚”，也可在本栏目录入中文“马来西亚”。

不经过第三国（地区）转运的直接运输进出口货物，应在启运国（地区）栏目中填报进口货物的装货港所在国（地区），在运抵国（地区）栏目中填报出口货物的指运港所在国（地区）。

经过第三国（地区）转运的进出口货物，如在中转国（地区）发生商业性交易，则以中转国（地区）作为启运/运抵国（地区）填报在本栏目。

无实际进出境的货物，填报“中国”及代码“CHN”。

三、信息来源

启运国（地区）/运抵国（地区）属于与运输相关的信息，可以通过以下单证查找填报：

1. 提运单。提运单列明有货物的启运国（地区）或运抵国（地区）信息。

2. 发票或合同。发票、合同中有关于启运国（地区）或运抵国（地区）的描述，以及发生任何货物买卖关系的买卖双方的描述。

四、注意事项

本栏目与“贸易国别（地区）”栏有一定的关联性。例如，海运提单显示“Port of Loading”是马来西亚某港，“Port of Discharge”是新加坡某港，假设“贸易国别（地区）”栏填报的是“新加坡”，说明货物在新加坡进行中转并且发生了商业性交易，那么本栏目也应填报

"新加坡"。因此，填报本栏目时，需要同时查阅提运单、合同等资料，综合考虑后填报。

经停港/指运港

一、经停港/指运港填制界面

经停港填制界面见图 1–18，指运港填制界面略。

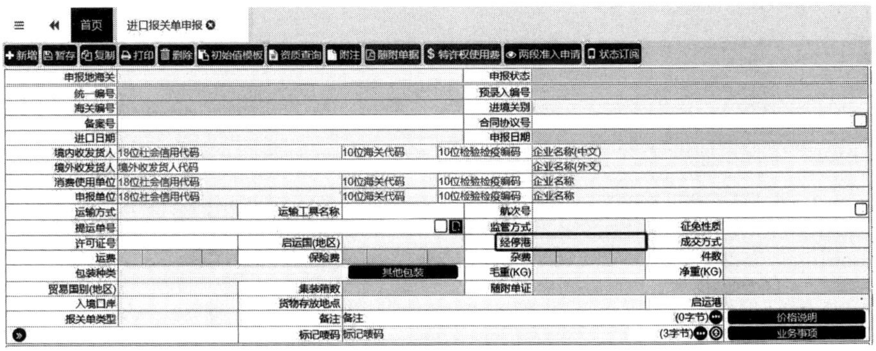

图 1–18　经停港填制界面

二、填制规范

本申报栏目为必填项。

经停港按海关规定的《港口代码表》选择填报进口货物在运抵我国关境前的最后一个境外装运港。

指运港按海关规定的《港口代码表》选择填报出口货物运往境外的最终目的港。

具体填制规范如下：

1. 根据实际情况，按海关规定的《港口代码表》选择填报相应的港口名称及代码。

2. 出口货物的最终目的港不可预知的，按尽可能预知的目的港作为指运港填报。

3. 经停港/指运港在《港口代码表》中无港口名称及代码的，可选择填报相应的国家（地区）名称及代码。例如，来自或去往的柬埔寨港口在《港口代码表》中无港口名称和对应代码，则填报“柬埔寨”及代码“KHM000”。

4. 无实际进出境的货物，填报“中国境内”及代码“CHN000”。

三、信息来源

经停港/指运港属于与运输相关的信息，报关人员可以通过提运单、提货单、船公司或航空公司查询平台等确认信息。

1. 直接运抵货物。提运单上的“Port of Loading”或“Port of Departure”，都列明了经停港/指运港信息。

2. 在第三国（地区）中转的货物。进口货物提货单上的“Port of Loading”通常为中转港。同时，报关人员还可以通过船公司和航空公司的货物查询平台以及相关网站查询货物的启运港、中转港及目的港的全程信息。

3. 指运港信息确认。报关人员需要与发货人确认最终目的港，或根据代理公司提供的装货单、委托信息等填报本栏目。

成交方式

一、成交方式填制界面

成交方式填制界面见图 1-19。

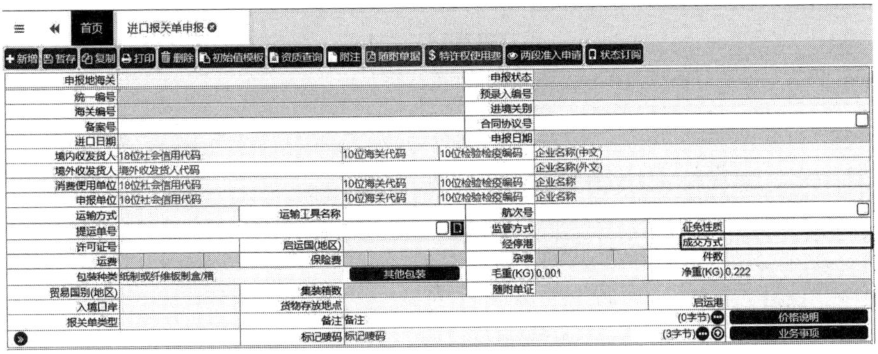

图 1-19　成交方式填制界面

二、填制规范

本申报栏目为必填项。

根据进出口货物实际成交价格条款，按海关规定的《成交方式代码表》选择填报相应的成交方式代码。例如，该货物的成交方式为CIF，下拉菜单时可选择“1 - CIF”或录入“1”，栏目自动生成“CIF”。

三、信息来源

成交方式属于与货物成交相关的信息，可以通过商业发票、合同等单证查找相关信息并填报。

四、注意事项

无实际进出境的货物，进口录入“CIF”，出口录入“FOB”。

如果商业发票等单证显示的成交方式未列入海关规定的《成交方式代码表》，报关人员需要依照实际成交价格构成因素进行转换，选择《成交方式代码表》中具有相同价格构成的代码进行填报。

运费标记

一、运费标记填制界面

运费标记填制界面见图 1-20。

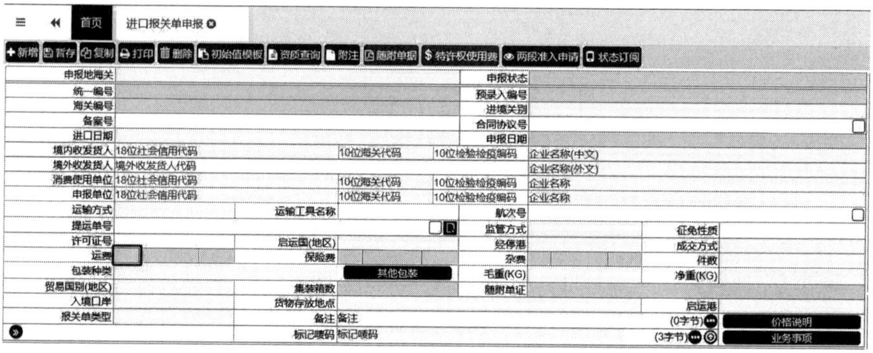

图 1-20　运费标记填制界面

二、填制规范

本申报栏目为选填项。

运费包括进口货物运抵我国境内输入地点起卸前的运输费用，出口货物运至我国境内输出地点装载后的运输费用。运费可按运费单价、总价或运费率三种方式之一填报。

“运费”项下第一栏为“运费标记”栏。

按照运费率申报时，“运费标记”栏选择填报“1-率”；按照每吨货物的运费单价申报时，“运费标记”栏选择填报“2-单价”；按照运费总价申报时，“运费标记”栏选择填报“3-总价”。

免税品经营单位经营出口退税国产商品的，免予填报。

三、信息来源

运费属于与货物成交相关的信息，报关人员可采用以下方式确认：

1. 与收发货人确认运费信息。

2. 部分海运提单或航空运单会标注国际运费金额，报关人员也可根据船公司或航空公司出具的运费发票显示的信息确定，但需要与收发货人作进一步确认，以保证运费申报准确。

3. 商业发票单证中的“Feight”栏会体现运费信息，例如，商业发票显示“Feight USD 520”，则运费标记栏选填“3-总价”。

运费/率

一、运费/率填制界面

运费/率填制界面见图 1-21。

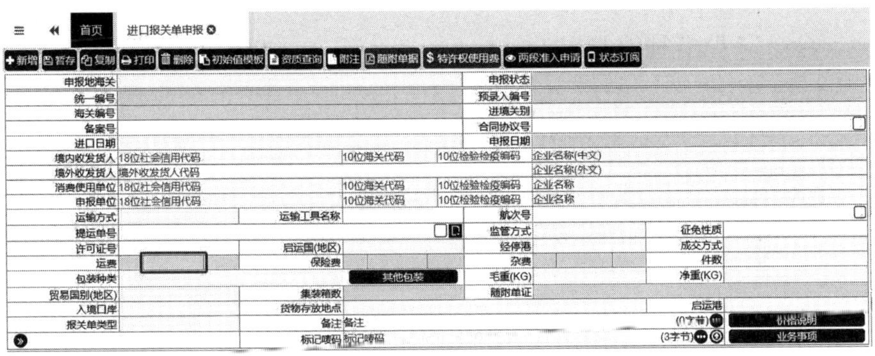

图 1-21　运费/率填制界面

二、填制规范

本申报栏目为选填项。

“运费”项下第二栏为“运费/率”栏。

“运费标记”为“1-率”时，本栏目填报运费率；“运费标记”为“2-单价”时，本栏目填报运费单价；“运费标记”为“3-总价”时，本栏目填报运费总价。

免税品经营单位经营出口退税国产商品的，免予填报。

三、信息来源

本栏目的信息来源同“运费标记”栏目。

四、注意事项

运费信息需如实申报。申报时，企业需提供运费发票或类似单据作为申报的依据。如境外段涉及内陆短驳运输的，也需要计入运费总额进行申报。

运费币制

一、运费币制填制界面

运费币制填制界面见图 1-22。

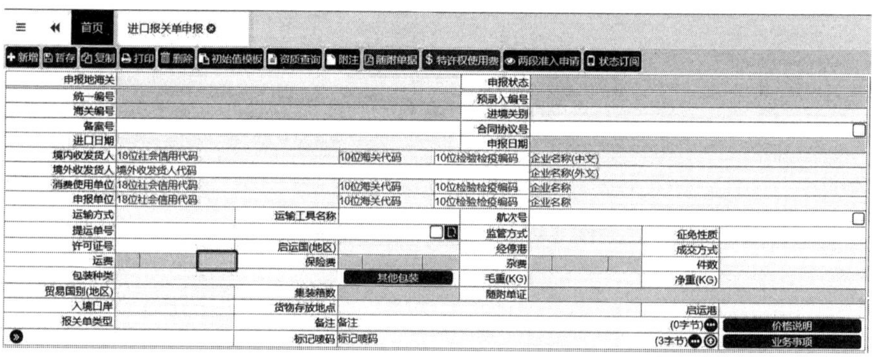

图 1-22　运费币制填制界面

二、填制规范

本申报栏目为选填项。

“运费”项下第三栏为“运费币制”栏。

“运费标记”为“1-率”时，本栏目免予录入；“运费标记”为“2-单价”或“3-总价”时，本栏目按海关规定的《货币代码表》录入相应的币种代码。

免税品经营单位经营出口退税国产商品的，免予填报。

三、信息来源

运费币制属于与货物成交相关的信息，报关人员可采用以下方式确认：

1. 与收发货人确认运费币制。

2. 部分海运提单或航空运单会标注国际运费币制，报关人员也可根据船公司或航空公司出具的运费发票显示的币制确定，但需要与收发货人作进一步确认，以保证运费币制申报准确。

保险费标记

一、保险费标记填制界面

保险费标记填制界面见图 1-23。

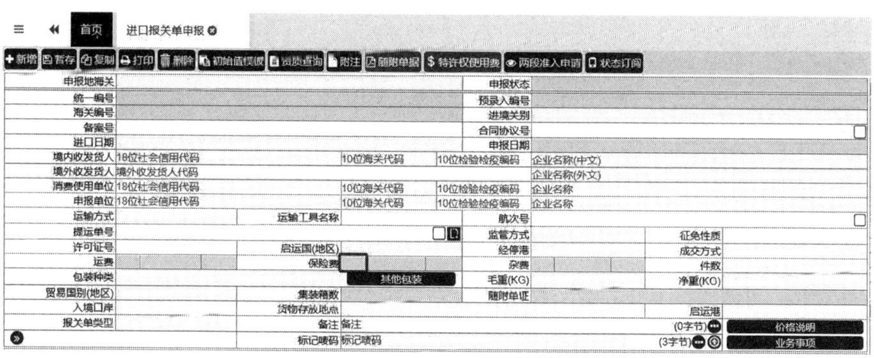

图 1-23　保险费标记填制界面

二、填制规范

本申报栏目为选填项。

保险费包括进口货物运抵我国境内输入地点起卸前的保险费用，出口货物运至我国境内输出地点装载后的保险费用。保险费可按保险费总价或保险费率两种方式之一填报。

“保险费”项下第一栏为“保险费标记”栏。

按照保险费率申报时，“保险费标记”栏选择填报“1-率”；按照保险费总价申报时，“保险费标记”栏选择填报“3-总价”。

免税品经营单位经营出口退税国产商品的，免予填报。

三、信息来源

保险费属于与货物成交相关的信息，报关人员可采用以下方式确认：

1. 按照收发货人提供的保险单，确认保险费信息。

2. 无法确认准确保险费的，可以按照保险费计算公式计算保费或按3‰的比率填报保险费。

3. 商业发票单证中的“Insurance”栏会体现保险费信息，例如，商业发票显示“Insurance USD 230”，则保险费标记栏选填“3-总价”。

保险费/率

一、保险费/率填制界面

保险费/率填制界面见图1-24。

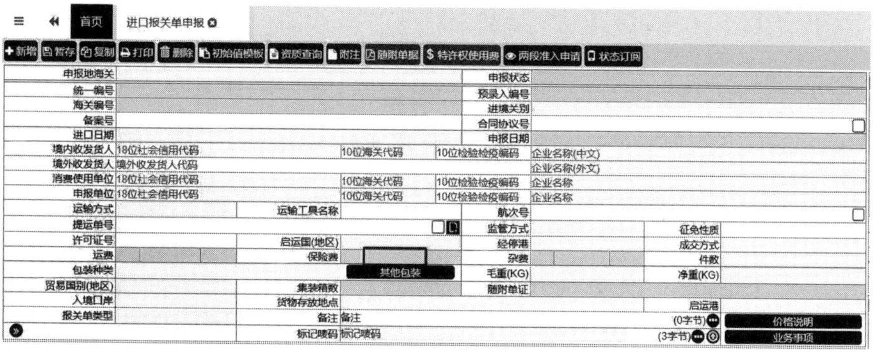

图 1-24 保险费/率填制界面

二、填制规范

本申报栏目为选填项。

“保险费”项下第二栏为“保险费/率”栏。

“保险费标记”为“1-率”时，本栏目填报保险费率；“保险费标记”为“3-总价”时，本栏目填报保险费总价。

免税品经营单位经营出口退税国产商品的，免予填报。

三、信息来源

本栏目的信息来源同“保险费标记”栏目。

四、注意事项

进口货物成交价格包含保险费用或出口货物成交价格不包含保险费用的，本栏目免予填报。进口货物成交价格不包含保险费用或出口货物成交价格含有保险费的，即进口成交方式为 EXW、FOB、CFR 或出口成交方式为 CIF、C&I 的，应在本栏目填报保费。

陆运、空运和海运进口货物的保险费，按照实际支付的费用计算。进口货物保险费无法确定或者未实际发生的，按货值加运费的 3‰计算保险费，计算公式如下：

保险费=（货值+运费）×3‰

保险费币制

一、保险费币制填制界面

保险费币制填制界面见图 1–25。

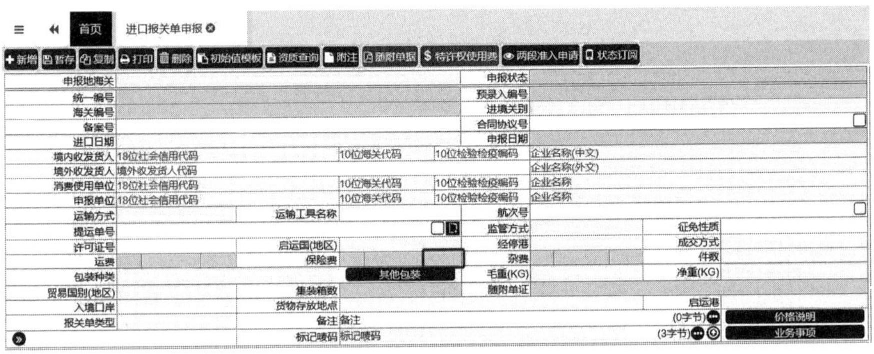

图 1–25　保险费币制填制界面

二、填制规范

本申报栏目为选填项。

“保险费”项下第三栏为“保险费币制”栏。

“保险费标记”栏为“1–率”时，本栏目无须填报；“保险费标记”栏为“3–总价”时，本栏目按海关规定的《货币代码表》录入相应的币种代码。

免税品经营单位经营出口退税国产商品的，免予填报。

三、信息来源

保险费币制属于与货物成交相关的信息，报关人员可采用以下方式确认：

1. 按照收发货人提供的保险单，确认保险费币制。

2. 商业发票单证中的“Insurance”栏会体现保险费信息，例如，商业发票显示“Insurance USD 230”，则保险费币制栏填报为“502”。

杂费标记

一、杂费标记填制界面

杂费标记填制界面见图 1-26。

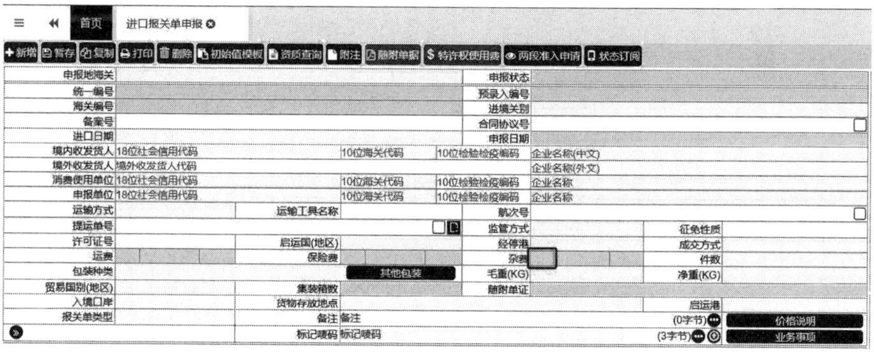

图 1-26　杂费标记填制界面

二、填制规范

本申报栏目为选填项。

杂费为成交价格以外的、按照《中华人民共和国关税法》相关规定应计入计税价格或应从计税价格中扣除的费用。杂费可按杂费总价或杂费率两种方式之一填报。

“杂费”项下第一栏为“杂费标记”栏。

按照杂费率申报时，“杂费标记”栏选择填报“1-率”；按照杂费总价申报时，“杂费标记”栏选择填报“3-总价”。

免税品经营单位经营出口退税国产商品的，免予填报。

三、信息来源

杂费属于与货物成交相关的信息，需要报关人员与收发货人确认。除发票价格以外，由买方支付的、作为调整因素应计入的费用，主要包括除购货佣金以外的佣金和经纪费、与进口货物作为整体的容器费、包装费（包括材料费、劳务费）、协助的价值、特许权使用费、返还给卖方的转售收益等。

在发票价格中已单独列明，应予以扣除的费用主要包括机械、设备等进口后发生的除保修费以外的费用，货物运抵境内输入地点起卸后发生的运输及其相关费用、保险费，进口关税、进口环节税及其他国内税，境内外技术培训及境外考察费用等。

杂费/率

一、杂费/率填制界面

杂费/率填制界面见图 1-27。

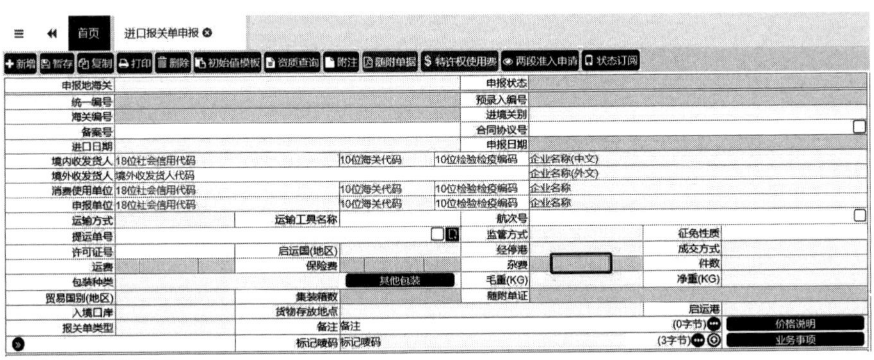

图 1-27　杂费/率填制界面

二、填制规范

本申报栏目为选填项。

“杂费”项下第二栏为“杂费/率”栏。

“杂费标记”为“1-率”时，本栏目填报杂费率；“杂费标记”为“3-总价”时，本栏目填报杂费总价。

免税品经营单位经营出口退税国产商品的，免予填报。

三、信息来源

该栏目的信息来源同“杂费标记”栏目。

四、注意事项

应计入计税价格的杂费填报为正值或正率，应从计税价格中扣除的杂费填报为负值或负率。

杂费币制

一、杂费币制填制界面

杂费币制填制界面见图 1-28。

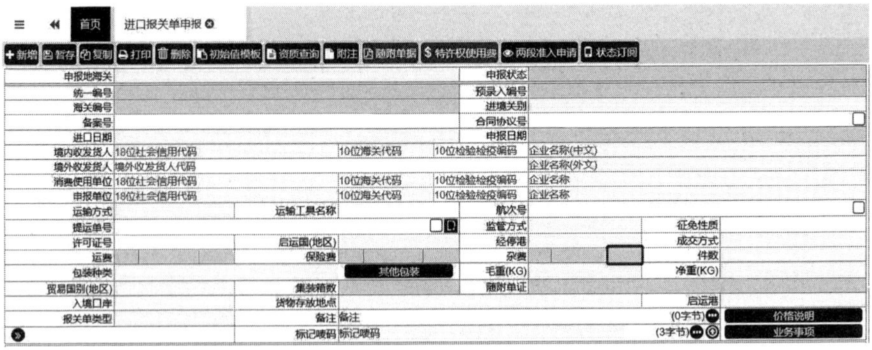

图 1-28　杂费币制填制界面

二、填制规范

本申报栏目为选填项。

“杂费”项下第三栏为“杂费币制”栏。

“杂费标记”栏为“1-率”时，本栏目无须填报；“杂费标记”栏为“3-总价”时，本栏目按海关规定的《货币代码表》录入相应的币种代码。

免税品经营单位经营出口退税国产商品的，免予填报。

三、信息来源

杂费币制属于与货物成交相关的信息，报关人员可采用以下方式确认：

1. 根据合同、发票中列明的杂费项目，确定其币制。

2. 对于未在合同、发票中列明的杂费项目，必要时需要参考财务会计账本内具体信息填报。

件　数

一、件数填制界面

件数填制界面见图 1-29。

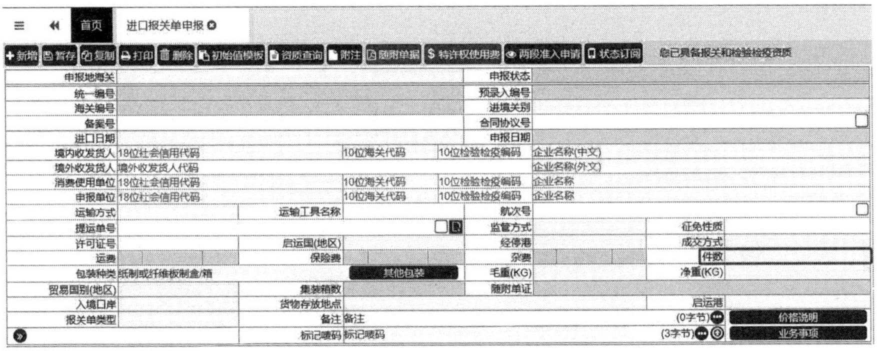

图 1-29　件数填制界面

二、填制规范

本申报栏目为必填项。

填报进出口货物运输包装的件数（按运输包装计）。特殊情况填报要求如下：

1. 舱单件数为集装箱的，填报集装箱个数。

2. 舱单件数为托盘的，填报托盘数。

本栏目不得填报为“0”，裸装货物填报为“1”。

三、信息来源

件数属于与运输相关的信息，报关人员可以通过以下方式查找、填报：

1. 海运提单或航空运单、装箱单，都会注明货物件数。

2. 报关人员可以使用海关总署新舱单信息查询系统，查询、核对件数。

四、注意事项

按照“两个相符”原则，提运单、装箱单上的件数应该相同，且与舱单件数相同。如申报的件数与舱单数据中的件数不一致，会引起海关退单或导致无法提货。

包装种类

一、包装种类填制界面

包装种类填制界面见图 1-30。

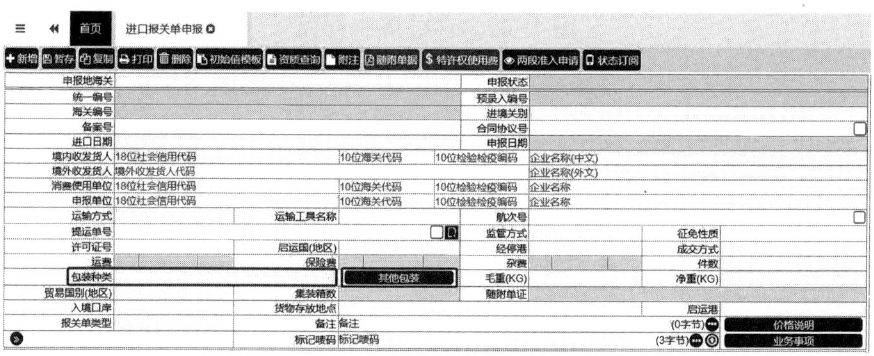

图 1-30　包装种类填制界面

二、填制规范

本申报栏目为必填项。

按照海关规定的《包装种类代码表》选择填报进出口货物的所有包装材料，包括运输包装和其他包装。

其中，运输包装即提运单所列货物件数单位对应的包装，按照海关规定的《包装种类代码表》，填报运输包装对应的2位包装种类代码。例如，使用再生木托作为运输包装的，在本栏目填报“再生木托”或代码“92”。

若还有其他包装（包括货物的各类包装、植物性铺垫材料等），则在“其他包装”栏目的“包装材料种类代码”中，按照海关规定的《包装种类代码表》填报2位包装种类代码，在“包装件数”栏目中填报对应件数数字。例如，其他包装中含有纸制或纤维板制盒（箱）包装的，在本栏目填报“纸制或纤维板制盒/箱”或代码“22”，见图1-31。

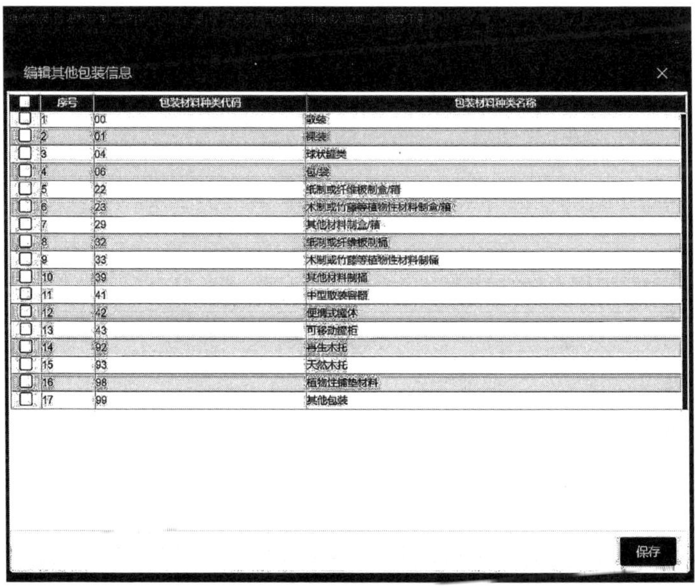

序号	包装材料种类代码	包装材料种类名称
1	00	散装
2	01	裸装
3	04	球状罐类
4	06	包/袋
5	22	纸制或纤维板制盒/箱
6	23	木制或竹藤等植物性材料制盒/箱
7	29	其他材料制盒/箱
8	32	纸制或纤维板制桶
9	33	木制或竹藤等植物性材料制桶
10	39	其他材料制桶
11	41	中型散装容器
12	42	便携式罐体
13	43	可移动罐柜
14	92	再生木托
15	93	天然木托
16	98	植物性铺垫材料
17	99	其他包装

图1-31　其他包装信息编辑界面

三、信息来源

填报包装种类时，报关人员需要注意以下信息：

1. 与委托单位确认货物的运输包装是否含有动植物性包装，如木质或竹藤等植物性材料制盒（箱）、木质或竹藤等植物性材料制桶等，必须如实申报。

2. 一般情况下，其他包装不用于直接包装货物，而运输包装与货物件数相关联。

四、注意事项

“包装种类”以及“其他包装”栏务必如实填报，特别是含有原木材料的包装物质，无论是木托盘、木箱还是原木铺垫材料，都需要在向海关申报时填报清楚。

毛　重

一、毛重填制界面

毛重填制界面见图 1–32。

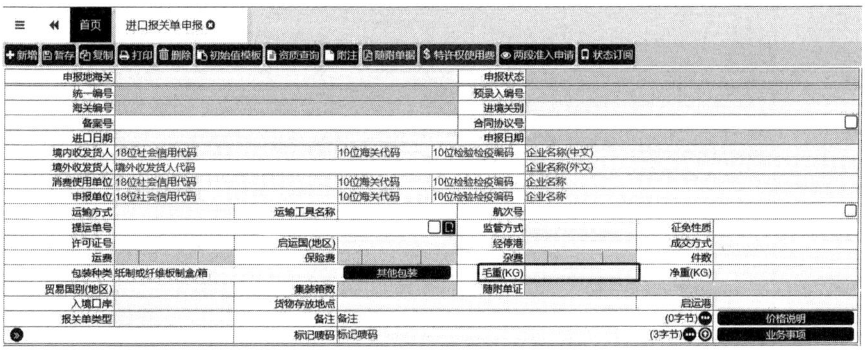

图 1–32　毛重填制界面

二、填制规范

本申报栏目为必填项。

毛重是指商品重量加上商品的外包装材料的重量。

填报进出口货物及其包装材料的重量之和，计量单位为千克，不足一千克的精确到小数点后两位。

三、信息来源

毛重属于与运输、货物成交相关的信息。报关人员可以通过以下方式查找、填报：

1. 在报关单证、合同、发票、提运单、装箱单等有关单证中，“Gross Weight”（缩写为 G. W.）所显示的重量为进出口货物的毛重。按照“两个相符”原则，提运单、装箱单上的毛重数量应该相同。

2. 报关单中毛重填报要求与舱单系统中的重量相同，报关人员可以使用海关总署新舱单信息查询系统，查询、核对毛重。

四、注意事项

报关单中毛重栏目不得为空，毛重应大于或等于 0.01，不得为“0”。

毛重填报数量大于舱单数量时，海关会作退单处理，须修改后重新发送；毛重填报数量小于舱单数量时，舱单核销将出现异常。同一提运单下，需要多个报关单申报时，要求所有报关单的毛重合计数量与舱单重量相同。

净　重

一、净重填制界面

净重填制界面见图 1-33。

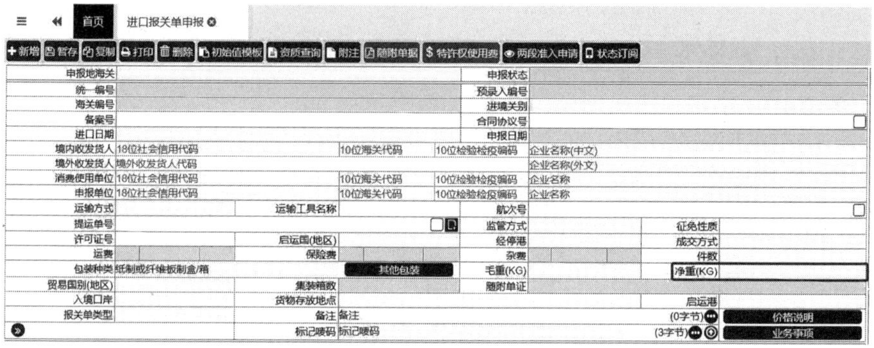

图 1–33　净重填制界面

二、填制规范

本申报栏目为必填项。

净重是指货物的毛重扣除外包装材料后的重量，即货物本身的实际重量。部分商品的净重还包括直接接触商品的销售包装材料的重量（如罐头装食品等）。

填报进出口货物的实际重量，计量单位为千克，不足一千克的精确到小数点后两位。

三、信息来源

净重属于与货物成交相关的信息，一般都在合同、发票、装箱单的“Net Weight”（缩写为 N. W.）中体现。

四、注意事项

本栏目不得为空，净重应大于或等于 0. 01，不得为“0”。

以毛重作为净重计价的，可填毛重，如矿砂、粮食等大宗散货或裸装的钢管、钢板等。按照国际惯例，以公量重计价的货物，如未脱脂羊毛、羊毛条等，填报公量重。

贸易国别（地区）

一、贸易国别（地区）填制界面

贸易国别（地区）填制界面见图 1-34。

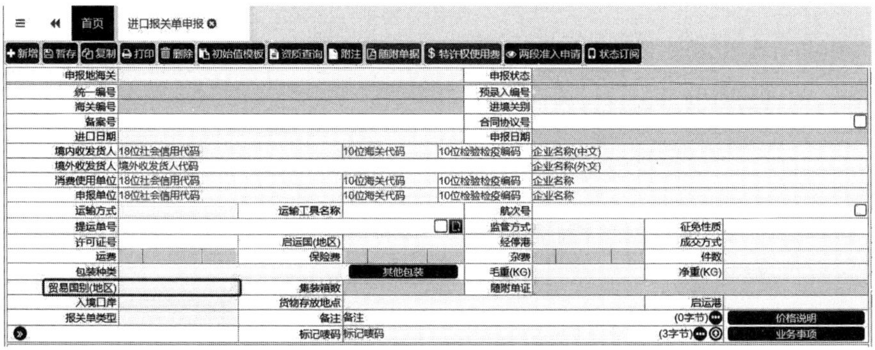

图 1-34　贸易国别（地区）填制界面

二、填制规范

本申报栏目为必填项。

发生商业性交易的，按海关规定的《国别（地区）代码表》选择填报相应的贸易国别（地区）中文名称及代码。进口填报购自国别（地区），出口填报售予国别（地区）。

未发生商业性交易的，填报货物所有权拥有者所属的国别（地区）。

三、信息来源

贸易国别（地区）属于与货物成交相关的信息，报关人员可以查询合同、发票单证中与境内收发货人发生商业性交易的一方所属的国别（地区）。

贸易国别（地区）不一定与货物启运国别（地区）或运抵国别

（地区）一致。因此，本栏目需要报关人员与委托单位确认后填报。

四、注意事项

本栏目仅与货物所有权的转变有关，与货物的流向无关。例如，海运提单显示“Port of Loading”是马来西亚某港，“Port of Discharge”是新加坡某港，说明货物在新加坡发生中转，但只要有单证（合同、付款凭证等）表明，货物的所有权由国外 A 国企业转移到国内企业的，本栏目仍应填报 A 国。

入境口岸/离境口岸

一、入境口岸/离境口岸填制界面

入境口岸填制界面见图 1-35，离境口岸填制界面略。

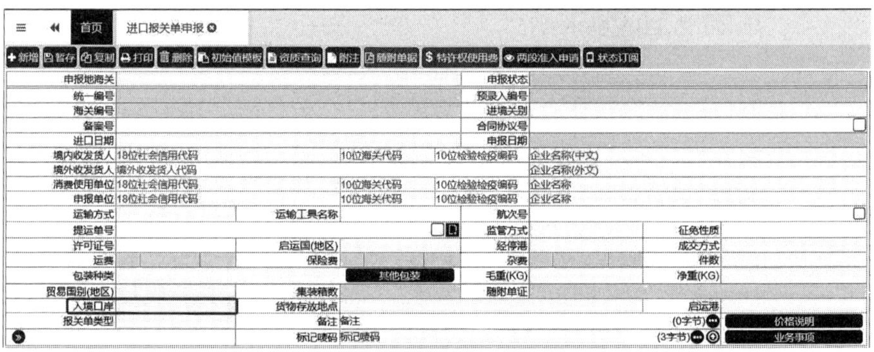

图 1-35　入境口岸填制界面

二、填制规范

本申报栏目为必填项。

入境口岸按海关规定的《国内口岸编码表》选择填报进境货物从跨境运输工具卸离的第一个境内口岸的中文名称及代码；采取多式联运

跨境运输的，填报多式联运货物最终卸离的境内口岸中文名称及代码；过境货物填报货物进入境内的第一个口岸的中文名称及代码；从海关特殊监管区域或保税监管场所进境的，填报海关特殊监管区域或保税监管场所的中文名称及代码；其他无实际进境的货物，填报货物所在地的城市名称及代码。

离境口岸按海关规定的《国内口岸编码表》选择填报装运出境货物的跨境运输工具离境的第一个境内口岸的中文名称及代码；采取多式联运跨境运输的，填报多式联运货物最初离境的境内口岸中文名称及代码；过境货物填报货物离境的第一个境内口岸的中文名称及代码；从海关特殊监管区域或保税监管场所离境的，填报海关特殊监管区域或保税监管场所的中文名称及代码；其他无实际出境的货物，填报货物所在地的城市名称及代码。

三、信息来源

入境口岸/离境口岸类型包括港口、码头、机场、机场货运通道、边境口岸、火车站、车辆装卸点、车检场、陆路港、坐落在口岸的海关特殊监管区域等，一般按照提货单或者空运运单中的进境/出境口岸填报。

四、注意事项

需要注意本栏目与“进/出境关别”栏目填制要求的区别。在不同的运输模式下，两者填报内容不同；这两个填报栏目的设置目的也不同，“进/出境关别”栏目是原报关项目的“进/出口口岸”，而本栏目是原报检项目的“入境/离境口岸”，两者有各自的统计需求。

货物存放地点

一、货物存放地点填制界面

货物存放地点填制界面见图 1-36。

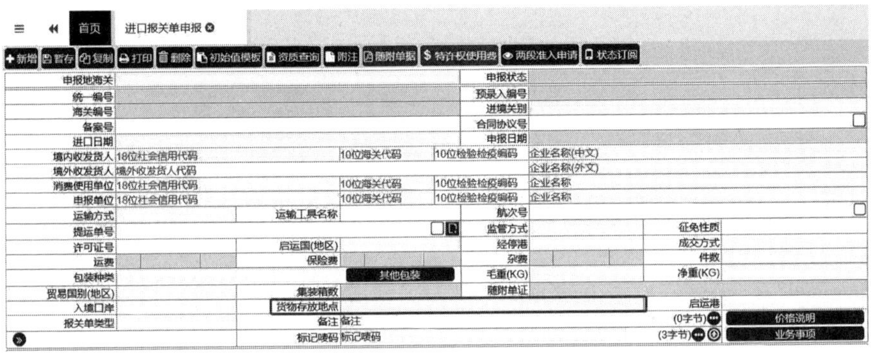

图 1-36　货物存放地点填制界面

二、填制规范

本申报栏目为必填项。

填报货物进境后存放的场所或地点，包括海关监管作业场所、分拨仓库、定点加工厂、隔离检疫场、企业自有仓库等。

三、信息来源

报关人员可通过港口、船代、货代的网络公示信息或电话，查询运输工具进境后的卸货地点，货物进境后分拨、堆存的堆场或仓库名称。

四、注意事项

本栏目为文本格式，填写货物在海关放行前存放的监管作业场所。例如，危险货物进境后分拨至危险仓库，则本栏目应填写危险仓库的名称或地址。填写错误会影响货物的正常查验。

启运港

一、启运港填制界面

启运港填制界面见图 1-37。

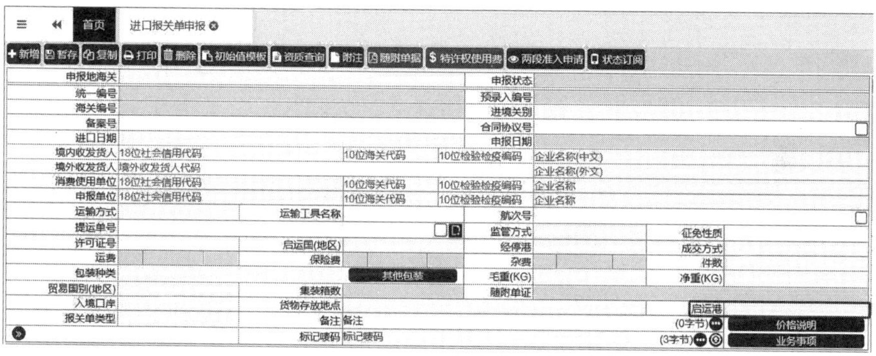

图 1-37 启运港填制界面

二、填制规范

本申报栏目为必填项。

填报进口货物在运抵我国关境前的第一个境外装运港。根据实际情况，按海关规定的《港口代码表》填报相应的港口名称及代码。

具体填报要求如下：

1. 未在《港口代码表》中列明的，填报相应的国家（地区）名称及代码。

2. 货物从海关特殊监管区域或保税监管场所运至境内区外的，填报《港口代码表》中相应海关特殊监管区域或保税监管场所的名称及代码，未在《港口代码表》中列明的，填报“未列出的特殊监管区”及代码。

3. 无实际进出境的货物，本栏目填报“中国境内”及代码。

三、信息来源

启运港属于与运输相关的信息，报关人员可以通过提运单、船公司或航空公司查询平台等确认信息。

1. 直接运抵货物。提运单上的“Port of Loading”列明了启运港信息。

2. 在第三国（地区）中转的货物。进口货物提货单上的“Port of Loading”可能是中转港，报关人员需要与船代确认第一个境外装运港。例如，货物从印度尼西亚雅加达启运，经马来西亚巴生港中转，启运港应填报雅加达。

四、注意事项

本栏目属于物流信息的填报，与货物是否发生中转、是否在中转国（地区）有商业性交易无关。另外，启运港不仅包括海港，也包括空港以及其他特殊监管区域，因此，对于从一些内陆国家（地区）启运的货物，例如从瑞士启运的货物，必须经过内陆段运输至港口城市再装船出运，此时本栏目依然填报瑞士的启运港。

报关单类型

一、报关单类型填制界面

报关单类型填制界面见图 1–38。

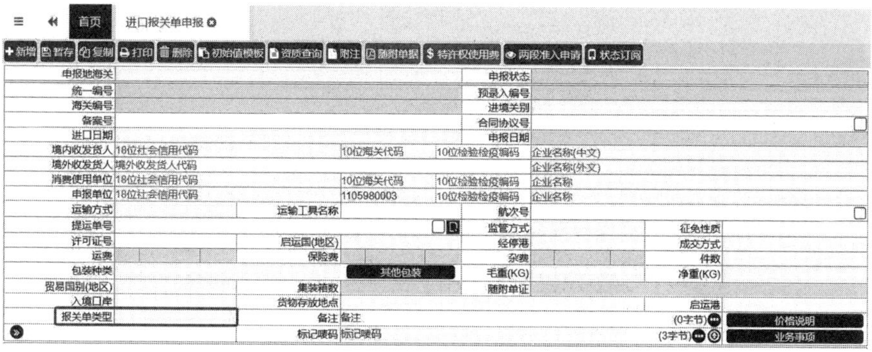

图 1-38　报关单类型填制界面

二、填制规范

本申报栏目为必填项。

有纸报关通过下拉菜单选择“0-有纸报关”，有纸带清单报关选择“L-有纸带清单报关”，无纸带清单报关选择“D-无纸带清单报关”，通关无纸化选择“M-通关无纸化”，无纸报关选择“W-无纸报关”。

特殊说明：

1. 有纸报关：没有与海关签订通关无纸化企业报关填报用，报关单不传输随附单据。

2. 有纸带清单报关：没有与海关签订通关无纸化企业报关带有清单的集中申报报关单用，报关单不传输随附单据。

3. 无纸带清单报关：没有与海关签订通关无纸化企业报关带有清单的集中申报报关单用，报关单上传输随附单据（后改为“M-通关无纸化”）。

4. 通关无纸化：与海关签订通关无纸化企业报关填报用，报关单上传输随附单据。

5. 无纸报关：指有纸报关后，10 天后交随附单据的企业报关单。

三、信息来源

根据目前海关对不同监管方式的货物开通无纸申报的范围确定是有

纸报关还是通关无纸化。目前，海关对“暂时进出口”货物依然施行有纸报关，需要报关人员现场交单；对于企业是否与海关签订通关无纸化，可以前往中国电子口岸网站查询。

四、注意事项

报关单类型的选择意味着申报通道的选择。对于可以按通关无纸化类型申报的报关单，错选为有纸报关会导致系统退单。

备　注

一、备注填制界面

备注填制界面见图 1-39。

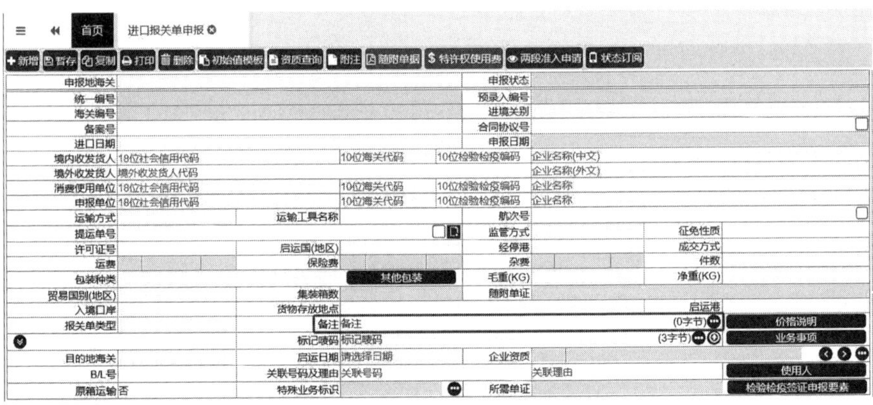

图 1-39　备注填制界面

二、填制规范

本申报栏目为选填项。

有以下情况的，需按照填制规范的要求录入相关信息：

1. 受外商投资企业委托代理其进口投资设备、物品的，在本栏目填报进出口企业名称。

2. 办理进口货物直接退运手续的，在本栏目填报“<ZT”+“海关审核联系单号或《海关责令进口货物直接退运通知书》编号”+“>”。

3. 保税监管场所进出货物，在“保税/监管场地”栏填报本保税监管场所编码［保税物流中心（B型）填报本中心的国内地区代码］，其中涉及货物在保税监管场所间流转的，在本栏目填报对方保税监管场所代码。

4. 涉及加工贸易货物销毁处置的，在本栏目填报海关加工贸易货物销毁处置申报表编号。

5. 当监管方式为“暂时进出货物”（代码2600）和“展览品”（代码2700）时，填报要求如下：

（1）根据《中华人民共和国海关暂时进出境货物管理办法》（海关总署令第233号，以下简称《管理办法》）第三条第一款所列项目，在本栏目填报暂时进出境货物类别，例如暂进六，暂出九。

（2）根据《管理办法》第十条规定，在本栏目填报8位数字型的复运出境或者复运进境日期，需注意的是，期限应在货物进出境之日起6个月内，例如20180815前复运进境，20181020前复运出境。

（3）根据《管理办法》第七条规定，向海关申请对有关货物是否属于暂时进出境货物进行审核确认的，在本栏目填报《中华人民共和国××海关暂时进出境货物审核确认书》编号，格式为“<ZS海关审核确认书编号>”，其中英文为大写字母；无此项目的，无须填报。

上述内容依次填报，项目间用“/”分隔，前后均不加空格。

（4）收发货人或其代理人申报货物复运进境或者复运出境的：货物办理过延期的，根据《管理办法》在本栏目填报《货物暂时进/出境延期办理单》的海关回执编号，格式为“<ZS海关回执编号>”，其中英文为大写字母；无此项目的，无须填报。

6. 跨境电子商务进出口货物，在本栏目填报“跨境电子商务”。

7. 加工贸易副产品内销，在本栏目填报“加工贸易副产品内销”。

8. 服务外包货物进口，在本栏目填报“国际服务外包进口货物”。

9. 纳税义务人申报进口公式定价货物，在报关单“价格说明”类栏目“公式定价确认”和“暂定价格确认”均填报“是”的，应当按如下要求在本栏目准确填写公式定价备案号。

（1）公式定价备案号填写格式应为：“公式定价”+备案编号+“@”。如“公式定价 012021000001@”。

（2）对于同一报关单下有多项商品的，如需要指明某一项或某几项商品为公式定价备案的，则公式定价备案号填写格式应为：“公式定价”+备案编号+“#”+商品序号+“@”。如报关单中第二项商品为公式定价备案货物，则填写“公式定价 012021000001#2@”。

（3）各字段间不得插入空格符或其他无关字符，非汉字字符用半角输入。两步申报报关单在完整申报时，按以上要求填制报关单。

10. 进出口与《预裁定决定书》列明情形相同的货物时，按照《预裁定决定书》编号填报，格式为：“预裁定+《预裁定决定书》编号”。例如，某份预裁定决定书编号为 R-2-0100-2018-0001，则在本栏目填报“预裁定 R-2-0100-2018-0001”。

11. 含归类行政裁定报关单，在本栏填报归类行政裁定编号，格式为：“c”+四位数字编号，例如 c0001。

12. 已经在进入特殊监管区时完成检验的货物，在出区入境申报时，在本栏目填报“预检验”字样，同时在“关联报检单”栏填报实施预检验的报关单号。

13. 进口直接退运的货物，在本栏目填报“直接退运”字样。

14. 企业提供 ATA 单证册的货物，在本栏目填报“ATA 单证册”字样。

15. 进出口不含动物源性低风险生物制品，在本栏目填报“不含动物源性”字样。

16. 货物自境外进入境内特殊监管区或者保税仓库的，在本栏目填报“保税入库”或者“境外入区”字样。

17. 海关特殊监管区域与境内区外之间采用分送集报方式进出的货物，在本栏目填报“分送集报”字样。

18. 军事装备出入境的，在本栏目填报“军品”或“军事装备”字样。

19. 属于培养基的，在本栏目填报“培养基”字样；属于化学试剂的，在本栏目填报“化学试剂”字样；不含动物源性成分的，在本栏目填报“不含动物源性”字样。

20. 属于修理物品的，在本栏目填报“修理物品”字样。

21. 属于下列情况的，在本栏目填报“压力容器”“成套设备”“食品添加剂”“成品退换”“旧机电产品”等字样。

22. 入境的六溴环十二烷，用途为“其他（99）”的，在本栏目填报具体用途。

23. 不属于“特殊物品”的，在本栏目填报“非特殊物品”字样。“特殊物品”的定义见《出入境特殊物品卫生检疫管理规定》的相关内容。

24. 进出口列入《出入境检验检疫机构实施检验检疫的进出境商品目录》（以下简称法检目录）的进出口商品及法律、行政法规规定须经出入境检验检疫机构检验的其他进出口商品实施检验的，填报“应检商品”字样。

25. 申报时其他必须说明的事项。

三、信息来源

本栏目可以录入与海关管理相关的信息，也可以根据收发货人的要求录入部分补充信息。

1. 直接退运货物、含有预归类商品的报关单、含有归类裁定货物的报关单、获得预审价决定书的进出口货物，本栏目填报相关审批证件编号。

2. 暂时进出境货物、展览品，录入适用的暂时进出境货物类别、复运进境或出境日期、《海关暂时进出境货物审核确认书》的编号（属于海关审核类的货物涉及）。

3. 录入其他必要信息。如收发货人为便于填制提交报关单，管理录入发票号、清单号等。

四、注意事项

本栏目申报要求多、容易遗漏内容，特别是《关于修订〈中华人民共和国海关进出口货物报关单填制规范〉的公告》（海关总署公告2019年第18号）发布后，本栏目又新增很多预录事项，例如，公告中规定“进出口列入目录的进出口商品及法律、行政法规规定须经出入境检验检疫机构检验的其他进出口商品实施检验的，填报‘应检商品’字样”，所谓应检商品，其范畴远大于法检商品，包括：

1. 商品编号海关监管条件含“A”的；

2. 进口捐赠医疗器械，监管方式为“捐赠物资”（代码3612），产品为医疗器械，申报商品编号为品目9018项下的货物；

3. 进口成套设备，货物属性为成套设备的；

4. 进口以CFCS为制冷剂的工业、商业用压缩机；

5. 进口危险化学品；

6. 进境货物使用木质包装或植物铺垫材料的；

7. 来自传染病疫区的进境货物；

8. 所有进口旧品，货物属性为旧品的；

9. 所有进口有机认证产品；

10. 所有退运货物；

11. 贸易方式为合资合作（代码2025）、外资设备物品（代码2225）的进口货物；

12. 强制性产品认证目录（3C目录）外验证商品；

13. 涉及能效标识目录的产品，食品接触材料，包装材料；

14. 产品涉及需要出具检验检疫证明文件（如入境检验检疫证明、

品质证书或者重量证书等）的。

价格说明—特殊关系确认

一、特殊关系确认填制界面

点击图 1-40 界面中的“价格说明”后，进入特殊关系确认填制界面，见图 1-41。

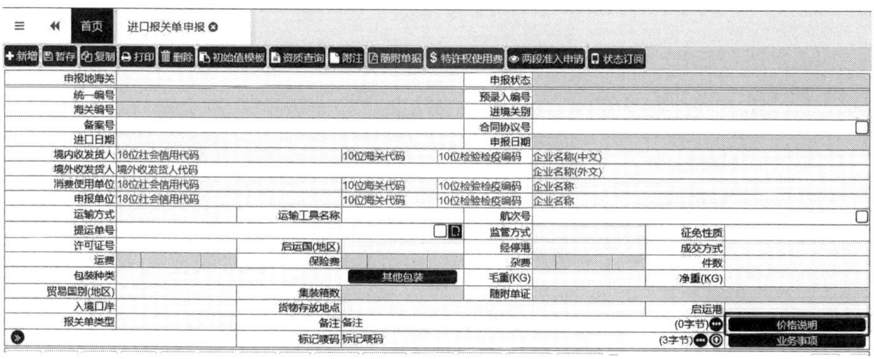

图 1-40　价格说明填制界面

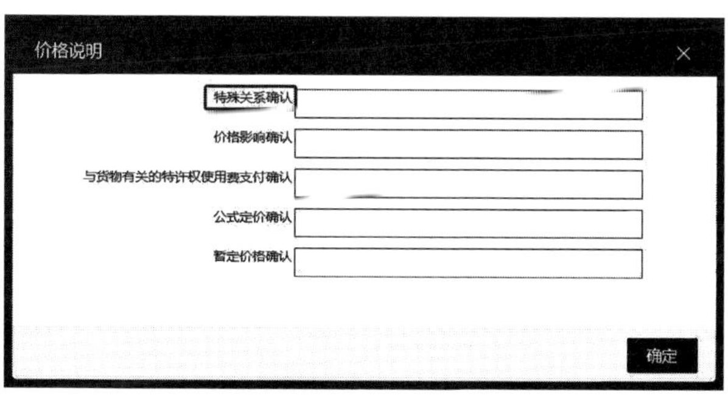

图 1-41　特殊关系确认填制界面

二、填制规范

本申报栏目为选填项。

根据《中华人民共和国海关确定进出口货物计税价格办法》（以下简称《确价办法》）第十六条，填报需确认进出口行为中买卖双方是否存在特殊关系，有下列情形之一的，应当认为买卖双方存在特殊关系，在下拉菜单中选择“1-是”，反之则选择“0-否”：

1. 买卖双方为同一家族成员的。

2. 买卖双方互为商业上的高级职员或者董事的。

3. 一方直接或者间接地受另一方控制的。

4. 买卖双方都直接或者间接地受第三方控制的。

5. 买卖双方共同直接或者间接地控制第三方的。

6. 一方直接或者间接地拥有、控制或者持有对方5%以上（含5%）公开发行的有表决权的股票或者股份的。

7. 一方是另一方的雇员、高级职员或者董事的。

8. 买卖双方是同一合伙的成员的。

买卖双方在经营上相互有联系，一方是另一方的独家代理、独家经销或者独家受让人，如果符合前述规定，也应当视为存在特殊关系。

出口货物免予填报，加工贸易及保税监管货物（内销保税货物除外）免予填报。

三、信息来源

特殊关系确认属于与交易相关的信息，报关人员需要与委托单位确认后填报。

价格说明—价格影响确认

一、价格影响确认填制界面

点击图1-42界面中的“价格说明”后，进入价格影响确认填制界面，见图 1-43。

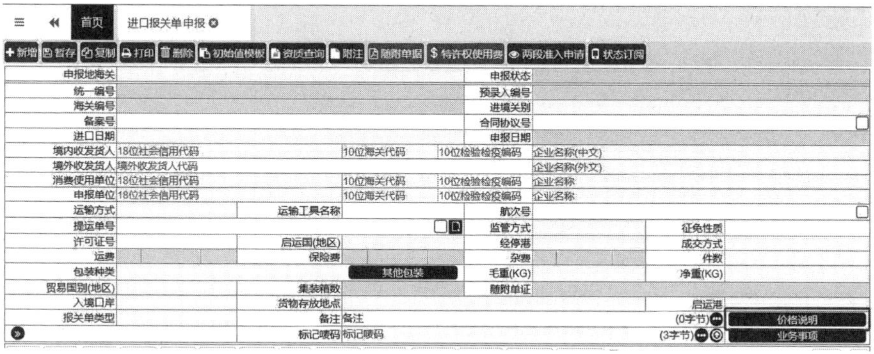

图 1-42　价格说明填制界面

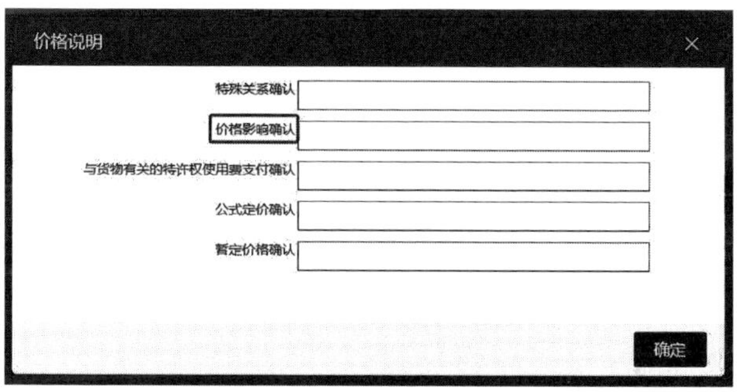

图 1-43　价格影响确认填制界面

二、填制规范

本申报栏目为选填项。

根据《确价办法》第十七条，填报需确认纳税义务人是否可以证明特殊关系未对进口货物的成交价格产生影响，纳税义务人能证明其成交价格与同时或者大约同时发生的下列任何一款价格相近的，应视为特殊关系未对成交价格产生影响，在下拉菜单中选择“0-否”，反之则选择“1-是”：

1. 向境内无特殊关系的买方出售的相同或者类似进口货物的成交价格。

2. 按照《确价办法》第二十三条的规定所确定的相同或者类似进口货物的完税价格。

3. 按照《确价办法》第二十五条的规定所确定的相同或者类似进口货物的完税价格。

出口货物免予填报，加工贸易及保税监管货物（内销保税货物除外）免予填报。

三、信息来源

价格影响确认属于与交易相关的信息，报关人员需要与委托单位确认后填报。

四、注意事项

填报本栏目前，需要纳税义务人自行举证，证明其成交价格与前述“填制规范”中所列任何一款价格相近。若买卖双方存在特殊关系，但特殊关系并不影响双方的成交价格的，纳税义务人也可以寻求第三方咨询公司出具咨询报告进行说明。

价格说明—与货物有关的特许权使用费支付确认

一、与货物有关的特许权使用费支付确认填制界面

点击图 1-44 界面中的“价格说明”后，进入与货物有关的特许权使用费支付确认填制界面，见图 1-45。

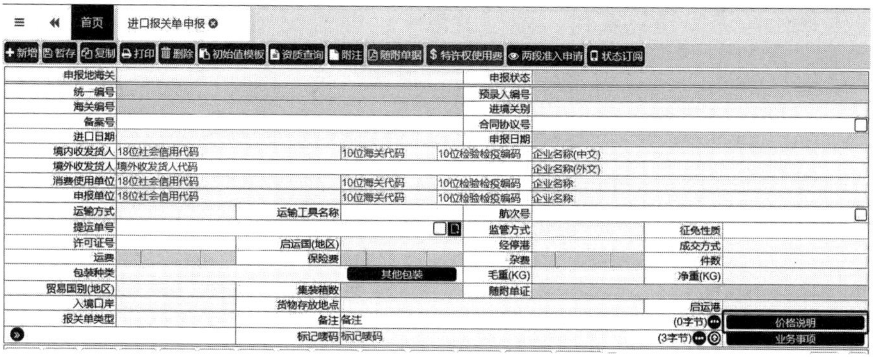

图 1-44　价格说明填制界面

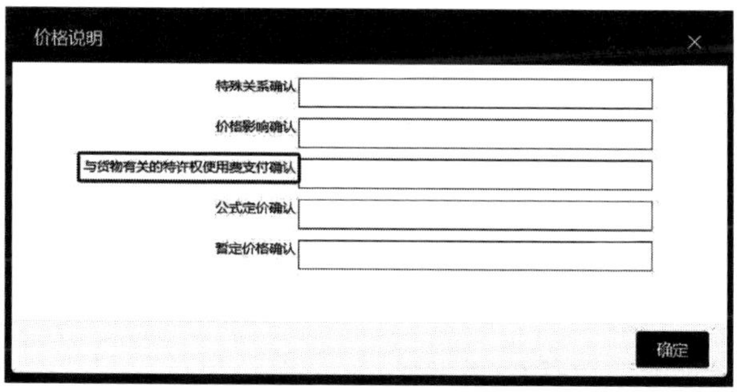

图 1-45　与货物有关的特许权使用费支付确认填制界面

二、填制规范

本申报栏目为选填项。

根据《确价办法》第十一条和第十三条，填报需确认买方是否存在向卖方或者有关方直接或者间接支付与进口货物有关的特许权使用费，且未包括在进口货物的实付、应付价格中。通过下拉菜单方式选择填报。

1. 买方存在需向卖方或者有关方直接或者间接支付特许权使用费，且未包含在进口货物实付、应付价格中，并且符合《确价办法》第十三条的，选择“1-是”。

2. 买方存在需向卖方或者有关方直接或者间接支付特许权使用费，

且未包含在进口货物实付、应付价格中，但纳税义务人无法确认是否符合《确价办法》第十三条的，选择“1–是”。

3. 买方存在需向卖方或者有关方直接或者间接支付特许权使用费且未包含在实付、应付价格中，纳税义务人根据《确价办法》第十三条，可以确认需支付的特许权使用费与进口货物无关的，选择“0–否”。

4. 买方不存在向卖方或者有关方直接或者间接支付特许权使用费的，或者特许权使用费已经包含在进口货物实付、应付价格中的，选择“0–否”。

出口货物免予填报，加工贸易及保税监管货物（内销保税货物除外）免予填报。

三、信息来源

与货物有关的特许权使用费支付确认属于与交易相关的信息，报关人员需要与委托单位确认后填报。

四、注意事项

应税特许权使用费需按照《关于特许权使用费申报纳税手续有关问题的公告》（海关总署公告2019年第58号）的规定进行填报。

价格说明—公式定价确认

一、公式定价确认填制界面

点击图1–46界面中的“价格说明”后，进入公式定价确认填制界面，见图1–47。

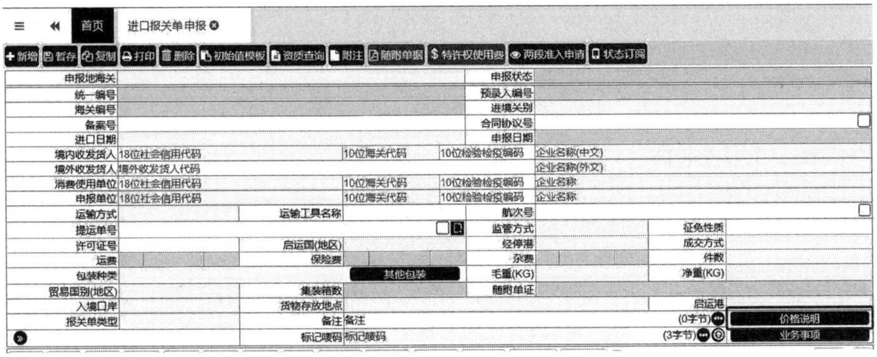

图 1–46　价格说明填制界面

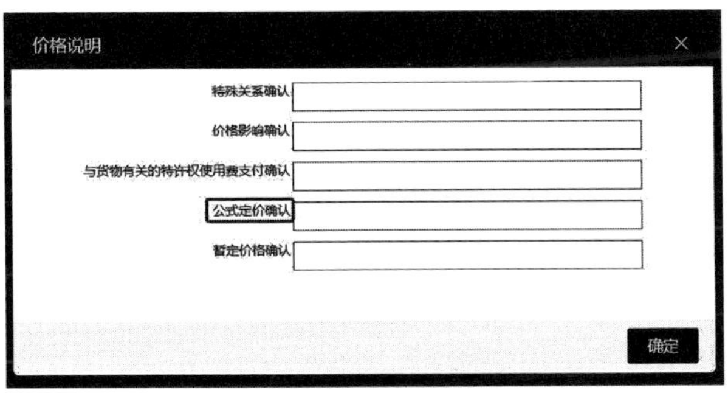

图 1–47　公式定价确认填制界面

二、填制规范

本申报栏目为有条件选填项。

根据《关于公式定价进口货物完税价格确定有关问题的公告》（海关总署公告 2021 年第 44 号）填报要求，“价格说明”类栏目应勾选“公式定价确认”。

公式定价，是指在向中华人民共和国境内销售货物所签订的合同中，买卖双方未以具体明确的数值约定货物价格，而是以约定的定价公式确定货物结算价格的定价方式。结算价格仅受成分含量、进口数量影响，进口时无论能否确定结算价格，“公式定价确认”均应当填报“是”。

出口货物、加工贸易及保税监管货物（内销保税货物除外）免予填报。本栏目未填报或填报为“否”均视为非公式定价进口货物。

三、信息来源

公式定价确认属于与交易相关的信息，报关人员需要与委托单位确认后填报，也可通过委托单位提供的买卖双方签订的合同中的相关条款来确认。

四、注意事项

公式定价确认需按照海关总署公告 2021 年第 44 号的规定进行填报。

价格说明—暂定价格确认

一、暂定价格确认填制界面

点击图 1-48 界面中的“价格说明”后，进入暂定价格确认填制界面，见图 1-49。

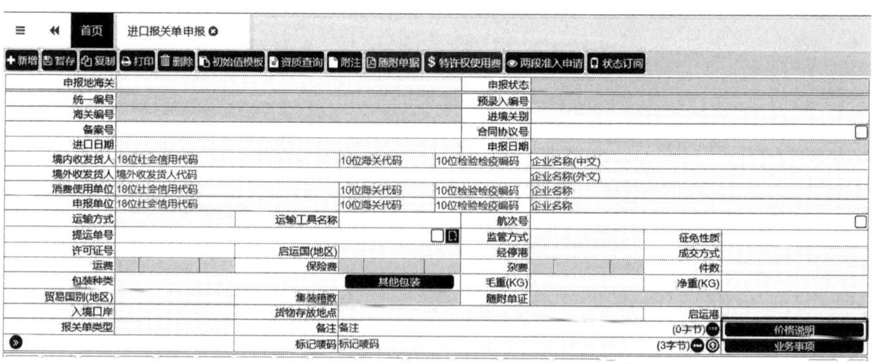

图 1-48　价格说明填制界面

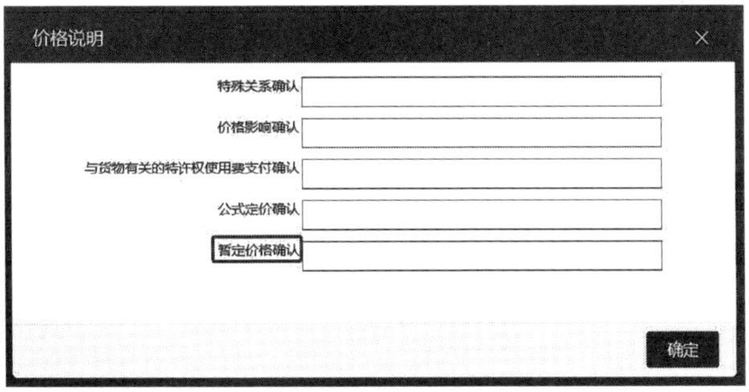

图 1-49　暂定价格确认填制界面

二、填制规范

本申报栏目为有条件选填项。

根据海关总署公告 2021 年第 44 号填报要求，“价格说明”类栏目应勾选“暂定价格确认”。

上节“公式定价确认”填报“是”的，应当继续填报“暂定价格确认”栏目；“公式定价确认”填报“否”的，无须填报“暂定价格确认”栏目。公式定价货物进口时结算价格未确定的，“暂定价格确认”应当填报“是”；公式定价货物进口时结算价格已确定的，“暂定价格确认”应当填报“否”。

出口货物免予填报，加工贸易及保税监管货物（内销保税货物除外）免予填报。

三、信息来源

暂定价格确认属于与交易相关的信息，报关人员需要与委托单位确认后填报，也可通过委托单位提供的买卖双方签订的合同中的相关条款来确认。

四、注意事项

暂定价格确认需按照海关总署公告 2021 年第 44 号的规定进行填报。

标记唛码

一、标记唛码填制界面

标记唛码填制界面见图 1–50。

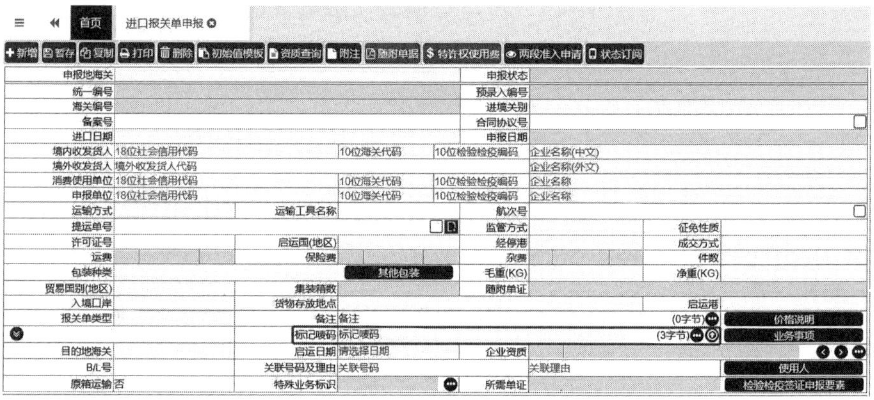

图 1–50　标记唛码填制界面

二、填制规范

本申报栏目为选填项。

填报标记唛码中除图形以外的文字、数字，无标记唛码的填报“N/M”。

三、信息来源

标记唛码属于与运输相关的信息。唛码印刷或粘贴在货物外包装上，报关人员可以从提运单、装箱单等报关单证中查看唛码。

四、注意事项

文字、数字以外的标记唛码，如图形，报关人员可以点击◎按钮，弹出“编辑标记及号码附件信息”对话窗（见图 1-51），将信息上传。

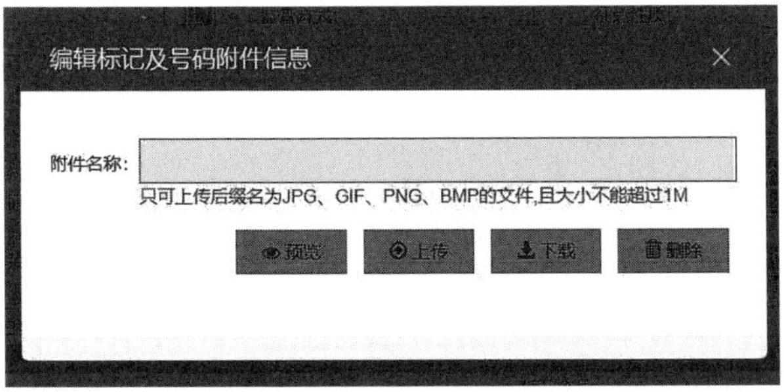

图 1-51　编辑标记及号码附件信息上传页面

业务事项—税单无纸化

一、税单无纸化填制界面

点击图 1-52 界面中的“业务事项”，进入税单无纸化填制界面，见图 1-53。

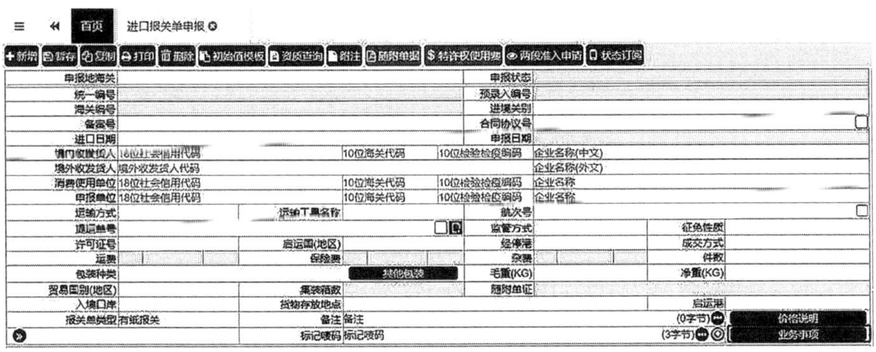

图 1-52　业务事项填制界面

图 1-53　税单无纸化填制界面

二、填制规范

本申报栏目为选填项。

进出口企业采用“税单无纸化”模式向海关申报时，勾选本栏目；反之则不勾选。

三、信息来源

报关人员在申报前，需与委托单位确认是否采用“税单无纸化”模式报关。

业务事项—担保验放

一、担保验放填制界面

点击图 1-54 界面中的“业务事项”，进入担保验放填制界面，见图 1-55。

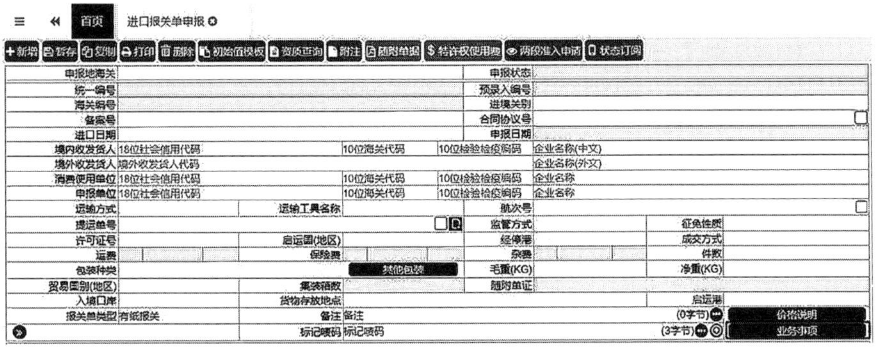

图 1-54　业务事项填制界面

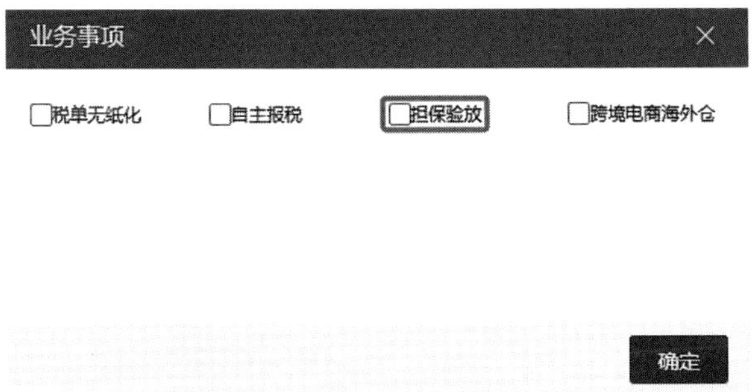

图 1-55　担保验放填制界面

二、填制规范

本申报栏目为选填项。

进出口企业采用“担保验放”模式向海关申请通关放行时，勾选本栏目；反之则不勾选。

“担保验放”是指与海关总署签署使用担保验放通关程序责任担保书的 AEO 企业所进出口货物的报关单电子数据经海关接受申报后，经确定商品归类、海关估价和提供有效报关单证的基础上，在缴清税费或者办结其他海关手续前，企业可以凭进（出）口货物担保验放清单向海关先行办理货物验放手续（国家对进出口货物有限制性规定，应当提供许可证而不能提供的除外）的便利通关措施。

三、信息来源

报关人员在申报前，需与委托单位确认是否采用“担保验放”模式申请通关放行。

目的地海关

一、目的地海关填制界面

目的地海关填制界面见图 1-56。

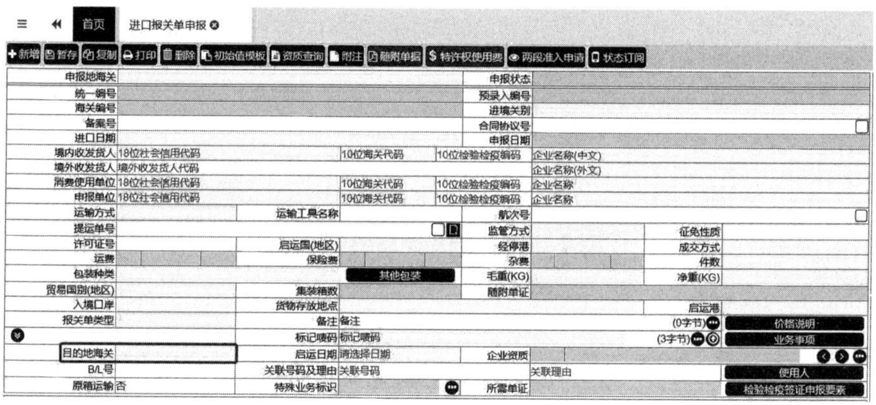

图 1-56　目的地海关填制界面

二、填制规范

本申报栏目为有条件必填项。

申报法检目录内货物和其他按照有关法律、法规须实施检验检疫的情况时，本栏目为必填。

需要在目的地海关实施检验检疫的，在本栏目填报《关区代码表》中相应目的地海关的 4 位关区代码。

属地海关如明确货物可不在属地实施检验检疫的，本栏目可不填。

三、信息来源

报关人员应根据货物实际入境目的地海关名称及代码填报本栏目。

四、注意事项

对于法检货物，报关人员需要与企业确认货物是否需要在目的地海关实施检验检疫。提醒注意：不需要在目的地海关实施检验检疫的无须填写本栏目。

启运日期

一、启运日期填制界面

启运日期填制界面见图 1-57。

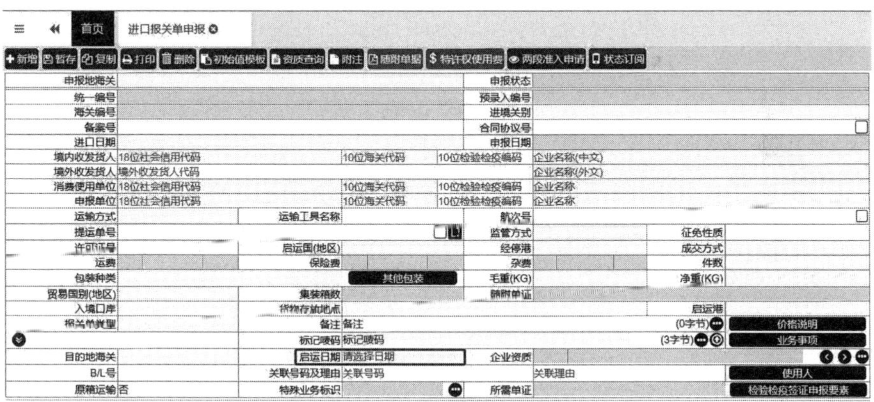

图 1-57　启运日期填制界面

二、填制规范

本申报栏目为有条件必填项。

填报入境货物离开境外第一个装运口岸的日期。本栏目为 8 位数字，顺序为年（4 位）、月（2 位）、日（2 位），格式为“YYYY-MM-DD”。

无实际进出境的货物，填报向海关申报的日期。其中，以电子数据报关单方式申报的，填报向海关计算机系统传送申报数据的日期。以纸质报关单方式申报的，填报向海关递交纸质报关单的日期。一份报关单包含的货物对应不同启运日期的，填报其中最后一个启运日期。

三、信息来源

报关人员需要根据海运提单或发票中显示的装船日期填报。

企业资质

一、企业资质填制界面

点击图 1-58 界面中的“企业资质”栏目后图标，进入企业资质类别填制界面，见图 1-59。

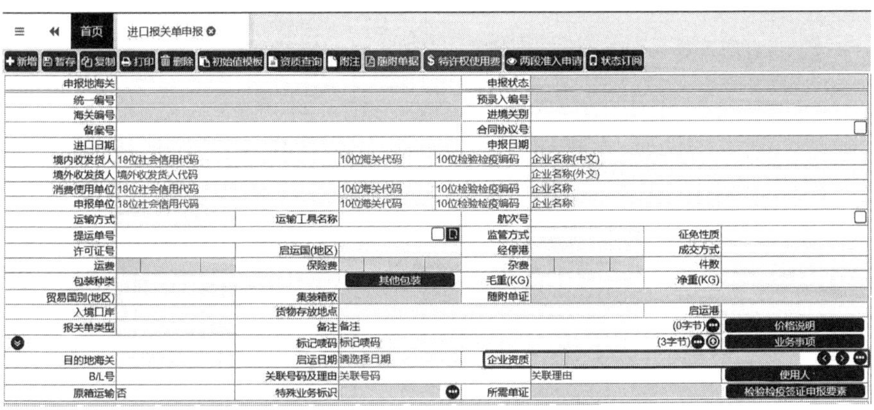

图 1-58　企业资质填制界面

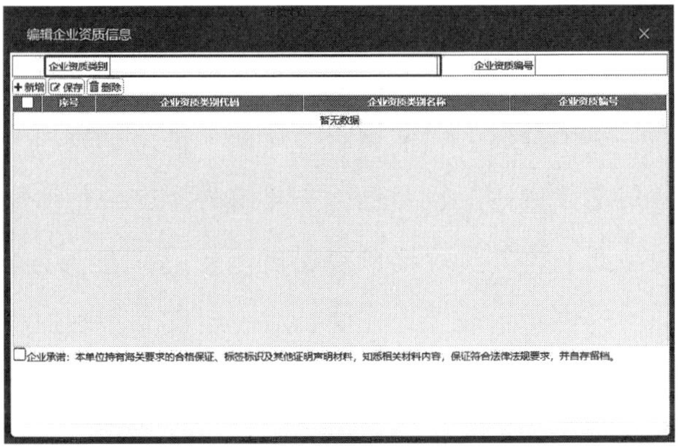

图 1-59 企业资质类别填制界面

二、填制规范

本申报栏目为有条件必填项。

按进出口货物种类及相关要求，需在本栏目选择填报货物的生产商/进出口商/代理商必须取得的资质类别。多个资质的需全部填写。具体包括以下几个方面：

1. 进口食品、食品原料类，填写进口食品境外出口商代理商备案、进口食品进口商备案；

2. 进口水产品，填写进口食品境外出口商代理商备案、进口食品进口商备案、进口水产品储存冷库备案；

3. 进口肉类，填写进口肉类储存冷库备案、进口食品境外出口商代理商备案、进口食品进口商备案、进口肉类收货人备案；

4. 进口化妆品，填写进口化妆品收货人备案；

5. 进口水果，填写进境水果境外果园/包装厂注册登记；

6. 进口非食用动物产品，填写进境非食用动物产品生产、加工、存放企业注册登记；

7. 饲料及饲料添加剂，填写饲料进口企业备案、进口饲料和饲料添加剂生产企业注册登记；

8. 除上述 7 种进出口货物外的其他货物，根据实际情况选择填写以下资质类别：进境植物繁殖材料隔离检疫圃申请、进出境动物指定隔离场使用申请、进境栽培介质使用单位注册、进境动物遗传物质进口代理及使用单位备案、进境动物及动物产品境外生产单位注册、进境粮食加工储存单位注册、境外医疗器械捐赠机构登记、进出境集装箱场站登记、进口棉花境外供货企业登记注册、对出口食品包装生产企业和进口食品包装的进口商实行的备案。

三、信息来源

报关人员需要根据实际进出口货物，依据海关相关检验检疫类管理规定，与进出口企业沟通获取所需企业资质类别证明。

四、注意事项

检验检疫单证目前已基本实现联网管理，因此，申报时无须上传证明扫描件，但是企业需对单证进行留存，以备后续核查时使用。

企业资质编号

一、企业资质编号填制界面

点击图 1-60 界面中的“企业资质”栏目后图标，进入企业资质编号填制界面，见图 1-61。

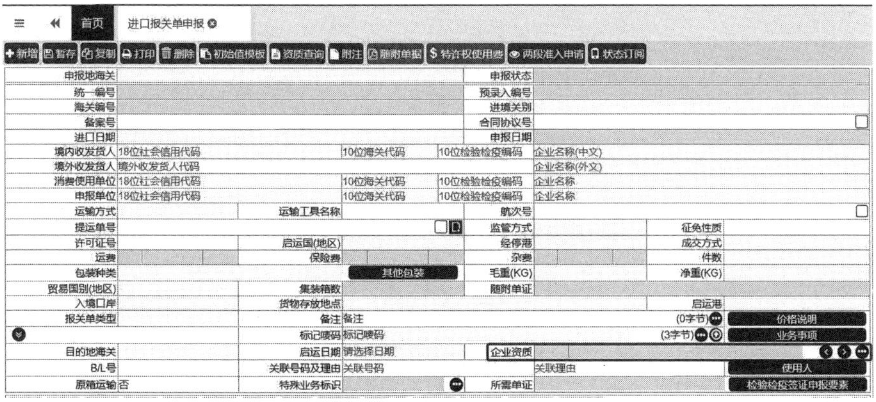

图 1-60　企业资质填制界面

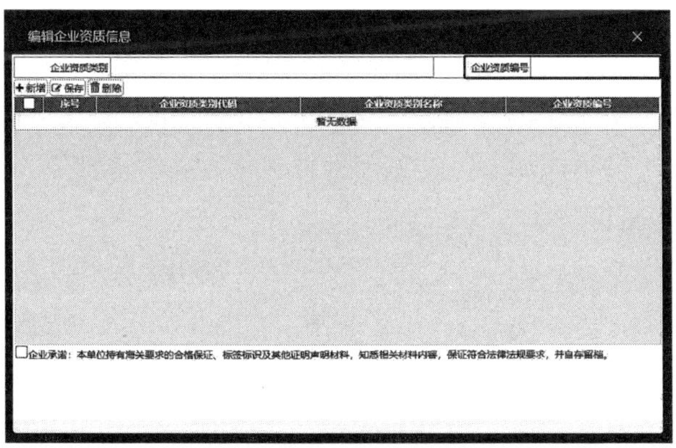

图 1-61　企业资质编号填制界面

二、填制规范

本申报栏目为有条件必填项。

按进出口货物种类及相关要求，需在本栏目填报货物的生产商/进出口商/代理商必须取得的资质对应的注册/备案编号。

三、信息来源

报关人员需要根据实际进出口货物，依据海关相关检验检疫类管理规定，与进出口企业沟通获取所需企业资质类别证明，将证明编号填入本栏目。

四、注意事项

多个资质的需全部填写。

B/L 号

一、B/L 号填制界面

B/L 号填制界面见图 1-62。

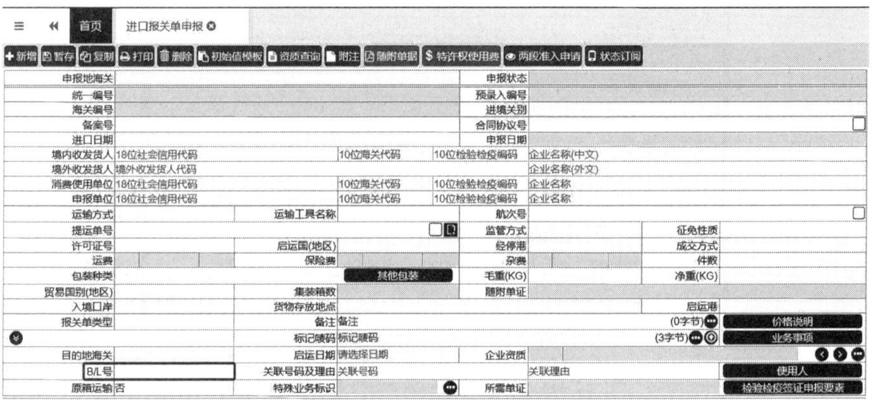

图 1-62　B/L 号填制界面

二、填制规范

本申报栏目为有条件必填项。

申报法检目录内货物和其他按照有关法律、法规须实施检验检疫的情况时，本栏目为必填。

三、信息来源

填报入境货物的承运人开出的提单/运单号的总单号或直单号。当运输方式为“航空运输”时，填报总运单号。本栏目不可为空。

关联号码及理由

一、关联号码及理由填制界面

关联号码及理由填制界面见图 1-63。

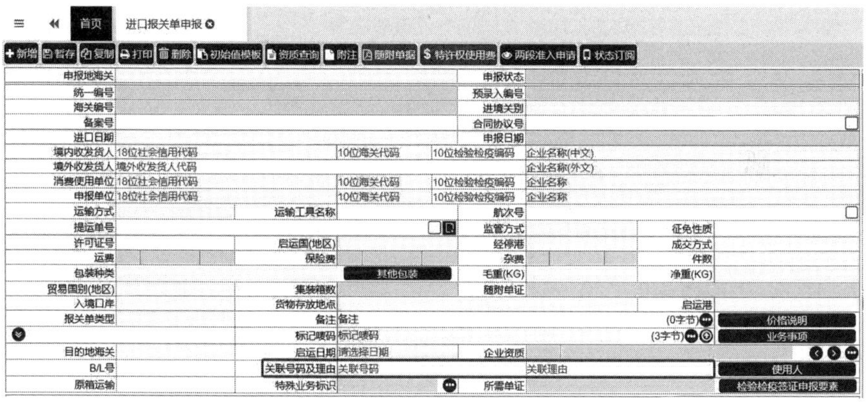

图 1-63　关联号码及理由填制界面

二、填制规范

本申报栏目为有条件必填项。

进出口货物报关单有关联报关单时，在本栏目中填报相关关联报关单号码，并在下拉菜单（见图 1-64）中选择关联报关单的关联理由。

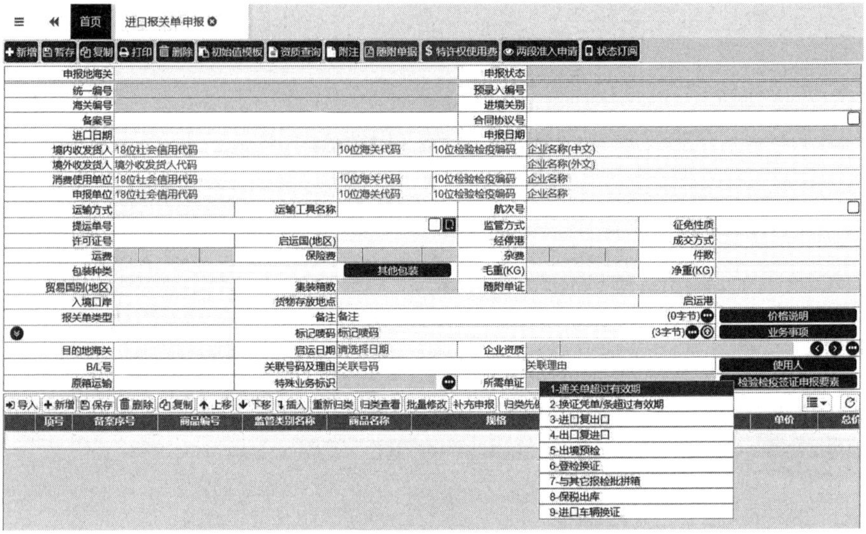

图 1-64　关联报关单关联理由选择界面

三、信息来源

报关人员需要根据实际业务的具体情况选择申报，如选择“关联理由”，关联号码也需一并录入。根据现行申报操作制度，“关联号码”应填写检验检疫关联单证编号。例如，拼箱单证中存在一票法定检验检疫商品申报的，非法定检验检疫货物申报单证需在“关联号码”栏录入以 119 开头的检验检疫编号，在“关联理由”栏选择填报“7-与其他报检批拼箱”。

使用人

一、使用人填制界面

点击图 1-65 界面中的“使用人”，进入使用人信息填制界面，见图 1-66。

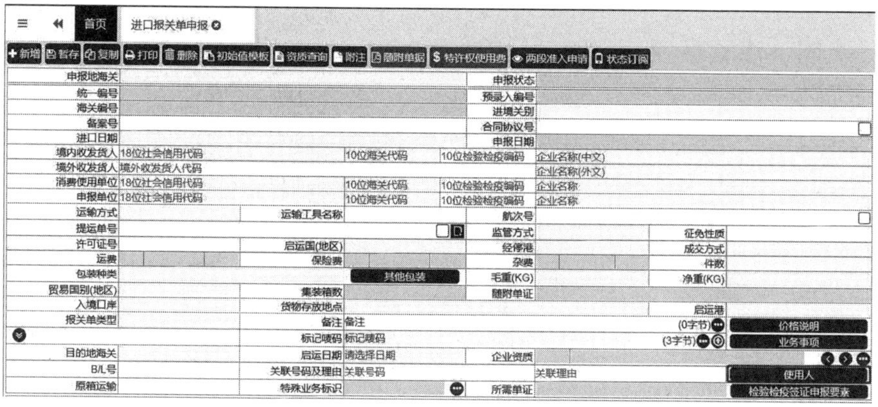

图 1-65　使用人填制界面

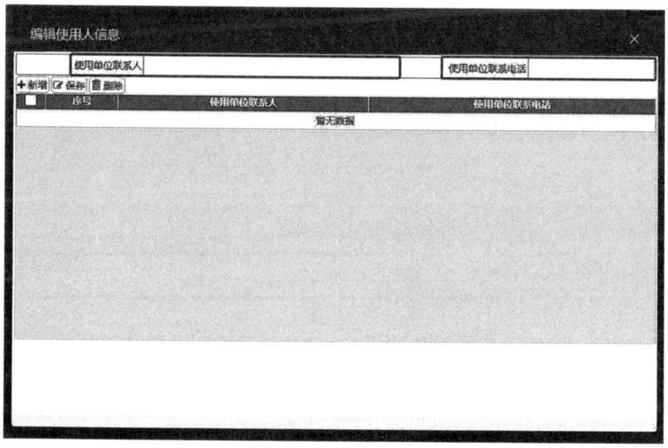

图 1-66　使用人相关信息填制界面

二、填制规范

本申报栏目为选填项。

本栏目包括“使用单位联系人”“使用单位联系电话”两项，填报进境涉检货物销售、使用单位的联系人姓名及电话。

三、信息来源

报关人员填报本栏目前，需与企业确认进境涉检货物的使用单位联系人姓名及电话。

四、注意事项

本栏目中，“使用单位联系人”栏最多支持录入 12 位字节；“使用单位联系电话”最多支持录入 20 位字节。

原箱运输

一、原箱运输填制界面

原箱运输填制界面见图 1-67。

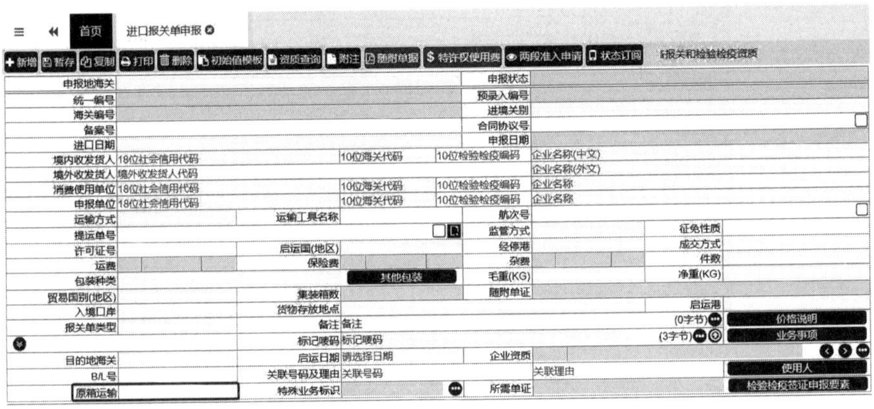

图 1-67　原箱运输填制界面

二、填制规范

本申报栏目为选填项。

申报使用集装箱运输的货物，根据是否集装箱原箱运输，勾选“是”或“否”。

三、注意事项

分拨货物、空运进口货物申报时无须勾选本栏目。对于企业申请直通直放的海运整箱进口货物，必须勾选本栏目。

特殊业务标识

一、特殊业务标识填制界面

特殊业务标识填制界面见图 1-68。

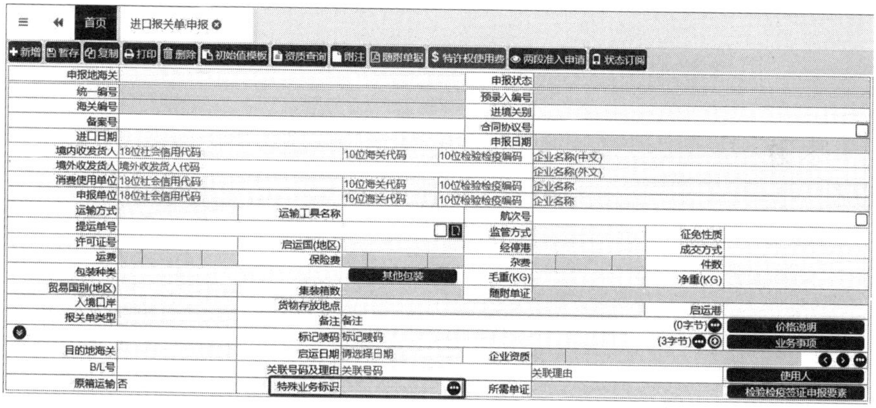

图 1-68　特殊业务标识填制界面

二、填制规范

本申报栏目为选填项。

属于国际赛事、特殊进出军工物资、国际援助物资、国际会议、直通放行、外交礼遇、转关等特殊业务的，根据实际情况在本栏目弹窗（见图 1-69）中勾选。不属于以上情况的无须勾选。

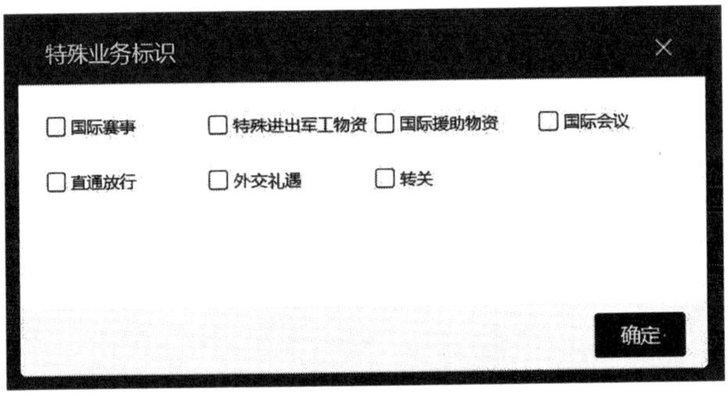

图 1–69　特殊业务标识勾选界面

三、信息来源

根据实际进出口贸易事务进行填报。可以参考进出口双方的贸易合同确认填报。

所需单证

一、所需单证填制界面

所需单证填制界面见图 1–70。

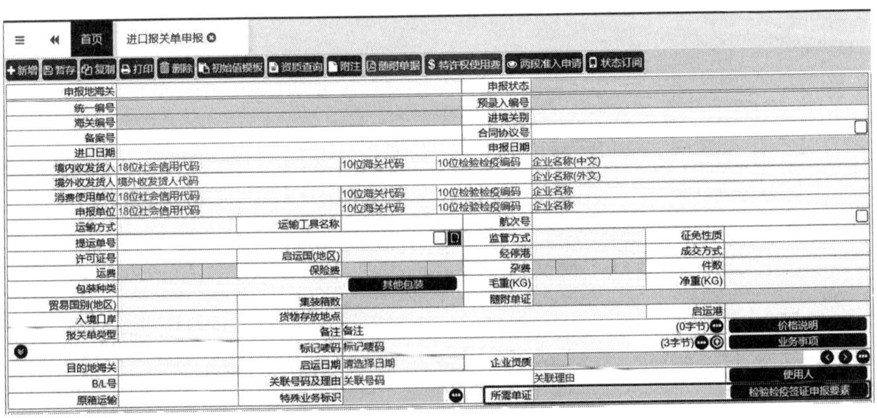

图 1–70　所需单证填制界面

二、填制规范

本申报栏目为选填栏目。

进出口企业申请出具检验检疫证单时，应根据相关要求，在“所需单证”项下的“检验检疫签证申报要素”中，勾选申请出具的检验检疫单证类型，并且同时填写收发货人和商品英文名称。

申请多个的可多选。

三、信息来源

报关人员需要与企业确认哪些单证需要向检验检疫机构申请签发，并如实填报。

检验检疫签证申报要素

一、检验检疫签证申报要素填制界面

检验检疫签证申报要素填制界面见图 1-71。

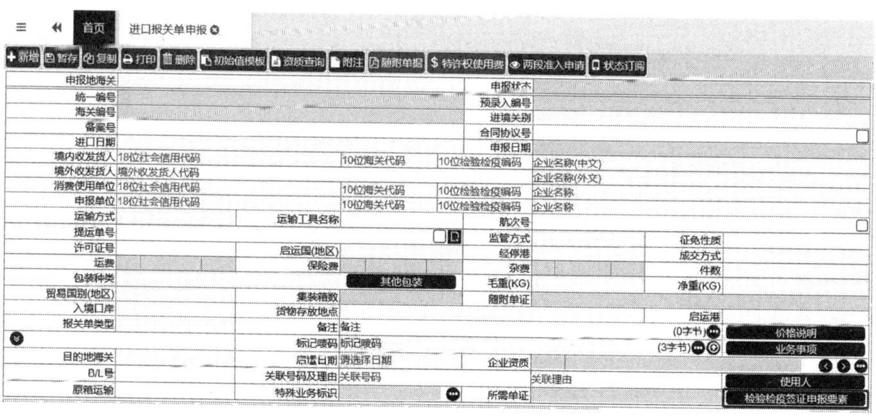

图 1-71 检验检疫签证申报要素填制界面

二、填制规范

本申报栏目为有条件必填项。

在确认境内收发货人名称（外文）、境外收发货人名称（中文）、境外收发货人地址、卸毕日期和商品英文名称后，根据现行相关规定和实际需要，勾选申请单证类型（见图 1–72），确认申请单证正本数和副本数后保存数据。

检验检疫签证申报要素

	序号	证书代码	证书名称	正本数量	副本数量
☐	1	11	品质证书	1	2
☐	2	12	重量证书	1	2
☐	3	13	数量证书	1	2
☐	4	14	兽医卫生证书	1	2
☐	5	15	健康证书	1	2
☐	6	16	卫生证书	1	2
☐	7	17	动物卫生证书	1	2
☐	8	18	植物检疫证书	1	2
☐	9	19	熏蒸/消毒证书	1	2
☐	10	20	出境货物换证凭单	1	2
☐	11	21	入境货物检验检疫证明（申请出具）	1	2
☐	12	22	出境货物不合格通知单	1	2
☐	13	23	集装箱检验检疫结果单	1	2
☐	14	24	入境货物检验检疫证明（申请不出具）	1	2
☐	15	25	随车检验单	1	2
☐	16	26	检验检疫处理通知书	1	2
☐	17	94	电子底账	1	2
☐	18	95	入境货物调离通知单	1	2
☐	19	96	出境货物检验检疫工作联系单	1	2
☐	20	97	空白证书	1	2
☐	21	98	其他单	1	2
☐	22	99	其他证书	1	2

境内收发货人名称(外文)	
境外收发货人名称(中文)	
境外发货人地址	发货人地址
卸毕日期	请选择日期
商品英文名称	

保存

图 1–72　检验检疫签证申报要素勾选界面

三、信息来源

系统会根据报关单已填制的信息，自动返填境内收发货人名称（外文）、境外收发货人名称（中文）、境外收发货人地址、卸毕日期和商品英文名称等字段信息。

四、注意事项

本栏目最多支持录入 4000 位字节。

备案序号

一、备案序号填制界面

备案序号填制界面见图 1-73。

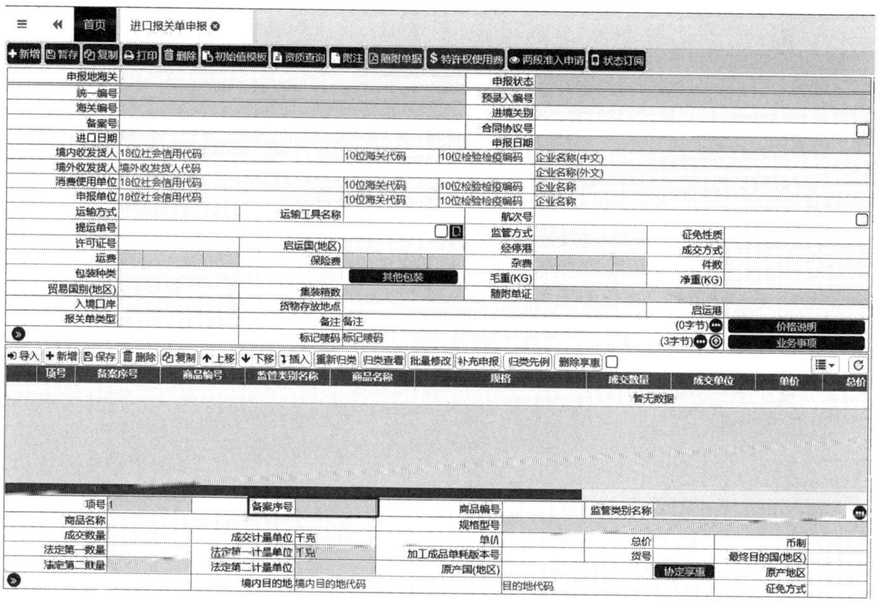

图 1-73　备案序号填制界面

二、填制规范

本申报栏目为选填项。

本栏目专用于加工贸易及保税、减免税等已备案、审批的货物，填报货物在《加工贸易手册》或《征免税确认通知书》等备案、审批单证中的顺序编号。

特殊情况下，填报要求如下：

1. 深加工结转货物，本栏目分别按照《加工贸易手册》中的进口料件项号和出口成品项号填报。

2. 料件结转货物（包括料件、制成品和未完成品折料），出口报关单中本栏目按照转出《加工贸易手册》中进口料件的项号填报；进口报关单中本栏目按照转进《加工贸易手册》中进口料件的项号填报。

3. 料件复出货物（包括料件、边角料），出口报关单中本栏目按照《加工贸易手册》中进口料件的项号填报；如边角料对应一个以上料件项号时，填报主要料件项号。料件退换货物（包括料件，不包括未完成品），进出口报关单中本栏目按照《加工贸易手册》中进口料件的项号填报。

4. 成品退换货物，退运进境报关单和复运出境报关单中本栏目按照《加工贸易手册》中原出口成品的项号填报。

5. 加工贸易料件转内销货物（以及按料件办理进口手续的转内销制成品、残次品、未完成品）填制进口报关单，本栏目填报《加工贸易手册》中进口料件的项号；加工贸易边角料、副产品内销，本栏目填报《加工贸易手册》中对应的进口料件项号。如边角料或副产品对应一个以上料件项号时，填报主要料件项号。

6. 加工贸易成品凭《征免税确认通知书》转为减免税货物进口的，应先办理进口报关手续。进口报关单中本栏目填报《征免税确认通知书》中的项号，出口报关单中本栏目填报《加工贸易手册》中原出口成品项号，进、出口报关单货物数量应一致。

7. 加工贸易货物销毁，本栏目填报《加工贸易手册》中相应的进口料件项号。

8. 加工贸易副产品退运出口、结转出口，本栏目填报《加工贸易手册》中新增成品的出口项号。

9. 经海关批准实行加工贸易联网监管的企业，按海关联网监管要求，企业需申报报关清单的，应在向海关申报进出口（包括形式进出口）报关单前申报清单。一份报关清单对应一份报关单，报关单上的商品由报关清单归并而得。加工贸易电子账册报关单中项号、品名、规格等栏目的填制规范比照《加工贸易手册》。

三、注意事项

申报前，报关人员需与客户确认进口料件、出口成品分别对应《加工贸易手册》《征免税确认通知书》中的第几项，以此进行申报。“备案号”栏目为空或者不存在入库备案清单的，无须填报本栏目。

商品编号

一、商品编号填制界面

商品编号填制界面见图 1-74。

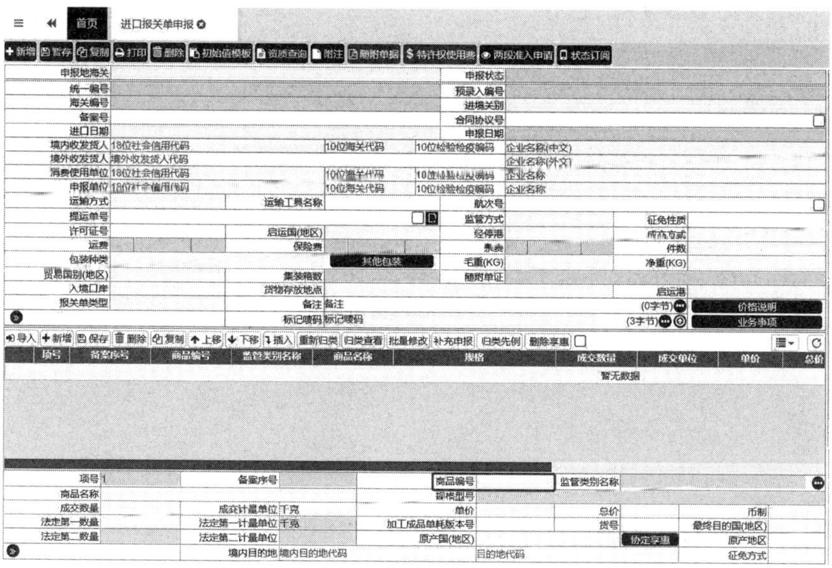

图 1-74 商品编号填制界面

二、填制规范

本申报栏目为必填项。

填报由10位数字组成的商品编号。前8位为《中华人民共和国进出口税则》和《中华人民共和国海关统计商品目录》确定的编码；第9、10位为监管附加编号。

三、信息来源

商品编号是与海关管理相关的信息，与税费、监管条件等密切相关。

1. 一般贸易项下货物，报关人员需了解商品信息（材质、成分含量、工作原理、功能用途等），与收发货人共同完成对商品编号的确认。

2. 《加工贸易手册》（账册）项下货物，在报关单录入系统中录入备案号、备案序号后，系统自动调取手册备案的商品编号。

3. 《征免税确认通知书》项下货物，在报关单录入系统中录入《征免税确认通知书》编号后，系统自动调取《征免税确认通知书》备案的商品编号。

4. 进（出）口货物报关单中，涉及归类裁定的商品应按照预归类裁定的商品编号申报。

四、注意事项

加工贸易货物，进出口报关单的商品编号应与《加工贸易手册》（账册）中备案的商品编号一致。

减免税货物，进出口报关单的商品编号应与《征免税确认通知书》备案的商品编号一致。

加工贸易保税货物跨关区深加工结转双方的商品编号的前4位必须一致。

监管类别名称

一、监管类别名称填制界面

监管类别名称填制界面见图 1-75。

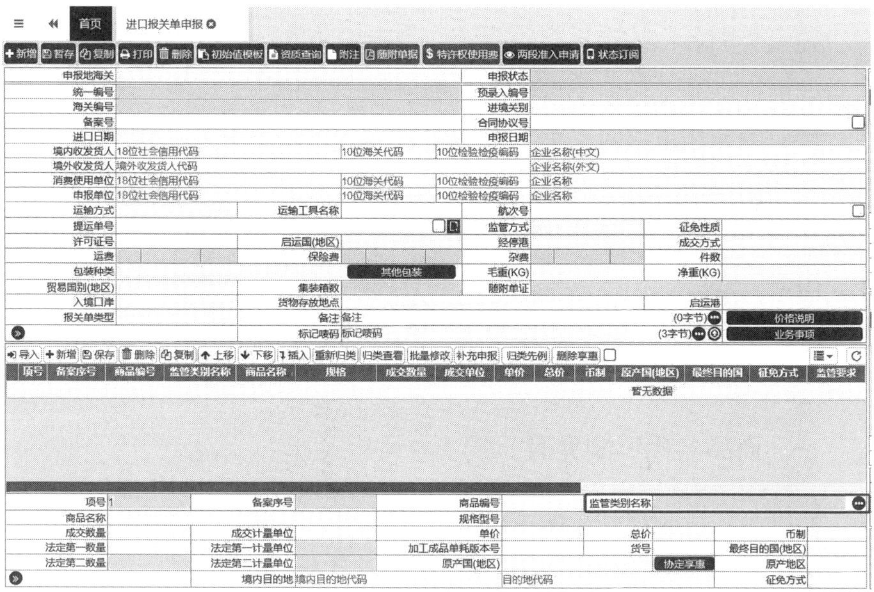

图 1-75 监管类别名称填制界面

二、填制规范

涉及检验检疫的进出口货物，需填报本栏目。

例如，申报进口商品“活龙虾”，需先在“商品编号”栏录入“0306329000”10 位编号，而后在本栏目下拉菜单中选择“活、鲜或冷的带壳或去壳螯龙虾（螯龙虾属）（活螯虾）”作为监管类别名称。

三、信息来源

监管类别名称源于 CIQ 编码及名称，报关人员可以根据“单一窗口”的信息提示，选择与报关商品相符的描述，或与委托单位进行确认后填报。

四、注意事项

监管类别名称的选择有时会牵涉是否构成危险货物、是否构成特种设备而需提供额外的监管证件方可进口等，从而触发其他特殊的海关监管程序，因此在申报时，报关人员需要与企业进行沟通，尽可能让熟悉商品特性的专业人员来确定本栏目的填报内容。

商品名称

一、商品名称填制界面

商品名称填制界面见图 1–76。

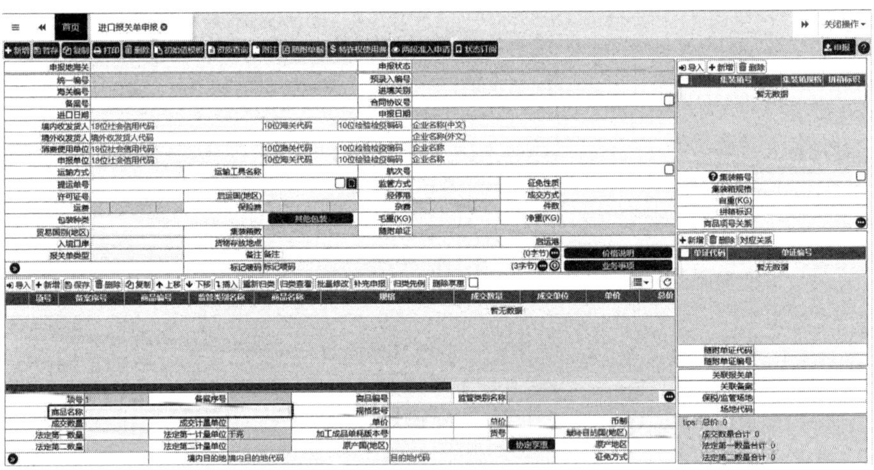

图 1–76　商品名称填制界面

二、填制规范

本申报栏目为必填项。

报关单中的商品名称是指进出口货物规范的中文名称。

具体填报要求如下：

1. 商品名称应据实填报，并与进出口货物收发货人或受委托的报关企业所提交的合同、发票等相关单证相符。

2. 商品名称应当规范，以能满足海关归类、审价及许可证件管理要求为准，可参照《中华人民共和国海关进出口商品涉税规范申报目录》（以下简称《规范申报目录》）中对商品名称的要求进行填报。

3. 已备案的加工贸易及保税货物，填报的内容必须与备案登记中同项号下货物的商品名称一致。

4. 对需要海关签发《货物进口证明书》的车辆，在本栏目填报“车辆品牌+排气量（注明cc）+车型（如越野车、小轿车等）”。

5. 由同一运输工具同时运抵同一口岸并且属于同一收货人、使用同一提单的多种进口货物，按照商品归类规则应当归入同一商品编号的，应当将有关商品一并归入该商品编号。本栏目填报一并归类后的商品名称。

6. 加工贸易边角料和副产品内销，边角料复出口，填报其报验状态的名称。

7. 进口货物收货人以一般贸易方式申报进口属于《需要详细列名申报的汽车零部件清单》范围内的汽车生产件的，本栏目填报进口汽车零部件的详细中文商品名称和品牌，中文商品名称与品牌之间用“/”相隔，必要时加注英文商品名称；进口的成套散件或者毛坯件应在品牌后加注“成套散件”“毛坯”等字样，并与品牌之间用“/”相隔。

8. 申报进口已获3C认证的机动车辆时，填报以下信息：

（1）品名（中文名称）。填报机动车中文品名，按《进口机动车辆制造厂名称和车辆品牌中英文对照表》的要求填报。

（2）品名（英文名称）。填报机动车英文品名，按《进口机动车辆制造厂名称和车辆品牌中英文对照表》的要求填报。

三、信息来源

1. 商品名称通常体现在发票的“Description of Goods”“Product and Description”“Goods Description”“Quantities and Description”栏目中。

2. 加工贸易保税报关程序的货物、减免税货物，报关人员应按照收发货人备案信息填报商品名称。

四、注意事项

本栏目最多可录入255位字节。

规格型号

一、规格型号填制界面

规格型号填制界面见图1–77。

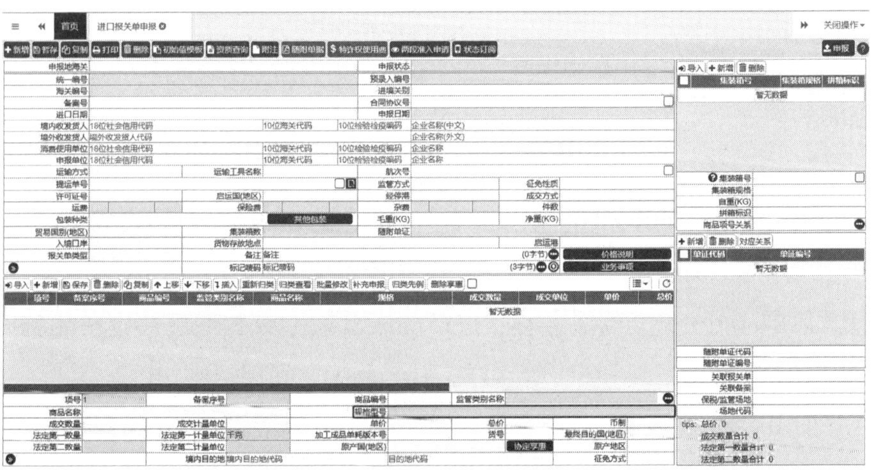

图1–77 规格型号填制界面

二、填制规范

本申报栏目为必填项。具体填报要求如下：

1. 规格型号应据实填报，并与进出口货物收发货人或受委托的报关企业所提交的合同、发票等相关单证相符。

2. 规格型号应当足够详细，以能满足海关归类、审价及许可证件管理要求为准，可参照《规范申报目录》中对规格型号的要求进行填报。

3. 对需要海关签发《货物进口证明书》的车辆，本栏目可填报“汽油型”等。

4. 由同一运输工具同时运抵同一口岸并且属于同一收货人、使用同一提单的多种进口货物，按照商品归类规则应当归入同一商品编号的，应当将有关商品一并归入该商品编号。本栏目填报一并归类后商品的规格型号。

5. 加工贸易边角料和副产品内销，边角料复出口，填报其报验状态的规格型号。

6. 进口货物收货人以一般贸易方式申报进口属于《需要详细列名申报的汽车零部件清单》范围内的汽车生产件的，本栏目填报汽车零部件的完整编号。在零部件编号前应当加注“S”字样，并与零部件编号之间用“/”相隔，零部件编号之后应当依次加注该零部件适用的汽车品牌和车型。汽车零部件属于可以适用于多种汽车车型的通用零部件的，零部件编号后应当加注“TY”字样，并用“/”与零部件编号相隔。与进口汽车零部件规格型号相关的其他需要申报的要素，或者海关规定的其他需要申报的要素，如“功率”“排气量”等，应当在车型或“TY”之后填报，并用“/”与之相隔。汽车零部件报验状态是成套散件的，应当在“标记唛码及备注”栏内填报该成套散件装配后的最终完整品的零部件编号。

7. 进口货物收货人以一般贸易方式申报进口属于《需要详细列名

申报的汽车零部件清单》范围内的汽车维修件的，填报本栏目时，应当在零部件编号前加注“W”，并与零部件编号之间用“/”相隔；进口维修件的品牌与该零部件适用的整车厂牌不一致的，应当在零部件编号前加注“WF”，并与零部件编号之间用“/”相隔。其余申报要求同上条执行。

8. 品牌类型。品牌类型为必填项目。可选择“无品牌”（代码 0）、“境内自主品牌”（代码 1）、“境内收购品牌”（代码 2）、“境外品牌（贴牌生产）”（代码 3）、“境外品牌（其他）”（代码 4）如实填报。其中，“境内自主品牌”是指由境内企业自主开发、拥有自主知识产权的品牌；“境内收购品牌”是指境内企业收购的原境外品牌；“境外品牌（贴牌生产）”是指境内企业代工贴牌生产中使用的境外品牌；“境外品牌（其他）”是指除代工贴牌生产以外使用的境外品牌。上述品牌类型中，除“境外品牌（贴牌生产）”仅用于出口外，其他类型均可用于进口和出口。

9. 出口享惠情况。出口享惠情况为出口报关单必填项目。可选择“出口货物在最终目的国（地区）不享受优惠关税”“出口货物在最终目的国（地区）享受优惠关税”“出口货物不能确定在最终目的国（地区）享受优惠关税”如实填报。进口货物报关单不填报该申报项。

10. 申报进口已获 3C 认证的机动车辆时，填报以下信息：

（1）提运单日期。填报该项货物的提运单签发日期。

（2）质量保质期。填报机动车的质量保证期。

（3）发动机号或电机号。填报机动车的发动机号或电机号，应与机动车上打刻的发动机号或电机号相符。纯电动汽车、插电式混合动力汽车、燃料电池汽车填报电机号，其他机动车填报发动机号。

（4）车辆识别代码（VIN）。填报机动车车辆识别代码，须符合国家强制性标准《道路车辆　车辆识别代号（VIN）》（GB 16735）的要求。本栏目一般与机动车的底盘（车架号）相同。

（5）发票所列数量。填报对应发票中所列进口机动车的数量。

（6）型号（英文）。填报机动车型号，应与机动车产品标牌上整车型号一栏相符。

11. 进口货物收货人申报进口属于实施反倾销、反补贴措施货物的，填报“原厂商中文名称”“原厂商英文名称”“反倾销税率”“反补贴税率”和“是否符合价格承诺”等计税必要信息。格式要求为“|<><><><><>”。“|”“<”和“>”均为英文半角符号。第一个“|”为在本栏目中已填报的最后一个申报要素后系统自动生成或人工录入的分割符（如相关商品税号无规范申报填报要求，则需要人工录入“|”），“|”后面5个“<>”的内容依次为“原厂商中文名称”“原厂商英文名称（如无原厂商英文名称，可填报以原厂商所在国或地区文字标注的名称，具体可参照商务部实施贸易救济措施相关公告中对有关原厂商的外文名称写法）”“反倾销税率”“反补贴税率”“是否符合价格承诺”。其中，“反倾销税率”和“反补贴税率”填写实际值，例如，税率为30%，填写“0.3”。“是否符合价格承诺”填写“1”或者“0”，“1”代表“是”，“0”代表“否”。填报时，5个“<>”不可缺项，如第3、4、5项“<>”中无申报事项，相应的“<>”中内容可以为空，但“<>”需要保留。

三、信息来源

填报本栏目前，报关人员需要与企业进行商品信息的沟通。其中包括规格型号、工作原理、用途、成分含量等，不同商品涉及的申报要素信息不同。加工贸易保税货物、减免税货物，报关人员应按照收发货人备案信息，根据《规范申报目录》的要求及报关单据，与委托单位确认规格型号的填报。

四、注意事项

在填报本栏目时，必须保证本栏目与“商品编号”栏、“商品名称”栏三者之间所填内容逻辑相符。例如，本栏目中填报的织造方法为针织，商品编号却申报《中华人民共和国进出口税则》第六十二章章中的税号，会造成申报内容前后逻辑不符。

本栏目涉及归类要素、价格要素、审单及其他要素，报关人员在申报时需要与企业进行逐项确认。

成交数量

一、成交数量填制界面

成交数量填制界面见图 1-78。

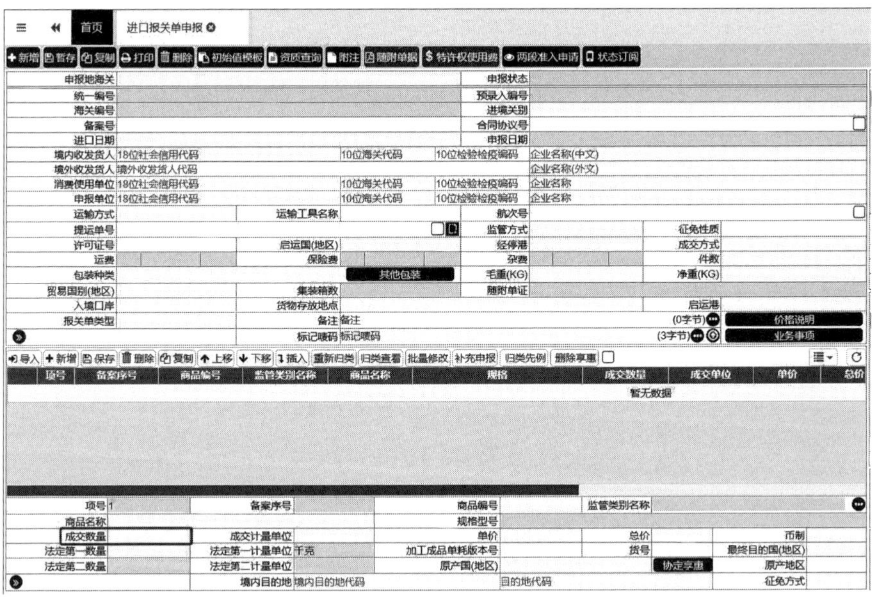

图 1-78　成交数量填制界面

二、填制规范

本申报栏目为必填项。

填报货物实际成交的数量。

三、信息来源

发票、装箱单中都列有货物的交易数量、单位和净重。合同或订单中列明的货物数量为订单总数量，有可能大于发票中列明的数量，填报时注意不要混淆。

四、注意事项

填报成交数量时，如遇成交单位与法定计量单位一致的，成交数量也必须与法定数量保持一致；成交单位与法定计量单位不一致的，需要根据单位换算后的成交数量填报。

成交计量单位

一、成交计量单位填制界面

成交计量单位填制界面见图 1-79。

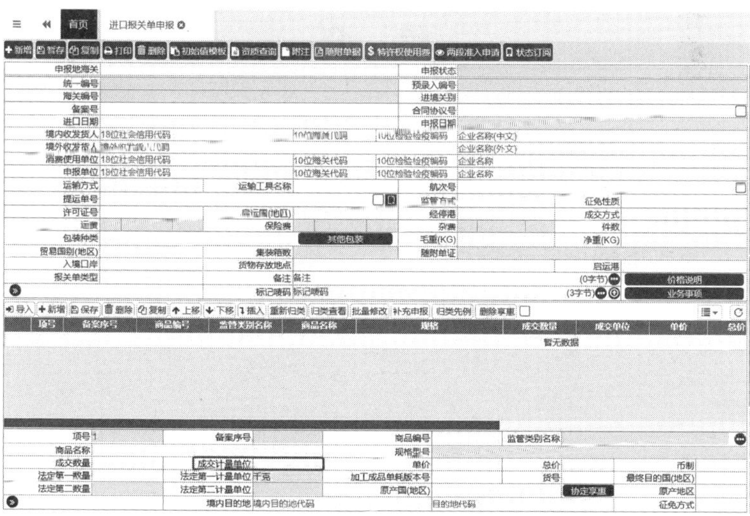

图 1-79　成交计量单位填制界面

二、填制规范

本申报栏目为必填项。

在下拉菜单中选择货物实际成交所用的计量单位。例如，成交单位为“台”，则在下拉菜单中选择“001-台”。

三、信息来源

发票、箱单或合同中都有列明实际成交的计量单位。

四、注意事项

已备案的加工贸易及保税货物，成交计量单位必须与《加工贸易手册》中同项号下货物的计量单位一致；加工贸易边角料和副产品内销、边角料复出口，填报其报验状态的计量单位。

优惠贸易协定项下进出口商品的成交计量单位必须与原产地证书上对应商品的计量单位一致。

单　价

一、单价填制界面

单价填制界面见图 1-80。

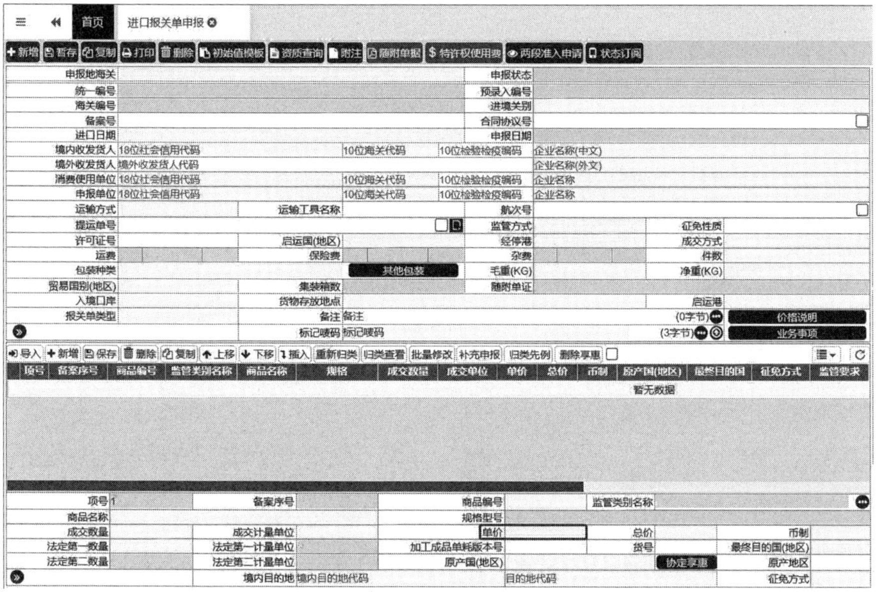

图 1-80　单价填制界面

二、填制规范

本申报栏目为必填项。

填报同一项号下进出口货物实际成交的商品价格。无实际成交价格的，填报单位货值。

录入成交数量、成交计量单位、总价后，单价会自动生成。例如，某进口商品，录入成交数量 1000，成交计量单位为千克（代码 035），总价 10000，则单价会自动生成 10。

三、信息来源

单价是发票、合同中的重要信息。特殊交易方式下，如免费提供、样品等无商业价值的货物，报关人员需要与委托单位确认进出口货物的实际价值，并按照实际价值申报。

四、注意事项

实际成交的商品总价值必须如实申报。进出口货物存在成交价格的，本栏目需要严格按照《确价办法》中以成交价格估价方法确定的价格申报。应税特许权使用费的申报按照海关总署公告 2019 年第 58 号中的规范要求填报。如无实际成交价格的，应积极配合海关履行价格磋商事宜，确定最终海关接受的计税价格。

总　价

一、总价填制界面

总价填制界面见图 1-81。

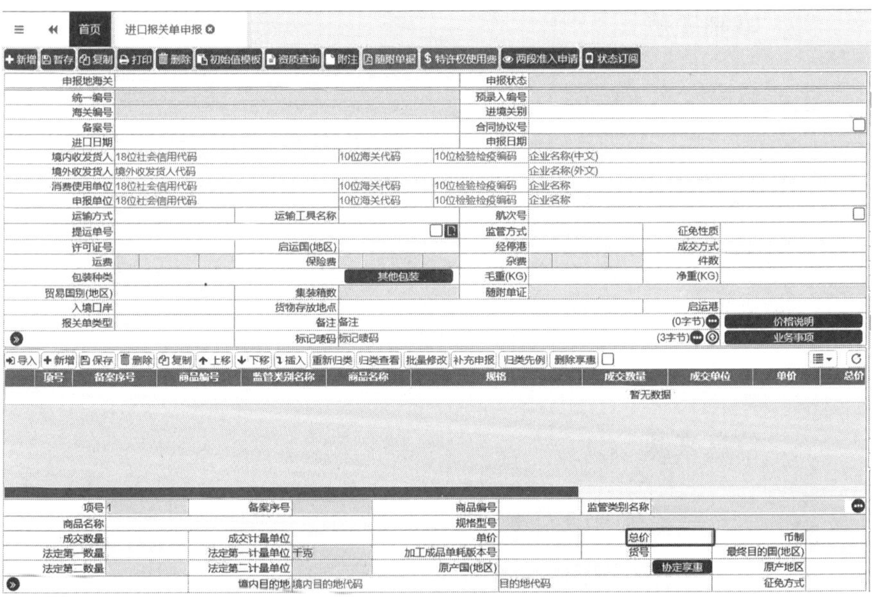

图 1-81　总价填制界面

二、填制规范

本申报栏目为必填项。

填报同一项号下进出口货物实际成交的商品总价格。无实际成交价格的，填报货值。

录入成交数量、成交计量单位、单价后，总价会自动生成。例如，某进口商品，录入成交数量1000，成交计量单位为千克（代码035），单价10，则总价会自动生成10000。

三、信息来源

总价是发票、合同中必有的重要信息。特殊交易方式下，如免费提供、样品等无商业价值的货物，报关人员需要与委托单位确认进出口货物的实际价值，并按照实际价值申报。

四、注意事项

实际成交的商品总价值必须如实申报。进出口货物存在成交价格的，本栏目需要严格按照《确价办法》中以成交价格估价方法确定的价格申报。应税特许权使用费的申报按照海关总署公告2019年第58号中的规范要求填报。如无实际成交价格的，应积极配合海关履行价格磋商事宜，确定最终海关接受的完税价格。

币　制

一、币制填制界面

币制填制界面见图1-82。

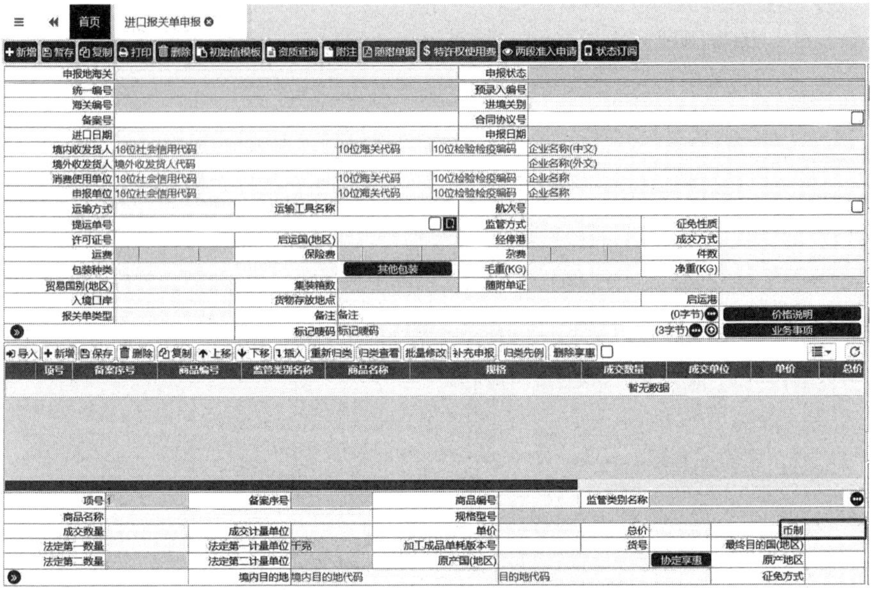

图 1–82　币制填制界面

二、填制规范

本申报栏目为必填项。

按海关规定的《货币代码表》选择相应的货币名称及代码填报，如《货币代码表》中无实际成交币种，需将实际成交货币按申报日外汇折算率折算成《货币代码表》列明的货币填报。

录入时可在下拉菜单中选择币制或按《货币代码表》录入相应的币制代码。

三、信息来源

币制是发票、合同中必有的重要信息。特殊交易方式下，发票、合同中未列明具体货物价值、币制的，如免费提供、样品等无商业价值的货物，报关人员需要与委托单位确认进出口货物的实际价值，并按照实际价值申报。

法定第一数量

一、法定第一数量填制界面

法定第一数量填制界面见图 1-83。

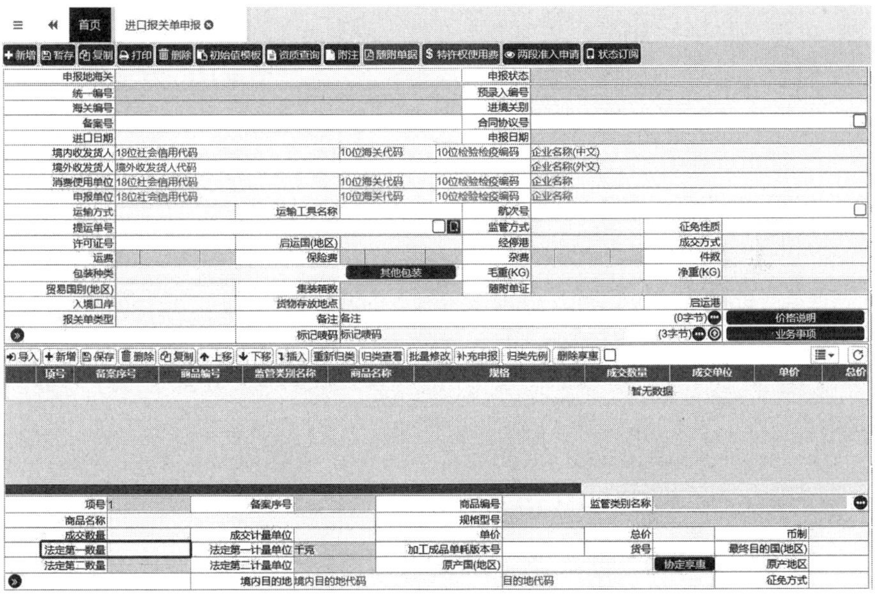

图 1-83　法定第一数量填制界面

二、填制规范

本申报栏目为必填项。

进出口货物按《中华人民共和国海关统计商品目录》中确定的法定第一计量单位，填报对应的法定第一数量。

1. 法定计量单位为“千克”的数量填报，特殊情况下填报要求如下：

（1）装入可重复使用的包装容器的货物，应按货物扣除包装容器后的重量填报，如罐装同位素、罐装氧气及类似品等。

（2）使用不可分割包装材料和包装容器的货物，按货物的净重填报（包括内层直接包装的净重重量），如采用供零售包装的罐头、药品及类似品等。

（3）按照商业惯例以公量重计价的商品，应按公量重填报，如未脱脂羊毛、羊毛条等。

（4）采用以毛重作为净重计价的货物，可按毛重填报，如粮食、饲料等大宗散装货物。

（5）采用零售包装的酒类、饮料、化妆品，按照液体/乳体/膏状/粉状部分的重量填报。

2. 成套设备、减免税货物如需分批进口，货物实际进口时，应按照实际报验状态确定数量。

3. 具有完整品或制成品基本特征的不完整品、未制成品，根据《商品名称及编码协调制度》归类规则按完整品归类的，按照构成完整品的实际数量填报。

4. 法定计量单位为立方米的气体货物，折算成标准状况（摄氏零度及 1 个标准大气压）下的体积进行填报。

三、信息来源

发票、装箱单中都列有货物的交易数量、单位和净重。合同或订单中列明的货物数量为订单总数量，有可能大于发票中列明的数量，注意不要混淆。

四、注意事项

1. 加工贸易货物“法定第一数量”的填报。当备案计量单位与法定计量单位不同时，报关人员需要填报法定计量单位及数量、备案计量单位及数量。

2. 如发票、装箱单中列明的数量单位与法定计量单位不一致，需要进行单位换算后，再进行填报。

法定第二数量

一、法定第二数量填制界面

法定第二数量填制界面见图 1-84。

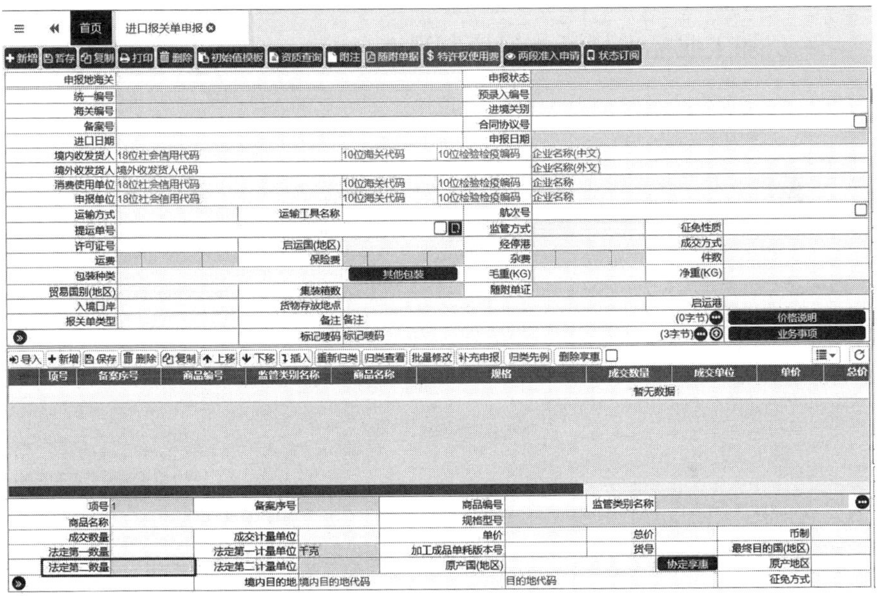

图 1-84　法定第二数量填制界面

二、填制规范

本申报栏目为选填项。

凡列明有法定第二计量单位的，本栏目按照法定第二计量单位填报对应的数量。无法定第二计量单位的，本栏目无须录入。

相关填制规范同“法定第一数量”。

三、信息来源

发票、箱单或合同中显示为法定第二计量单位所对应的数量。

加工成品单耗版本号

一、加工成品单耗版本号填制界面

加工成品单耗版本号填制界面见图 1–85。

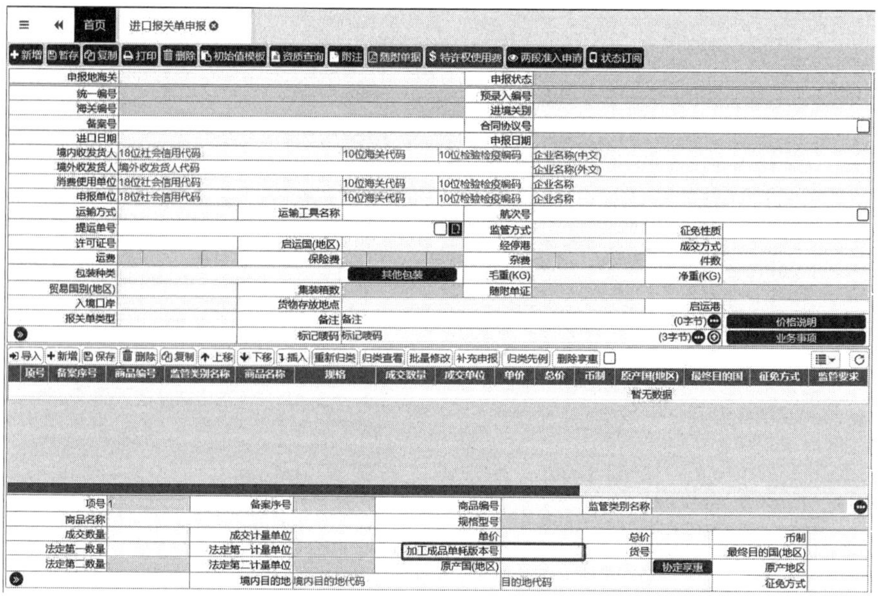

图 1–85　加工成品单耗版本号填制界面

二、填制规范

本申报栏目为选填项。

申报加工贸易货物出口报关单时，系统自动返填与《加工贸易手册》中备案成品单耗一致的版本号。

三、注意事项

申报加工贸易货物进口报关单时本栏目无须填报。

货　号

一、货号填制界面

货号填制界面见图 1-86。

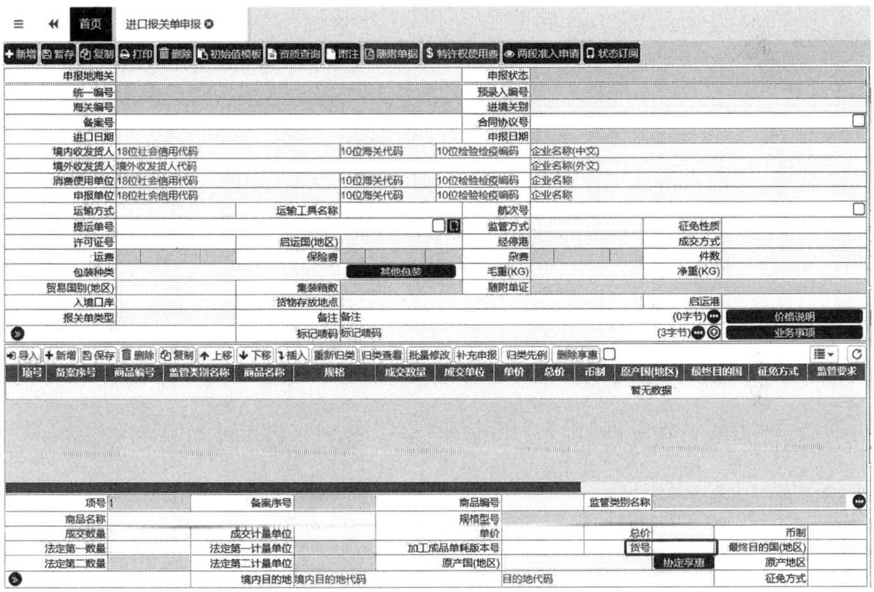

图 1-86　货号填制界面

二、填制规范

本申报栏目为选填项。

申报加工贸易货物进出口报关单时，根据《加工贸易手册》中备案的料件、成品货号填报本栏目。

三、信息来源

由企业决定是否填报。可以填报企业对料件、成品管理时应用的自编号。

最终目的国（地区）

一、最终目的国（地区）填制界面

最终目的国（地区）填制界面见图 1–87。

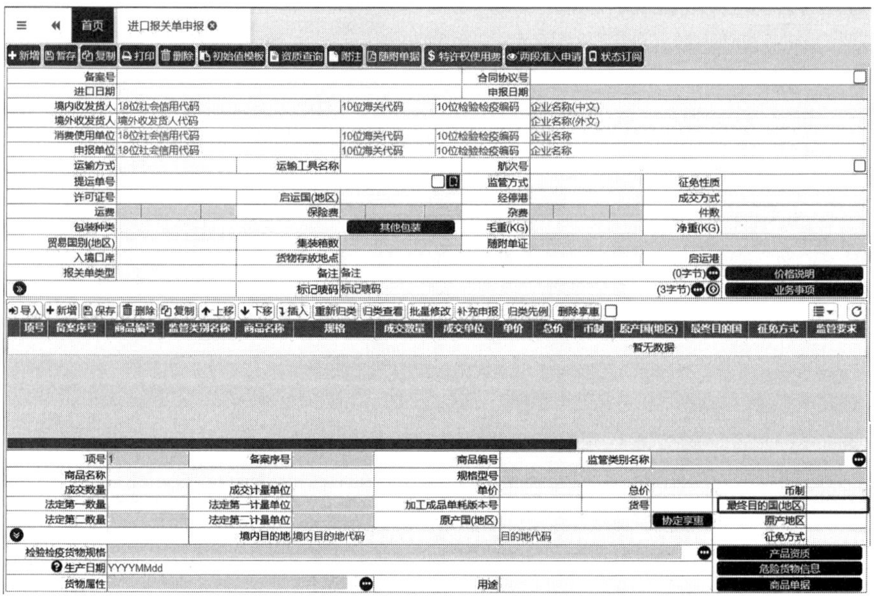

图 1–87　最终目的国（地区）填制界面

二、填制规范

本申报栏目为必填项。

最终目的国（地区）按海关规定的《国别（地区）代码表》选择

填报已知的进出口货物的最终实际消费、使用或进一步加工制造国家（地区）。

不经过第三国（地区）转运的直接运输货物，以运抵国（地区）为最终目的国（地区）；经过第三国（地区）转运的货物，以最后运往国（地区）为最终目的国（地区）。

同一批进出口货物的最终目的国（地区）不同的，分别填报最终目的国（地区）。

进出口货物不能确定最终目的国（地区）时，以尽可能预知的最后运往国（地区）为最终目的国（地区）。

三、信息来源

最终目的国（地区）是与交易相关的信息，报关人员需与委托单位确认货物的最终实际消费、使用或进一步加工制造的国家（地区）。如果不能确认，以出口报关单证（发票、装货单）上列明的运抵国（地区）填报本栏目。

四、注意事项

加工贸易项下，本栏目填报较为特殊。对于料件结转货物、深加工结转货物、海关特殊监管区域区外运入区内的货物，本栏目均填报“中国”。

原产国（地区）

一、原产国（地区）填制界面

原产国（地区）填制界面见图 1–88。

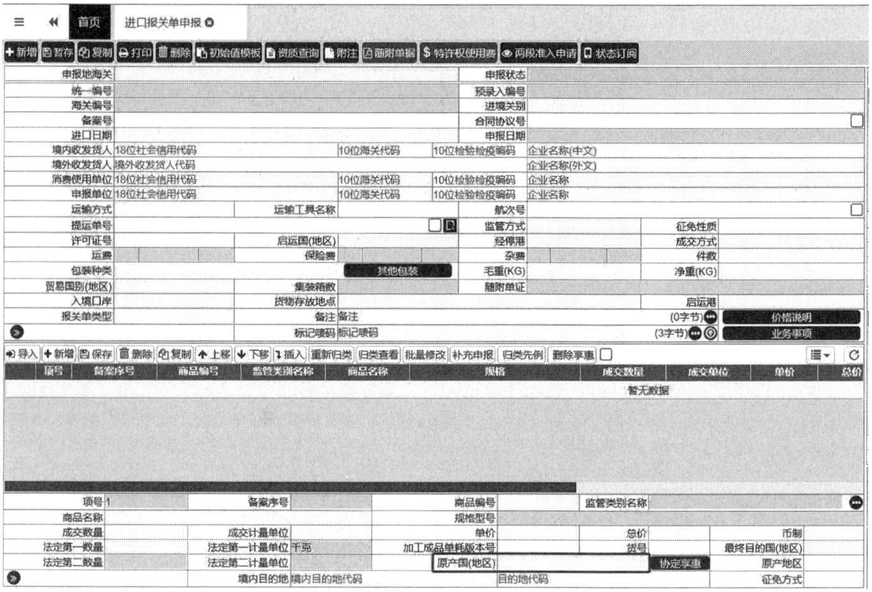

图 1-88　原产国（地区）填制界面

二、填制规范

本申报栏目为必填项。

原产国（地区）依据《中华人民共和国进出口货物原产地条例》《中华人民共和国海关关于执行〈非优惠原产地规则中实质性改变标准〉的规定》以及海关总署关于各项优惠贸易协定原产地管理规章规定的原产地确定标准，按海关规定的《国别（地区）代码表》选择填报相应的国家（地区）名称及代码。

特殊情况下的填报要求如下：

1. 料件结转货物，原产国（地区）为原进口料件生产国（地区）。

2. 深加工结转货物，原产国（地区）为“中国”。

3. 加工出口成品因故退运境内的，原产国（地区）填报“中国”。

4. 加工贸易剩余料件内销，原产国（地区）填报料件和原实际生产国（地区）；加工贸易成品（包括半成品、残次品、副产品）转内销，原产国（地区）均填报“中国”。

5. 从海关特殊监管区域运往区外，未经加工的进口货物，填报货物原进口时的原产国（地区）；经加工的成品或半成品，按现行原产地规则确定原产国（地区）。

三、信息来源

1. 进口报关单证（发票或原产地证明书）上原产国（地区）一般表示为“Made in”（在……制造）或“Origin/Country of Origin：×××”（原产于：×××）。

2. 在提单或装箱单的唛头中，也会记录原产国（地区）信息，如“Made in USA”。

四、注意事项

同一批进出口货物的原产地不同的，应分别填报原产国（地区）。进出口货物原产国（地区）无法确定的，填报“国别不详”。

协定享惠—优惠贸易协定享惠

一、协定享惠填制界面

点击图 1-89 界面中的“协定享惠”，进入优惠贸易协定享惠填制界面，见图 1-90。

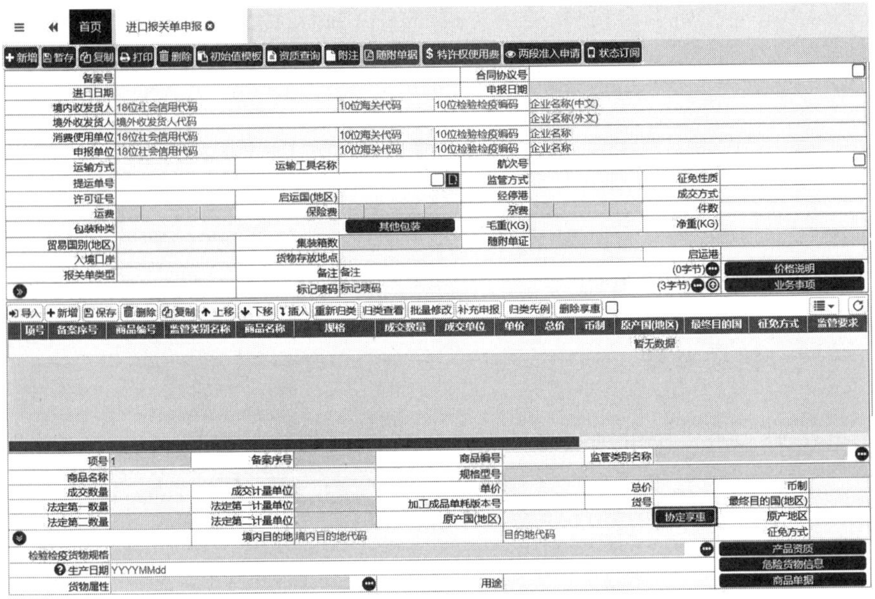

图 1-89　协定享惠填制界面

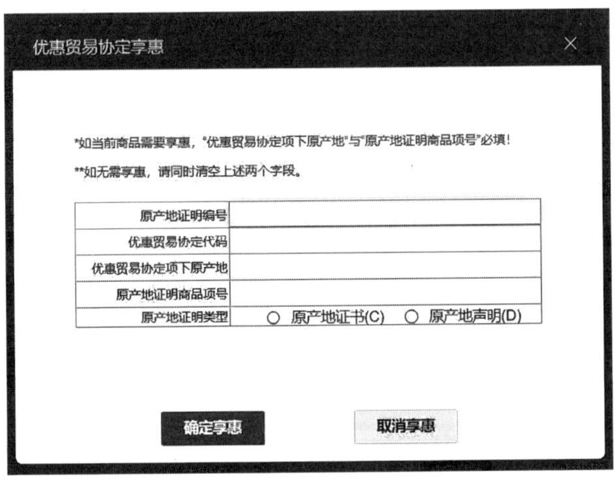

图 1-90　优惠贸易协定享惠填制界面

二、填制规范

本申报栏目是商品需要享惠时的必填项。

具体包含 5 个栏目："原产地证明编号"栏目为必填项，"优惠贸易协定代码”栏目为必填项，“优惠贸易协定项下原产地”栏目为必填项，“原产地证明商品项号”栏目为选填项，“原产地证明类型”栏目为选填项。

填写正确的“原产地证明编号”后，系统将自动返填“优惠贸易协定代码”与“原产地证明类型”信息，无须自行填写。“原产地证明类型”分为“原产地证书”和“原产地声明”两种。由于优惠贸易协定项下申报进口，企业大多持有原产地证书，所以系统会默认原产地证明类型为“原产地证书”。如果企业持有的证明文件是原产地声明，在录入原产地证明数据时，一定要注意勾选“原产地声明”，否则系统会自动返填错误的原产地证明类型，从而导致申报错误。

“原产地证明商品项号”填入对应原产地证明商品项号，然后点击“确定享惠”按钮。如该商品不申请享惠，则“原产地证明商品项号”为空不填。报关单上的商品序号与原产地证明上的项目编号应当一一对应。

优惠贸易协定代码如下：

01—亚太贸易协定

02—中国—东盟自贸协定

03—内地与香港紧密经贸关系安排（香港 CEPA）

04—内地与澳门紧密经贸关系安排（澳门 CEPA）

05—对非洲特惠待遇

06—台湾农产品零关税措施

07—中国—巴基斯坦自贸协定

08—中国—智利自贸协定

09—也门等国特惠

10—中国—新西兰自贸协定

11—中国—新加坡自贸协定

12—中国—秘鲁自贸协定

13—最不发达国家特别优惠关税待遇

14—海峡两岸经济合作框架协议（ECFA）

15—中国—哥斯达黎加自贸协定

16—中国—冰岛自贸协定

17—中国—瑞士自贸协定

18—中国—澳大利亚自贸协定

19—中国—韩国自贸协定

20—中国—格鲁吉亚自贸协定

21—中国—毛里求斯自贸协定

22—区域全面经济伙伴关系协定（RCEP）

23—中国—柬埔寨自贸协定

24—中国—尼加拉瓜自贸协定

25—中国—厄瓜多尔自贸协定

26—中国—塞尔维亚自贸协定

27—中国—洪都拉斯自贸协定

28—中国—马尔代夫自贸协定

91—特别协定

92—特别协定 2

如需申报多项商品享惠信息时，点击表体的新增按钮录入新商品项信息，系统将自动复制填入第一项商品的“优惠贸易协定代码”“优惠贸易协定项下原产地”“原产地证明类型”信息。

如仅需删除个别项的商品享惠信息时，点击不享惠商品的“协定享惠”按钮，在对话框中点击“取消享惠”按钮并确认即可。

如需删除整份报关单所有商品的享惠信息，则可以通过商品表体上方功能栏“删除享惠”白色按钮操作，如图 1-91。

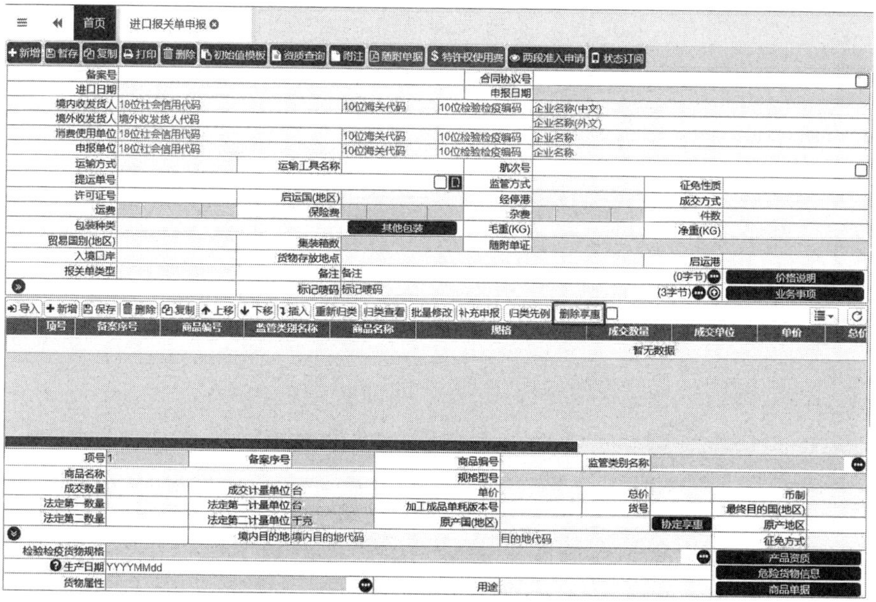

图 1-91　删除享惠勾选界面

申报免提交原产地证明的小金额进口货物时，请在“原产地证明编号”填入“XJE00000”，并手工录入“优惠贸易协定代码”“优惠贸易协定项下原产地”“原产地证明商品项号”，最后点击“确定享惠”按钮即可。但“优惠贸易协定代码”为 01、03、04、14、21 的协定没有小金额享惠规则，不允许申报小金额享惠。

向香港或者澳门特别行政区出口用于生产香港 CEPA 或者澳门 CEPA 项下协定税率货物的原材料时，应当在“关联备案”栏填报香港或澳门生产厂商在香港工贸署或者澳门经济局登记备案的有关备案号。

三、信息来源

原产地证明书、发票。

四、注意事项

1. 如果填写正确的“原产地证明编号”后，发现不能自动返填信息，请及时排除以下原因，以防因强行申报导致退单：

（1）编号是否与原产地要素申报系统录入的原产地证明编号不一致；

（2）未实现原产地电子信息交换的优惠贸易协定，请确认已在原产地要素申报系统录入原产地证明电子信息；

（3）“原产地证明编号”栏中的数字、英文字母是否填写准确；

（4）是不是有多余的空格。

2. 一份报关单仅可使用一份原产地证明填报。

3. 对于有纸报关，系统不会返填原产地信息，原产地证明类型需自行勾选，需要注意正确勾选避免出错。

4. 录入报关单所有商品项信息后，需在随附单据栏上传发票、运输单证文件等报关单随附单证的扫描件。

5. 未实现原产地电子信息交换的优惠贸易协定项下进口货物，需上传原产地证明扫描件。

原产地区

一、原产地区填制界面

原产地区填制界面见图 1-92。

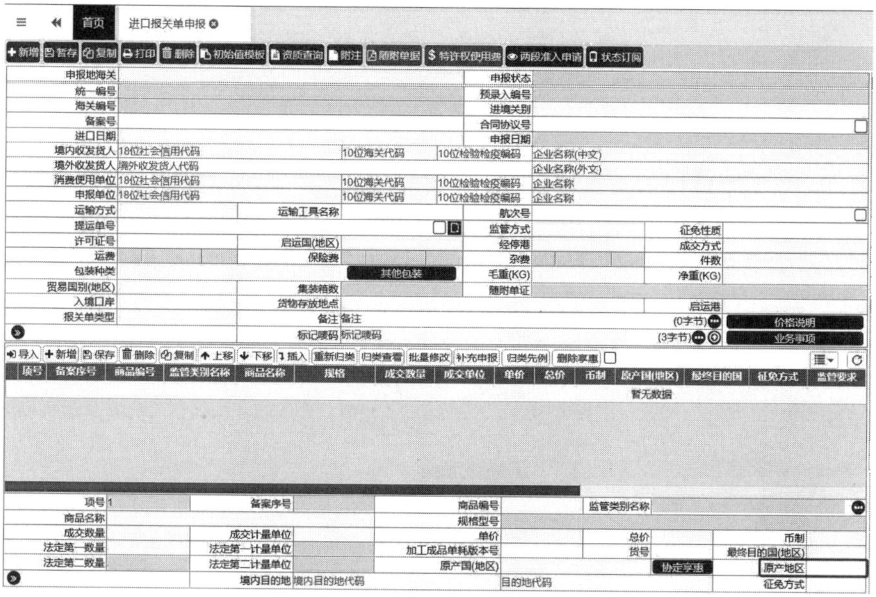

图 1-92　原产地区填制界面

二、填制规范

本申报栏目为选填项。

入境货物填写在原产国（地区）内的生产区域，如州、省等。例如，申报原产于美国纽约的樱桃，在本栏目录入“840097-美国纽约”。

三、信息来源

原产地区属于与货物相关的信息，报关人员需与委托单位确认货物在原产国（地区）的生产区域。

四、注意事项

本栏目的填报需与“原产国（地区）”栏目逻辑相符。

境内目的地/境内货源地

一、境内目的地/境内货源地填制界面

境内目的地填制界面见图 1-93，境内货源地填制界面略。

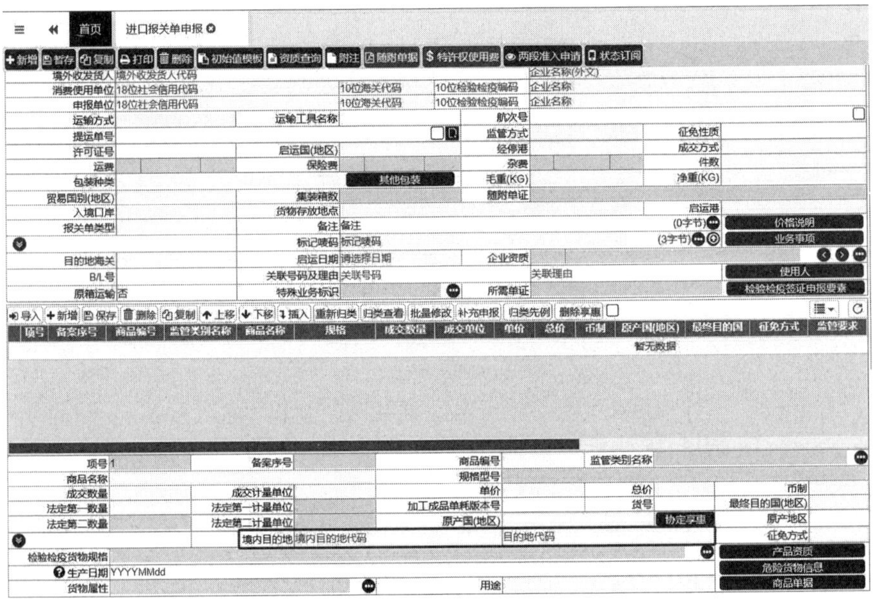

图 1-93　境内目的地填制界面

二、填制规范

本申报栏目为必填项。

境内目的地填报已知的进口货物在国内的消费、使用地或最终运抵地，其中最终运抵地为最终使用单位所在的地区。境内货源地填报出口货物在国内的产地或原始发货地。

按海关规定的《国内地区代码表》选择填报相应的国内地区名称及代码，并根据《中华人民共和国行政区划代码表》选择填报对应的县级行政区名称及代码。无下属区县级行政区的，可选择填报地市级行

政区。

具体填制规范如下：

1. 进口货物最终使用单位难以确定的，填报货物进口时预知的最终收货单位所在地。

2. 出口货物产地难以确定的，填报最早发运该出口货物的单位所在地。

3. 海关特殊监管区域、保税物流中心（B 型）与境外之间的进出境货物，境内目的地/境内货源地填报本海关特殊监管区域、保税物流中心（B 型）所对应的国内地区名称及代码。

4. 进口货物需同时在“境内目的地代码”和“目的地代码”两个栏目录入相应的国内地区和县级行政区名称及代码；出口货物需同时在“境内货源地代码”和“产地代码”两个栏目录入相应的国内地区和县级行政区名称及代码。

例如，某批货物的境内目的地是广州市花都区。在“境内目的地代码”栏下拉菜单中选择“44019-广州其他”，或按海关规定的《国内地区代码表》录入“44019”，栏目自动生成“44019-广州其他”。同时，在“目的地代码”栏下拉菜单中选择“440100-广东省广州市”，或根据《中华人民共和国行政区划代码表》录入“440114”，栏目自动生成“广州市花都区”。

三、信息来源

境内目的地/境内货源地属于与货物成交相关的信息，报关人员需要与委托单位确认。在报关单录入时，系统会将收发货人注册地默认为境内目的地/境内货源地，但报关人员必须根据实际情况填报，不能以默认信息为准。

四、注意事项

若进口货物向海关申报完毕后，需调离至属地完成品质检验的，报关人员应特别注意本栏目的填报。填报内容需与“目的地检验检疫机构”逻辑相符。

征免方式

一、征免方式填制界面

征免方式填制界面见图 1-94。

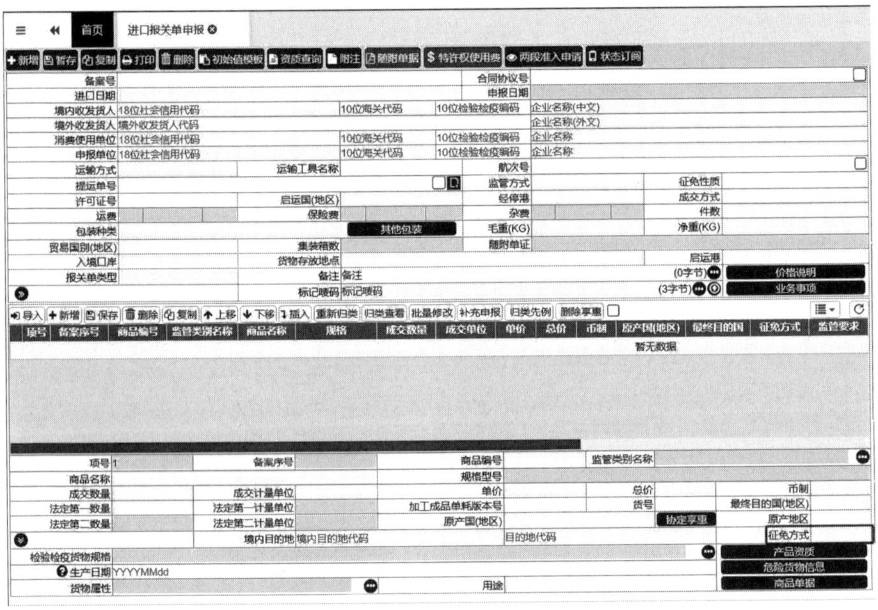

图 1-94 征免方式填制界面

二、填制规范

本申报栏目为必填项。

按照海关核发的《征免税确认通知书》或有关政策规定，对报关单所列每项商品选择海关规定的《征减免税方式代码表》中相应的征减免税方式填报。

三、信息来源

征免方式是与海关管理相关的信息，与报关单中监管方式及征免性质的填报存在对应的逻辑关系。

1. 对以“一般贸易”成交，确认按一般进出口通关制度报关（征税）的货物，其对应关系为：

监管方式：一般贸易。

征免性质：一般征税。

征免：照章征税或保证金、保函。

2. 对“来料加工”或“进料加工”进出口货物，并确认按保税通关制度报关（保税）的，其对应关系为：

监管方式：来料加工/进料对口。

征免性质：来料加工/进料加工。

征免：全免。

3. 对来料/进料深加工结转货物，并确认按保税通关制度报关（保税）的，其对应关系为：

监管方式：来料深加工/进料深加工。

征免性质：空。

征免：全免。

4. 对外商投资企业在投资额度内进口设备/物品，并已确认按特定减免税通关制度报关（免税）的，其对应关系如下：

监管方式：合资合作设备/外资设备物品。

征免性质：鼓励项目。

征免方式：全免。

5. 对外商投资企业在投资额度外利用自有资金进口设备/物品，并已确认按特定减免税通关制度报关（免税）的，其对应关系如下：

监管方式：一般贸易。

征免性质：自有资金。

征免方式：全免。

四、注意事项

1. 同一份报关单上可以填报不同的征减免税方式。

2. 加工贸易货物报关单根据《加工贸易手册》中备案的征免规定填报；《加工贸易手册》中备案的征免规定为“保金”或“保函”的，填报“全免”。

3. 依照主管海关签发的《征免税确认通知书》或海关总署通知规定的税率或计税价格计征各类税、费的，填报“特案减免”。

检验检疫货物规格

一、检验检疫货物规格填制界面

检验检疫货物规格填制界面见图 1–95。

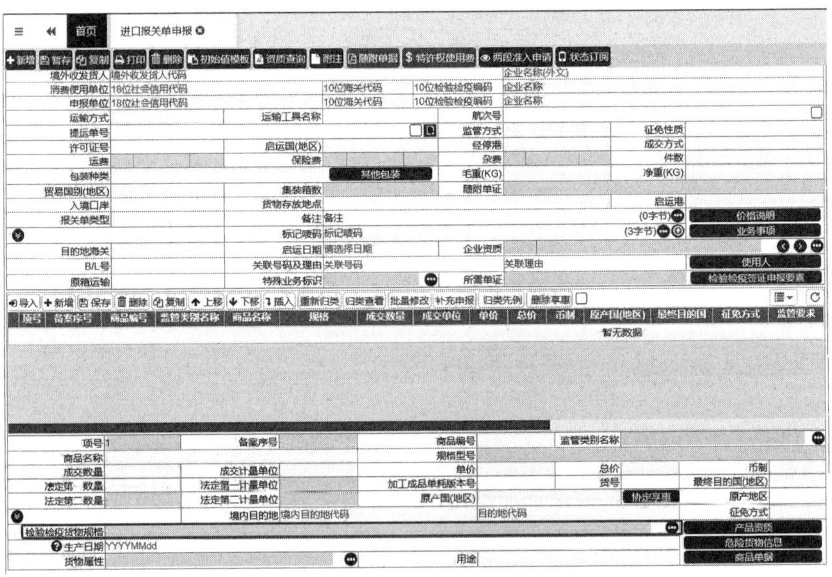

图 1–95　检验检疫货物规格填制界面

二、填制规范

本申报栏目为选填项。

在“检验检疫货物规格”项下，填报“成分/原料/组分”“产品有效期”“产品保质期（天）”“境外生产企业”“货物规格”“货物型号”“货物品牌”“生产批次”栏目（见图 1-96）。

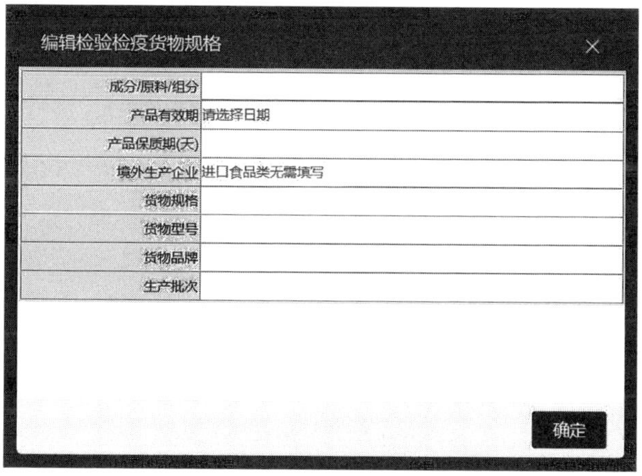

图 1-96　检验检疫货物规格编辑页面

具体填制规范如下：

1. “成分/原料/组分”栏：填写货物含有的成分、货物原料或化学品组分。如特殊物品、化妆品、其他检疫物等所含的关注成分或者其他检疫物的具体成分、食品农产品的原料等。

2. “产品有效期”栏：有质量保证期的填写质量保证的截止日期。

3. “产品保质期（天）”栏：有质量保证期的填写质量保证的天数。

4. “境外生产企业”栏：填写入境货物的境外生产厂商名称。

5. “货物规格”栏：填写货物的规格。

6. “货物型号”栏：填写本项报关货物的所有型号。多个型号的，以“;”分隔。

7. “货物品牌”栏：填写货物的品牌名称，品牌以合同或装箱单上显示的信息为准，需要录入中英文品牌的，录入方式为“中文品牌/英文品牌”。

8. “生产批次”栏：填写本批货物的生产批号。多个生产批号的，以“;”分隔。

三、信息来源

报关人员需要与货主企业确认，或者按照商品标签的相关信息进行填报。

生产日期

一、生产日期填制界面

生产日期填制界面见图 1–97。

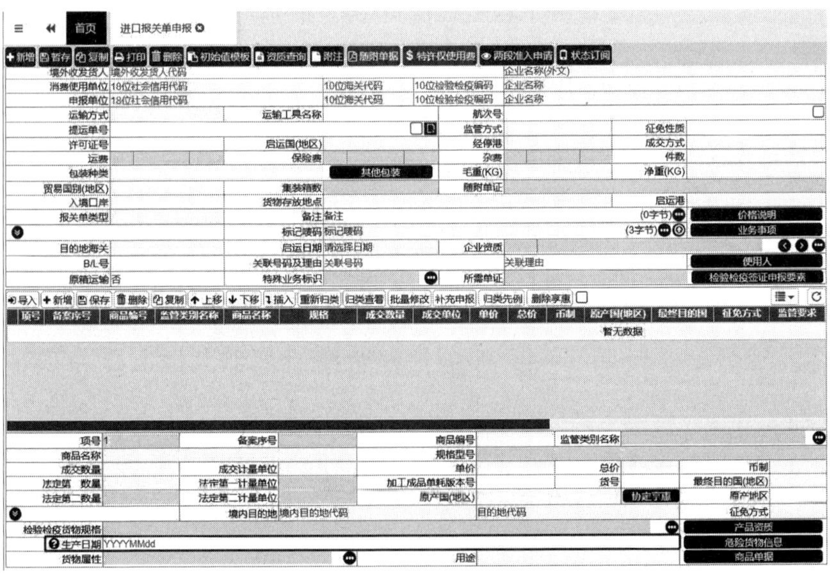

图 1–97　生产日期填制界面

二、填制规范

本申报栏目为选填项。

生产日期填报规则如下：

1. 生产日期为具体某一天的，填报为 8 位数字，顺序为年（4 位）、月（2 位）、日（2 位），只允许填报 8 位数字，如 20230111。

2. 生产日期为某个时间段的，两个生产日期之间用英文半角横线“-”分隔，如 20230111-20230310。

3. 同一个 519-进口食品境外生产企业注册证书涉及多个生产日期的，生产日期间使用英文半角分号“;”分隔，如 20230111;20230310。

4. 不同 519-进口食品境外生产企业注册证书间的生产日期使用英文半角斜杠“/”分隔，如 20230111/20230310。

5. 若当前商品存在多个 519-进口食品境外生产企业注册证书，且每个 519-进口食品境外生产企业注册证书存在多个生产日期，同时涉及时间段的，生产日期举例格式如下：20230111;20230113-20230310/20230222-20230312;20230412。

三、信息来源

报关人员需要与货主企业确认，或者按照商品标签的相关信息进行填报。

货物属性

一、货物属性填制界面

货物属性填制界面见图 1-98。

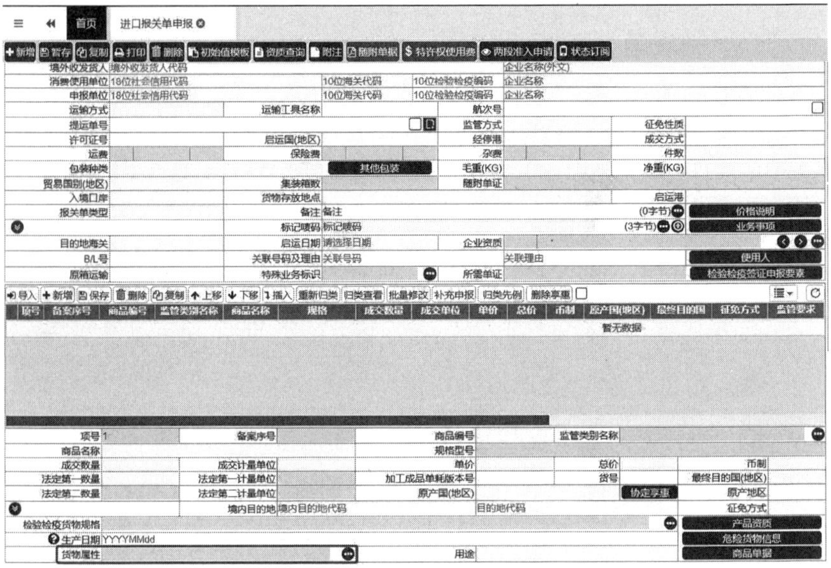

图 1–98　货物属性填制界面

二、填制规范

对于法检商品，本申报栏目为必填项。

根据进出口货物的商品编号和货物的实际情况，按照海关规定的《货物属性代码表》，在本栏目下拉菜单（见图 1–99）中勾选货物属性的对应代码。有多种属性的，要同时选择。

图 1–99　货物属性下拉菜单

具体填制规范如下：

1. 入境强制性产品认证产品（3C 产品），必须在入境民用商品认证（11-3C 目录内、12-3C 目录外、13-无须办理 3C 认证）中勾选对应项。

2. 食品、化妆品是否预包装、是否首次进口，必须在食品及化妆品（14-预包装、15-非预包装、18-首次进出口）中勾选对应项。

3. 凡符合原国家质检总局2004 年第62 号令规定、含转基因成分须申报的，必须在转基因（16-转基因产品、17-非转基因产品）中勾选对应项。

4. "成套设备""旧机电"产品，必须在货物属性（18-首次进出口、19-正常、20-废品、21-旧品、22-成套设备）中勾选对应项。

5. 特殊物品、化学试剂，必须在特殊物品（25-A 级特殊物品、26-B级特殊物品、27-C 级特殊物品、28-D 级特殊物品、29-V/W 非特殊物品）中勾选对应项。

6. 木材（含原木）板材是否带皮，必须在是否带皮木材（23-带皮木材/板材、24-不带皮木材/板材）中勾选对应项。

7. 危险化学品，必须在货物属性（31-散装危险化学品、32-件装危险化学品、33-非危险化学品）中勾选对应项。

8. 市场采购产品，必须勾选（30-市场采购）。

9. 医疗器械产品，必须在货物属性（34-Ⅰ类医疗器械、35-Ⅱ类医疗器械、36-Ⅲ类医疗器械、37-医疗器械零部件）中勾选对应项，反之勾选（38-非医疗器械）。

10. 特种设备产品，必须勾选（39-特种设备），反之勾选（40-非特种设备）。

11. 真空包装的货物，避免口岸拆箱查验必须勾选（41-真空包装等货物）。

12. 有关饲料类产品，必须在货物属性（42-办理进口登记用饲料和饲料添加剂样、43-科研用饲料和饲料添加剂样品、44-其他用途饲料和饲料添加剂样品）中勾选对应项。

13. 采信机构依法对进出口商品进行检验，检验评定结果为合格的货物，勾选（46-检验结果采信）。

三、信息来源

报关人员需要根据进出口货物的特性分别对应填报。例如，进口商品为供零售的食品，本栏目填报“19-正常”“14-预包装”。

四、注意事项

本栏目中的“成套设备”，是指进口货物为分批进口的设备，进口后通过组装形成一套完整的设备，勾选“成套设备”后，检验检疫部门会下厂查看和验收实际组装进展及结果，因此，在申报时需根据进口业务的实际情况勾选。

用　途

一、用途填制界面

用途填制界面见图 1-100。

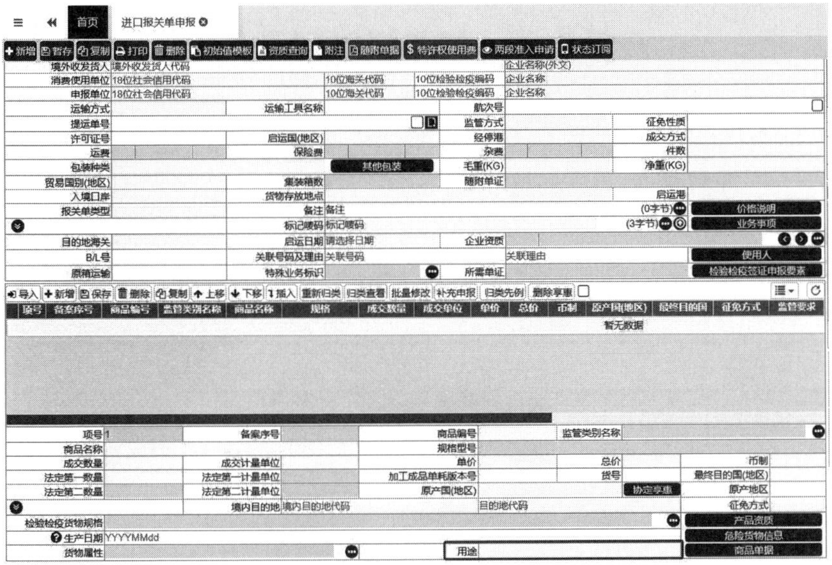

图 1-100　用途填制界面

二、填制规范

对于法定检验检疫货物，本申报栏目为有条件必填项。

根据进境货物的使用范围或目的，按照海关规定的《货物用途代码表》在本栏目下拉菜单中选择填报。例如，进口货物为核苷酸类食品添加剂，用于工业时，应在本栏目选填“工业用途”，用作食品添加剂时，应在本栏目选填“食品添加剂”。

三、信息来源

报关人员可以参考申报要素信息或者相关许可证件中的内容判断进出口货物的用途，也可以与货主企业进行沟通后填报。

四、注意事项

对于一份报关单中既有法定检验检疫商品，又申报有非法定检验检疫商品的，两类商品的“用途”栏均应填报。

产品资质—许可证类别及名称

一、许可证类别及名称填制界面

点击图 1-101 界面中的“产品资质”，进入许可证类别及名称填制界面，见图 1-102。

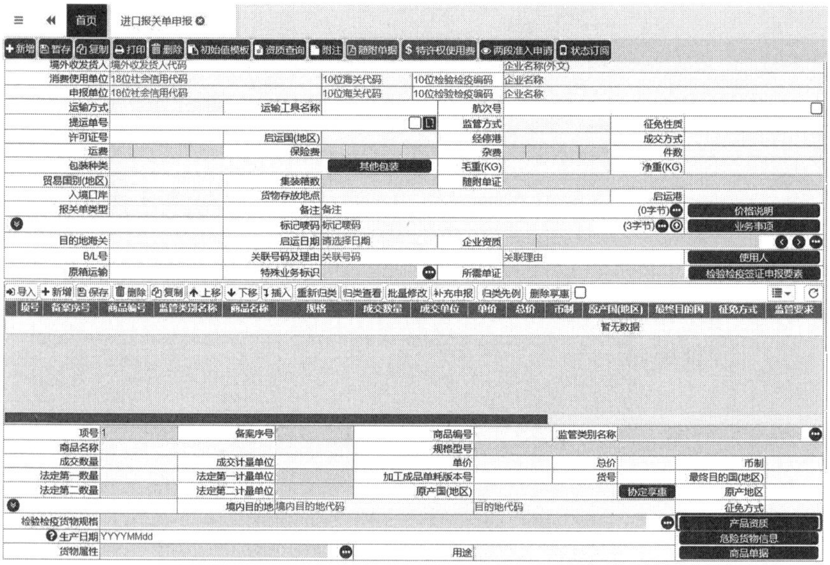

图 1-101　产品资质填制界面

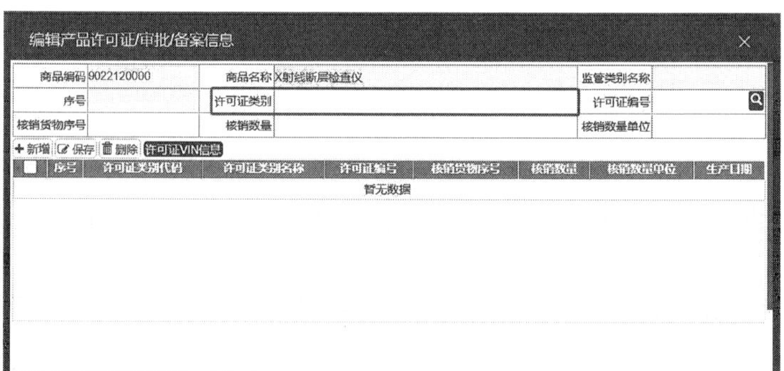

图 1-102　许可证类别及名称填制界面

二、填制规范

本申报栏目为有条件必填项。

进出口货物取得了许可、审批或备案等资质时，应在“产品资质”项下的“编辑产品许可证/审批/备案信息”界面中填报对应的许可、审批或备案证件类别及名称。

具体填制规范示例如下：

1. 特殊物品，填写出入境特殊物品卫生检疫审批；
2. 进口整车，填写免于强制性认证特殊用途进口汽车监测处理程序车辆一致性证书；
3. 入境民用商品验证，填写 3C 证书或免于办理 3C 证书；
4. 入境需审批的动植物产品，填写进境动植物检疫许可证；
5. 进口废物原料，填写进口废物原料装运前检验证书；
6. 进口旧机电，填写进口旧机电境外预检验证书；
7. 进口化妆品，填写进口化妆品产品备案；
8. 进口预包装食品，填写进口预包装食品标签备案；
9. 实施境外生产企业注册的进口食品，填写进口食品境外生产企业注册。

三、信息来源

报关人员依据货主企业提供的许可、审批或备案证件的类别及名称选择填报。

四、注意事项

同一商品涉及多个许可、审批或备案证件类别及名称的，需全部录入。

产品资质—许可证编号

一、许可证编号填制界面

点击图 1-103 界面中的“产品资质”，进入许可证编号填制界面，见图 1-104。

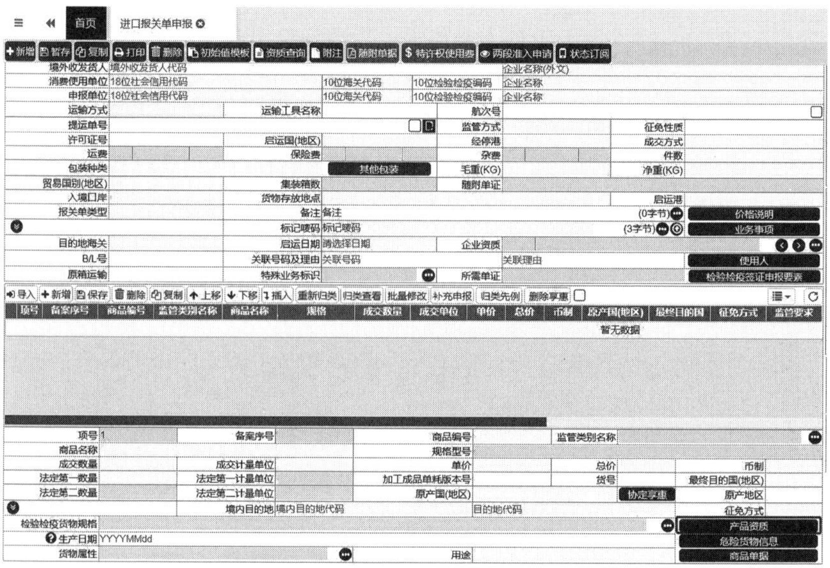

图 1-103 产品资质填制界面

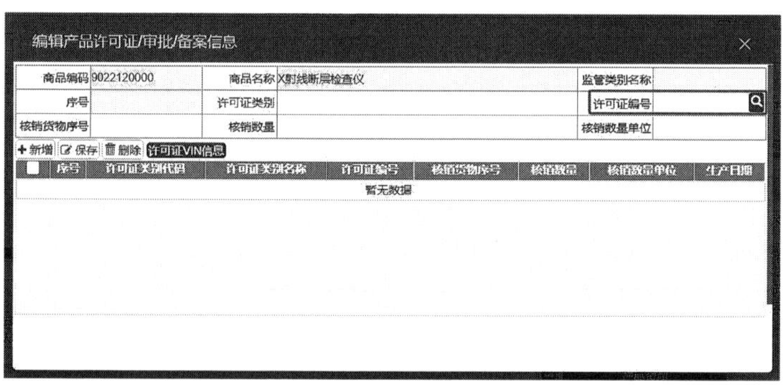

图 1-104 许可证编号填制界面

二、填制规范

本申报栏目为有条件必填项。

进出口货物取得了许可、审批或备案等资质时，应在“产品资质”项下的“编辑产品许可证/审批/备案信息”界面中填报对应的许可、审批或备案证件编号。

三、信息来源

报关人员依据货主企业提供的许可、审批或备案证件上的编号进行申报。

四、注意事项

同一商品有多个许可、审批或备案证件号码时，需全部录入。

产品资质—核销货物序号

一、核销货物序号填制界面

点击图 1-105 界面中的“产品资质”，进入核销货物序号填制界面，见图 1-106。

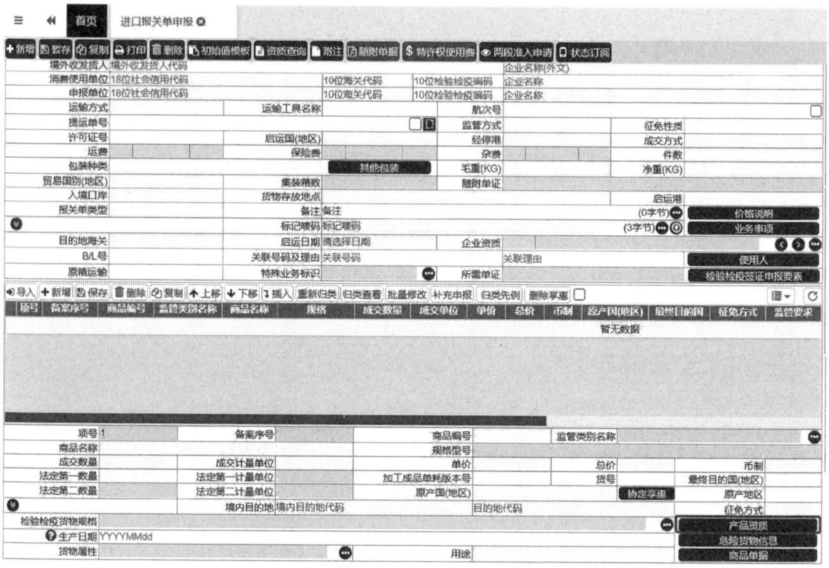

图 1-105　产品资质填制界面

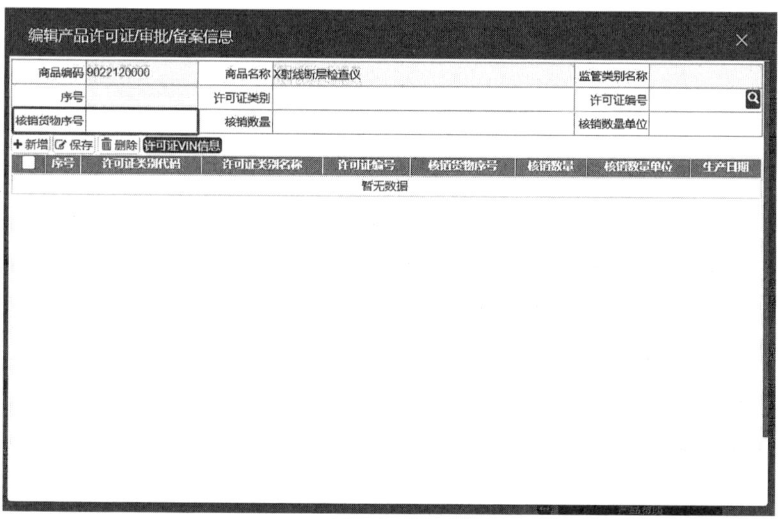

图 1-106　核销货物序号填制界面

二、填制规范

本申报栏目为有条件必填项。

进出口货物取得了许可、审批或备案等资质时，应在“产品资质”项下的“编辑产品许可证/审批/备案信息”界面中填报被核销文件中对应货物的序号。

特殊物品审批单支持导入。

三、信息来源

报关人员依据货主企业提供的许可、审批或备案证件上的核销序号进行申报。

四、注意事项

本栏目数据类型为4位字节型。并非所有涉及产品资质的商品都需要填报本栏目，目前必须进行填报的是在产品资质所获取的证书上有核销序号的，例如动植物检验检疫许可证、特殊物品审批单等。

产品资质—核销数量

一、核销数量填制界面

点击图1-107界面中的“产品资质”，进入核销数量填制界面，见图1-108。

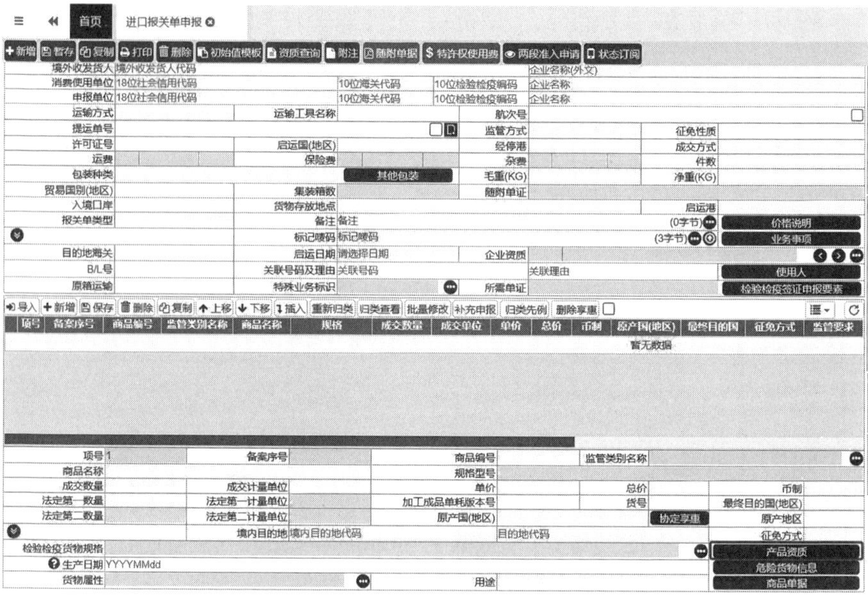

图 1-107　产品资质填制界面

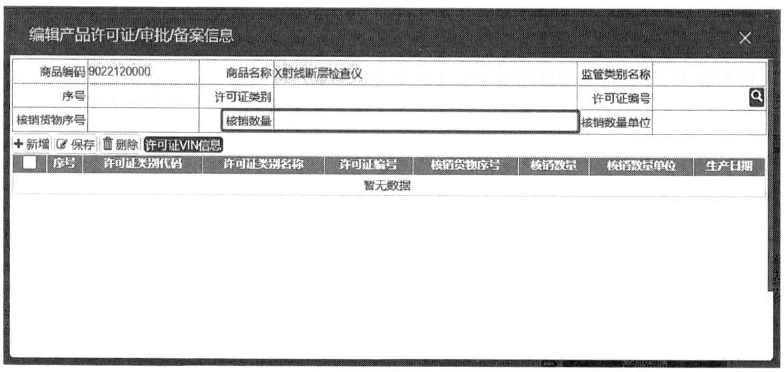

图 1-108　核销数量填制界面

二、填制规范

本申报栏目为有条件必填项。

进出口货物取得了许可、审批或备案等资质时，应在“产品资质”项下的“编辑产品许可证/审批/备案信息”界面中填报被核销文件中对应货物的本次实际进出口数（重）量。

特殊物品审批单支持导入。

三、信息来源

报关人员依据货主企业提供的许可、审批或备案证件上的核销数量进行申报。

四、注意事项

本栏目数据类型为字节型，最多支持录入20位。并非所有涉及产品资质的商品都需要填报本栏目，目前必须进行填报的是在产品资质所获取的证书上有核销数量的，例如动植物检验检疫许可证、特殊物品审批单等。

产品资质—许可证 VIN 信息

一、许可证 VIN 信息填制界面

点击图 1-109 界面中的“产品资质”，进入许可证 VIN 信息填制界面，见图 1-110、图 1-111。

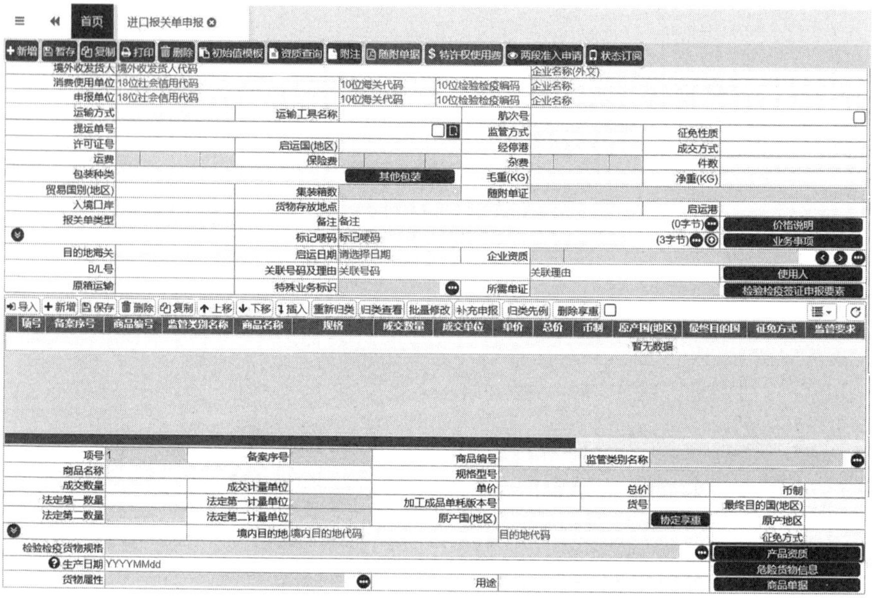

图 1-109　产品资质填制界面

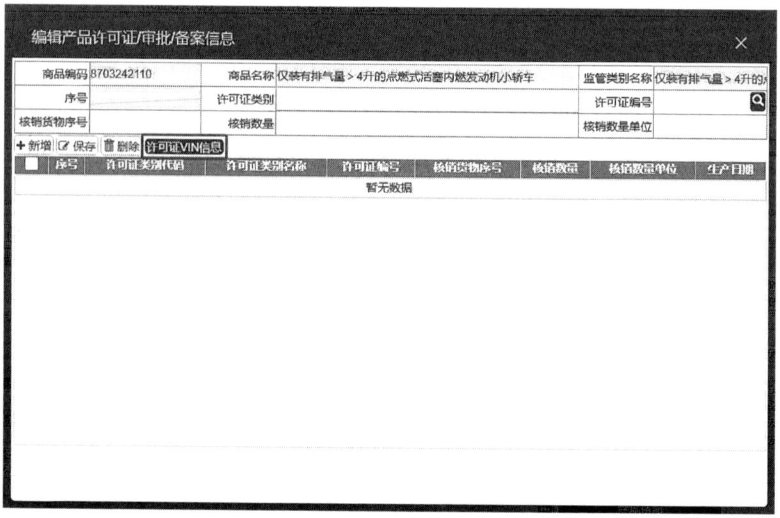

图 1-110　许可证 VIN 信息填制界面

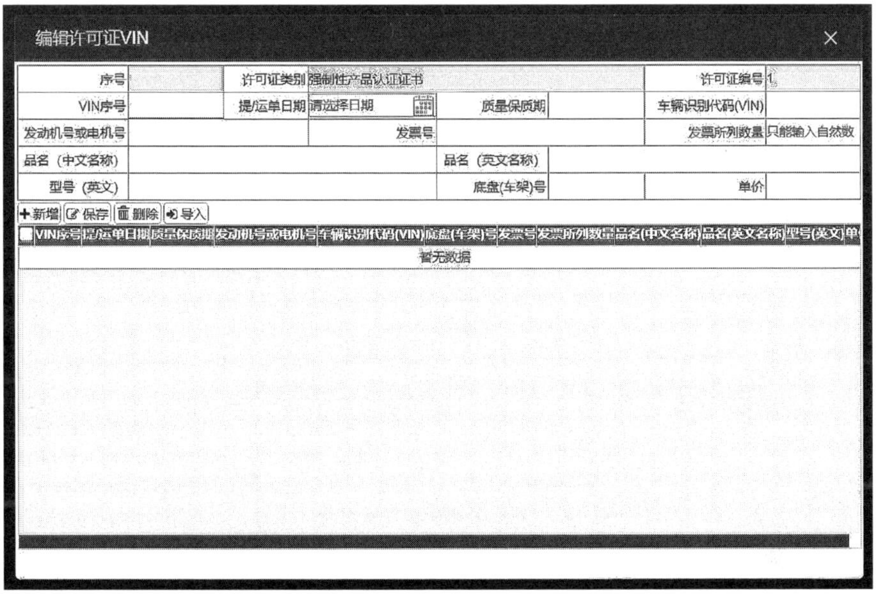

图 1-111　编辑许可证 VIN 界面

二、填制规范

本申报栏目为有条件必填项。

申报进口已获 3C 认证的机动车辆时，填报机动车车辆识别代码，包括 VIN 序号、车辆识别代码（VIN）、单价、底盘（车架号）、发动机号或电机号、发票所列数量、品名（中文名称）、品名（英文名称）、提运单日期、型号（英文）、质量保质期 11 项内容。

三、信息来源

报关人员需要与货主企业确认后填报。

四、注意事项

车辆识别代码（VIN）一般与机动车的底盘（车架号）相同。本栏目支持 VIN 码信息导入。

危险货物信息—非危险货物

一、非危险货物填制界面

点击图 1-112 界面中的“危险货物信息”，进入非危险货物填制界面，见图 1-113。

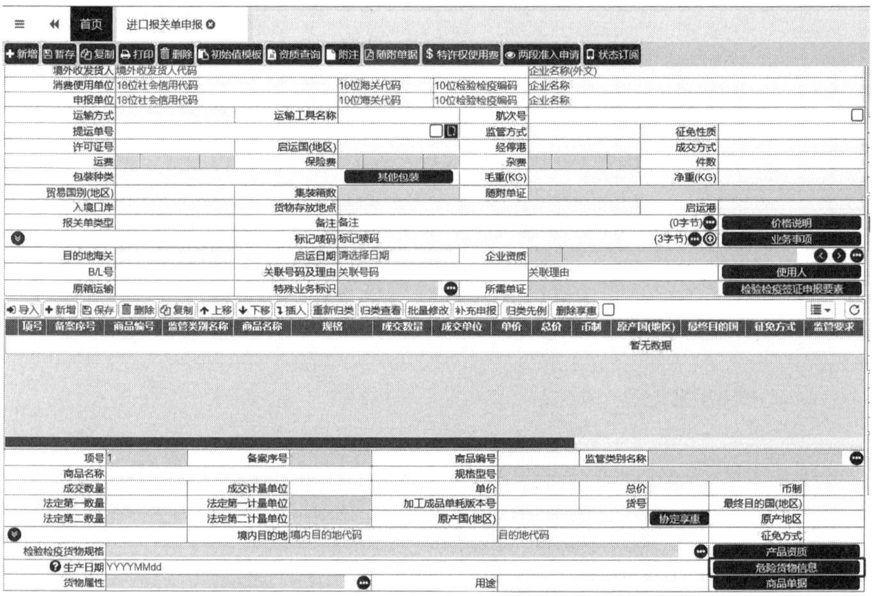

图 1-112　危险货物信息填制界面

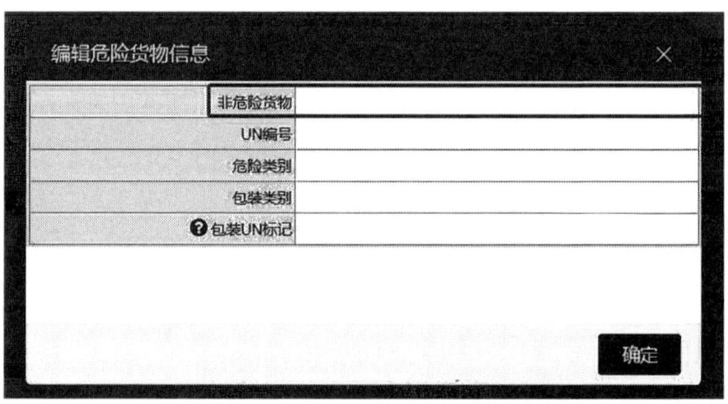

图 1-113　非危险货物填制界面

二、填制规范

本申报栏目为有条件选填项。对于明确是危险货物的，本栏目填报“否”，反之则填报“是”。

企业填报的商品编号可能涉及危险货物时，系统会弹出“危险货物信息”窗口进行提示，可在本栏目选择“是”或“否”。

三、信息来源

报关人员可以依据关于危险货物运输的建议书或化学品安全技术说明书中的商品信息，判断商品是否属于危险货物；也可以通过相关鉴定报告判定货物是否属于危险货物。

四、注意事项

本栏目在填报时如遇到非危险货物，填报“是”。对危险化学品和普通化学品共用一个商品编号的进口商品，企业申报的商品不在最新版《危险化学品目录》内，也不属于危险货物的，本栏目填报“是”。

危险货物信息—UN 编码

一、UN 编码填制界面

点击图 1-114 界面中的“危险货物信息”，进入 UN 编码填制界面，见图 1-115。

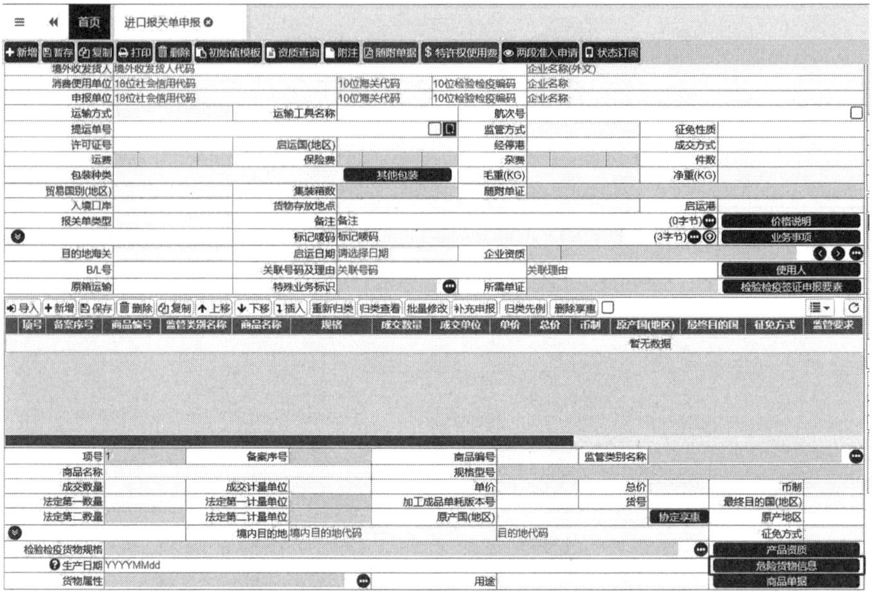

图 1–114　危险货物信息填制界面

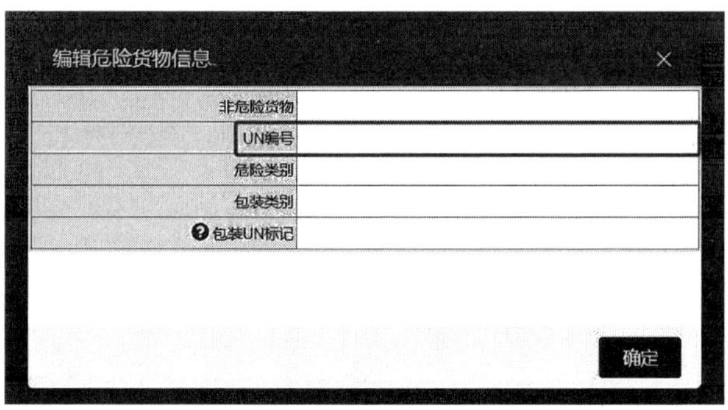

图 1–115　UN 编号填制界面

二、填制规范

对于涉危货物，在申报栏目为有条件必填项。

进出口货物为危险货物的，UN 编号可根据《联合国关于危险货物运输的建议书》（危险货物一览表）调取“危险类别”内容并返填。

三、信息来源

报关人员可以依据关于危险货物运输的建议书或化学品安全技术说明书中的UN信息进行填报。

四、注意事项

本栏目最多支持录入20位字节。

本栏目与“非危险货物”“危险类别”“包装类别”“包装UN标记”构成填报组合项。如“非危险货物”栏目填报“是”，则本栏目无须填写。

危险货物信息—危险类别

一、危险类别填制界面

点击图1-116界面中的“危险货物信息”，进入危险类别填制界面，见图1-117。

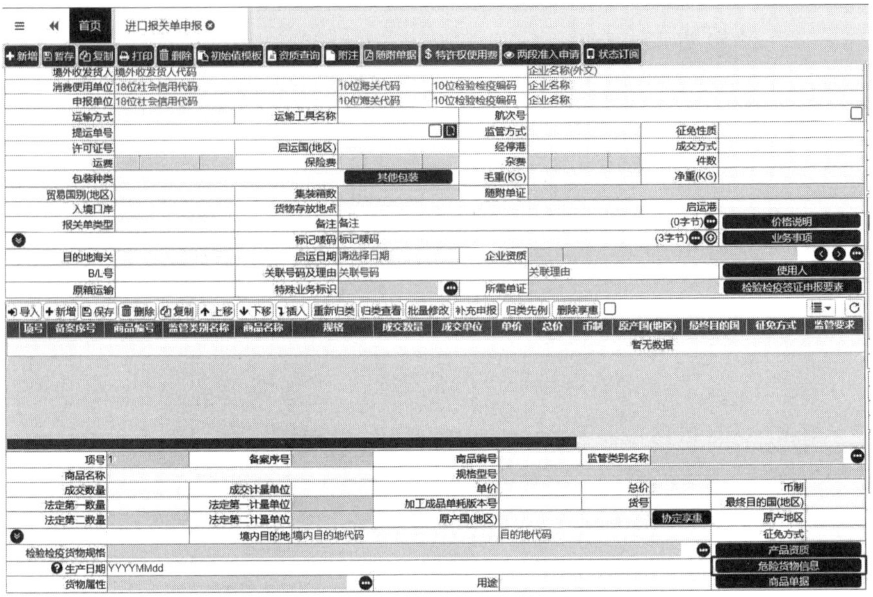

图 1–116　危险货物信息填制界面

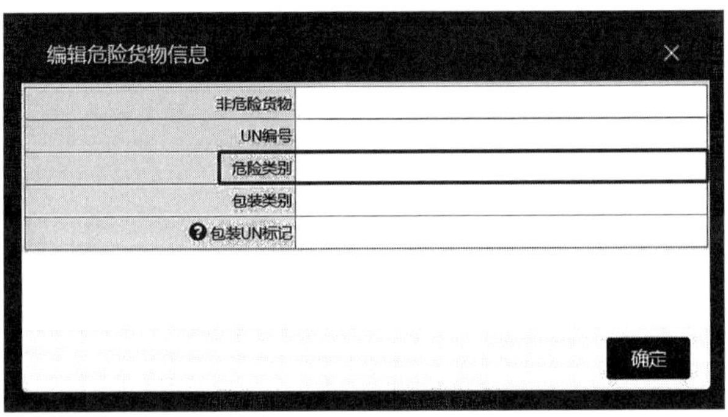

图 1–117　危险类别填制界面

二、填制规范

本申报栏目为有条件必填项。

进出口货物为危险货物的，需在本栏目中填写危险货物的危险性类别。

三、信息来源

报关人员可参照化学品安全技术说明书、运输单据上的包装信息进行填报，必要时可以与进出口企业进行确认。对于非危险化学品，本栏目免填。

四、注意事项

本栏目最多支持录入 80 位字节。

本栏目可根据 UN 编号内容进行返填。

危险货物信息—包装类别

一、包装类别填制界面

点击图 1-118 界面中的“危险货物信息”，进入包装类别填制界面，见图 1-119。

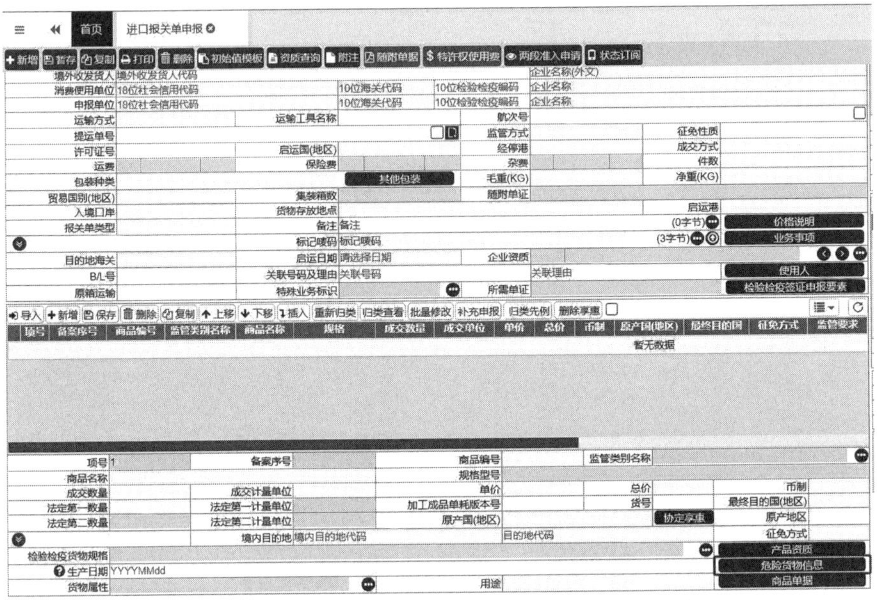

图 1–118　危险货物信息填制界面

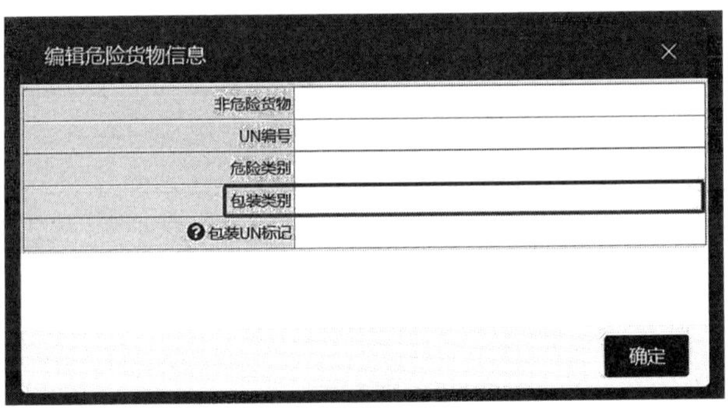

图 1–119　包装类别填制界面

二、填制规范

本申报栏目为有条件必填项。

进出口货物为危险货物的，需按照《危险货物运输包装类别划分方法》，在本栏目中勾选危险货物的包装类别。

危险货物包装根据其内装物的危险程度划分为 3 种包装类别：一

类，盛装具有较大危险性的货物；二类，盛装具有中等危险性的货物；三类，盛装具有较小危险性的货物。

三、信息来源

报关人员可参照化学品安全技术说明书、运输单据上的包装信息进行填报，必要时可以与进出口企业进行确认。对于非危险化学品，本栏目免填。

危险货物信息—包装 UN 标记

一、包装 UN 标记填制界面

点击图 1-120 界面中的“危险货物信息”，进入包装 UN 标记填制界面，见图 1-121。

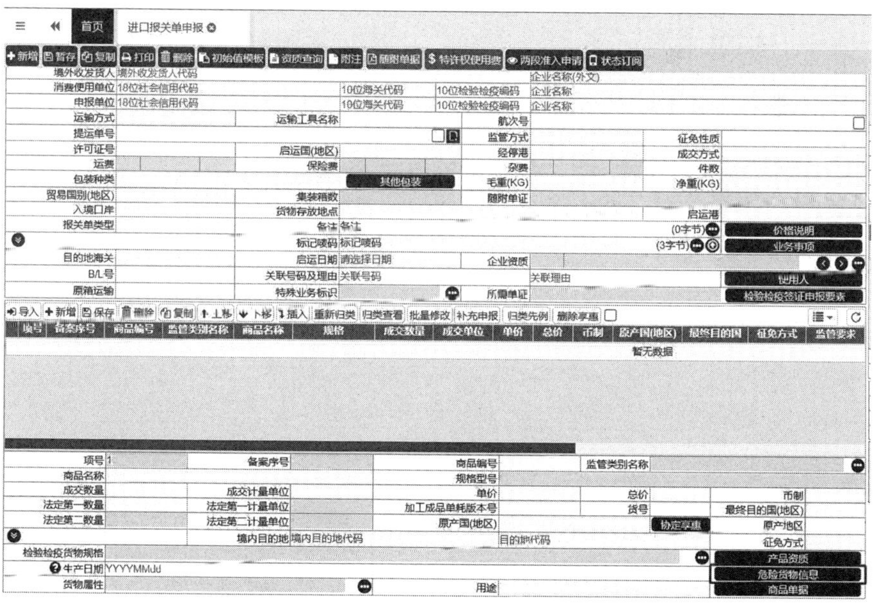

图 1-120　危险货物信息填制界面

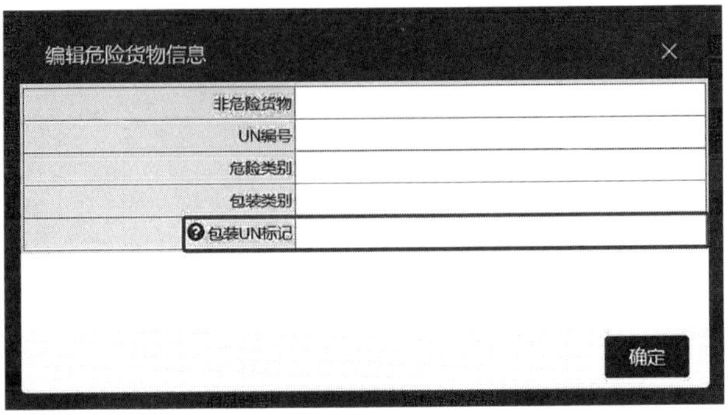

图 1-121　包装 UN 标记填制界面

二、填制规范

本申报栏目为有条件选填项。

进出口货物为危险货物的，本栏目只能填写数字、字母及符号，符号只能为“/”、“ ”、“-”、“.”，且必须有“/”，填报示例：1H1/X1.3/250/23CN/C221001。

三、信息来源

报关人员需要根据实际货物包装上标注的 UN 标记填报。

四、注意事项

只有危险货物并且使用的是 UN 包装的才需要填报本栏目，填写时需与实际货物包装上标注的 UN 标记一致。

集装箱号

一、集装箱号填制界面

集装箱号填制界面见图 1-122。

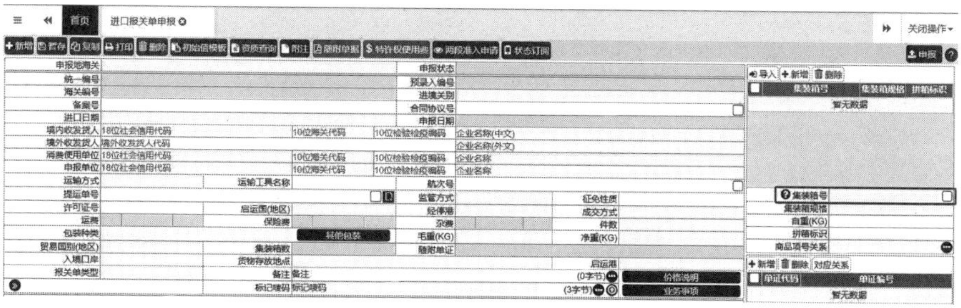

图 1-122　集装箱号填制界面

二、填制规范

本申报栏目为选填项。非集装箱运输的可以不填。

使用集装箱装载进出口商品的，根据集装箱体上标示的全球唯一编号填报集装箱号。一份报关单有多个集装箱的，则在本栏目分别录入集装箱号。

三、信息来源

报关人员可以在分拨单或海运提单中获取集装箱号。

四、注意事项

出口货物申报，目前实行新舱单管理，因此必须填报集装箱号。进口货物申报，针对整箱货物，必须填报集装箱号；对于分拨货物，建议填报集装箱号，为后续实施新舱单管理做好准备工作。

集装箱规格

一、集装箱规格填制界面

集装箱规格填制界面见图 1-123。

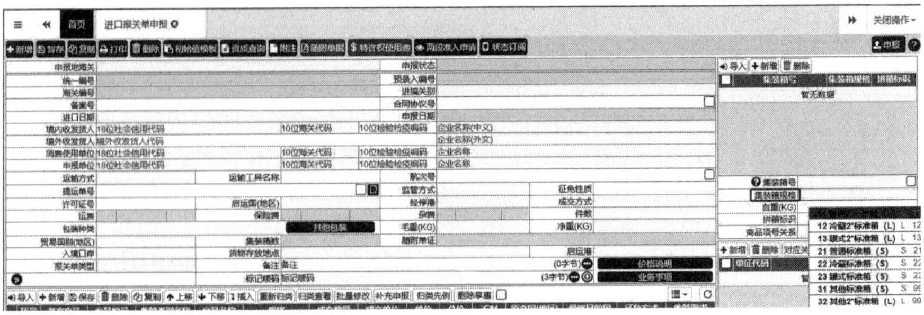

图 1-123　集装箱规格填制界面

二、填制规范

本申报栏目为选填项。

在填报集装箱号后，在本栏目按照《集装箱规格代码表》选择填报集装箱规格。例如，装载商品的集装箱规格为“普通 2＊标准箱（L）”，在本栏目的下拉菜单中选择“11-普通 2＊标准箱（L）”。

三、信息来源

报关人员根据提运单确认集装箱规格，按照《集装箱规格代码表》选择填报集装箱规格。

自重—集装箱

一、集装箱自重填制界面

集装箱自重填制界面见图 1-124。

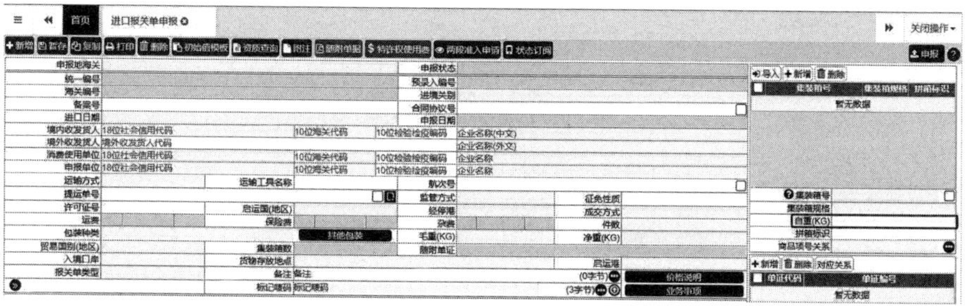

图 1-124 集装箱自重填制界面

二、填制规范

本申报栏目为选填项。

本栏目只能填报以“千克”为单位的重量数字，其他计量单位应该转换为“千克”后填报。

三、信息来源

报关人员可以与承运人确认集装箱自重。

拼箱标识—集装箱

一、集装箱拼箱标识填制界面

集装箱拼箱标识填制界面见图 1-125。

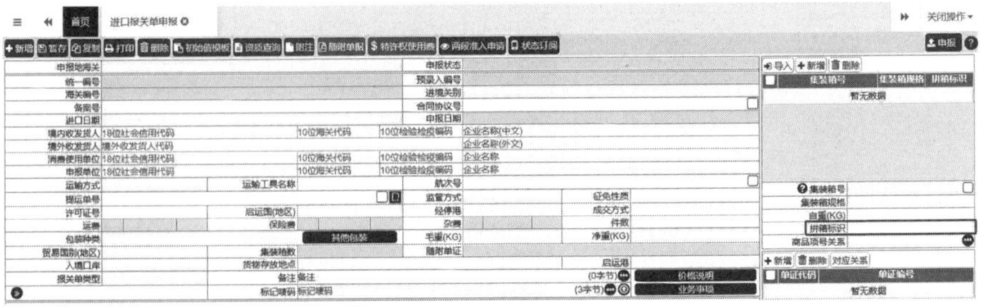

图 1–125　集装箱拼箱标识填制界面

二、填制规范

本申报栏目为选填项。

进出口货物装运集装箱为拼箱时，在本栏目下拉菜单中选择“是”或“否”。

三、信息来源

报关人员可以根据分拨单信息进行填报。本栏目非海关重点审核项，可以不填。

商品项号关系—集装箱

一、集装箱商品项号关系填制界面

集装箱商品项号关系填制界面见图 1–126。

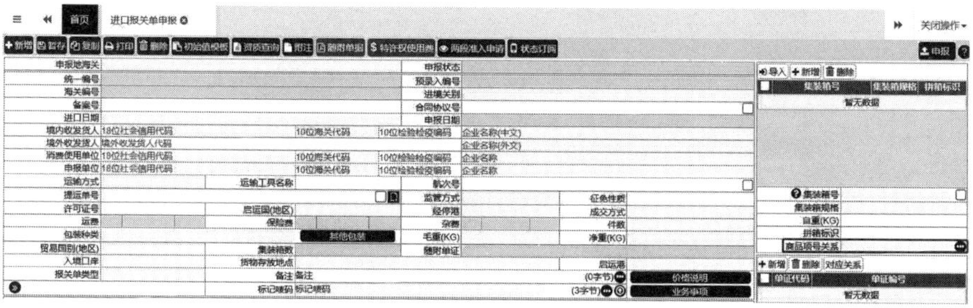

图 1-126　集装箱商品项号关系填制界面

二、填制规范

本申报栏目为选填项。

本栏目填报单个集装箱对应的商品项号，以半角逗号分隔。例如，“APJU4116601”箱号的集装箱中装载了项号为 1、3、5 的商品，本栏目应录入“1,3,5”。

三、信息来源

报关人员需与承运人或者出口方确认装箱明细后再填报。

随附单证

本申报栏目为选填项，分为随附单证代码栏与随附单证编号栏。

一、随附单证代码及随附单证编号填制界面

随附单证代码及随附单证编号填制界面见图 1-127。

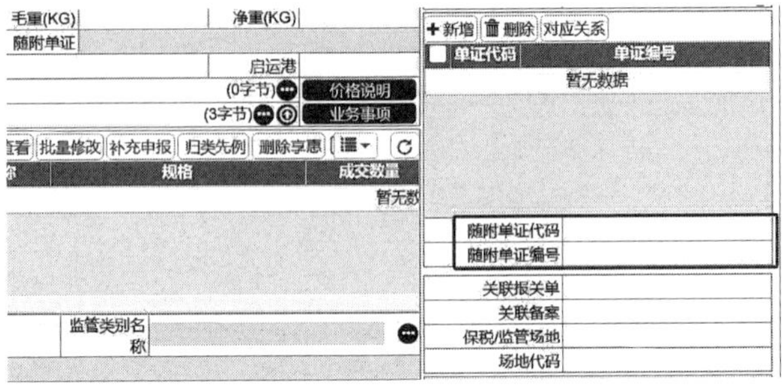

图 1-127　随附单证代码及随附单证编号填制界面

二、填制规范

随附单证代码栏填报除进（出）口许可证、两用物项和技术进（出）口许可证、两用物项和技术出口许可证（定向）、纺织品临时出口许可证、出口许可证（加工贸易）、出口许可证（边境小额贸易）以外的其他进出口许可证件或监管证件，按海关规定的《监管证件代码表》选择填报相应证件代码。

随附单证编号栏填报除进（出）口许可证、两用物项和技术进（出）口许可证、两用物项和技术出口许可证（定向）、纺织品临时出口许可证、出口许可证（加工贸易）、出口许可证（边境小额贸易）以外的其他进出口许可证件或监管证件及其他海关批准文件的编号。

具体填制规范如下：加工贸易内销征税报关单（使用金关二期加贸管理系统的除外），随附单证代码栏填报“c”，随附单证编号栏填报海关审核通过的内销征税联系单号。

三、信息来源

随附单证属于与海关管理相关的信息。报关人员可以根据商品编号确认海关监管条件，并填报监管证件号。在报关单录入时，系统会提示所需的监管证件代码。

四、注意事项

申报优惠贸易协定项下进出口货物报关单时，不再需要录入本栏目，而是填报报关单表体中的“协定享惠”类栏目。详情请见“协定享惠”栏目填报要求。

关联报关单

一、关联报关单填制界面

关联报关单填制界面见图 1-128。

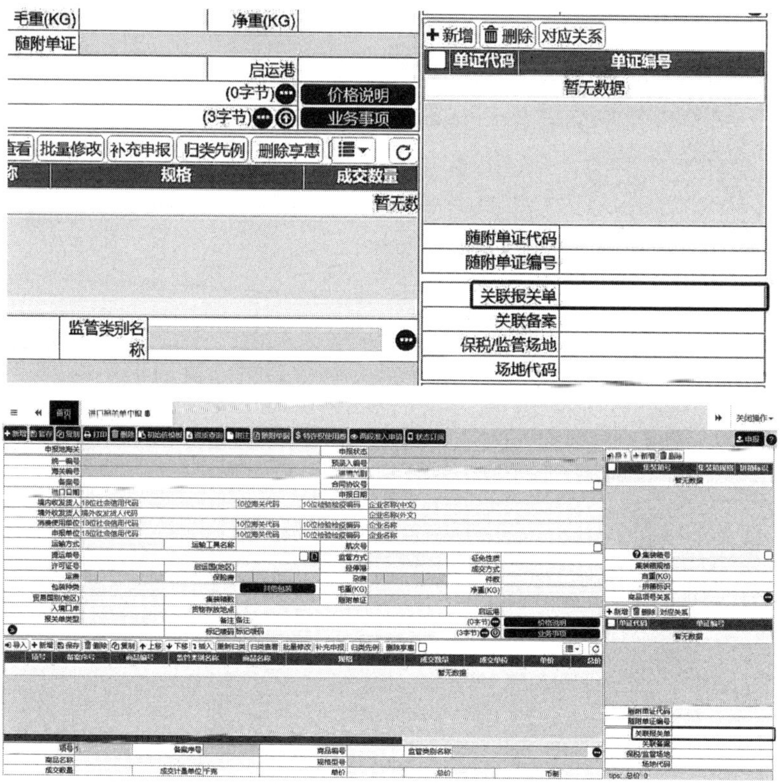

图 1-128　关联报关单填制界面

二、填制规范

本申报栏目为选填项。

与本报关单有关联关系的，同时在海关业务管理规范方面又要求填报的报关单号，填报在本栏目中。

根据海关总署公告2019年第18号附件《中华人民共和国海关进出口货物报关单填制规范》中第三十二条第（四）款的规定，以下3种情形应填报关联报关单号：

1. 保税间流转、加工贸易结转类报关单，应先办理进口报关，并将进口报关单号填入出口报关单的“关联报关单”栏。

2. 办理进口货物直接退运手续的，除另有规定外，应先填制出口报关单，再填制进口报关单，并将出口报关单号填报在进口报关单的“关联报关单”栏。

3. 减免税货物结转出口（转出），应先办理进口报关，并将进口（转入）报关单号填入出口（转出）报关单的“关联报关单”栏。

三、信息来源

加工贸易结转进口申报时，可以请收货人提供对方的手册编号；加工贸易结转出口申报时，可以请发货人提供对方的进口报关单，确认对方手册编号及转入进口报关单编号。

直接退运货物进口报关时，需要先申报出口报关单，并将出口报关单号填入本栏目。

四、注意事项

本栏目最多录入18位字节。

其他没有说明的情况但应业务要求也同样需要显示关联报关单号的，可以在备注栏预录。

关联备案

一、关联备案填制界面

关联备案填制界面见图 1-129。

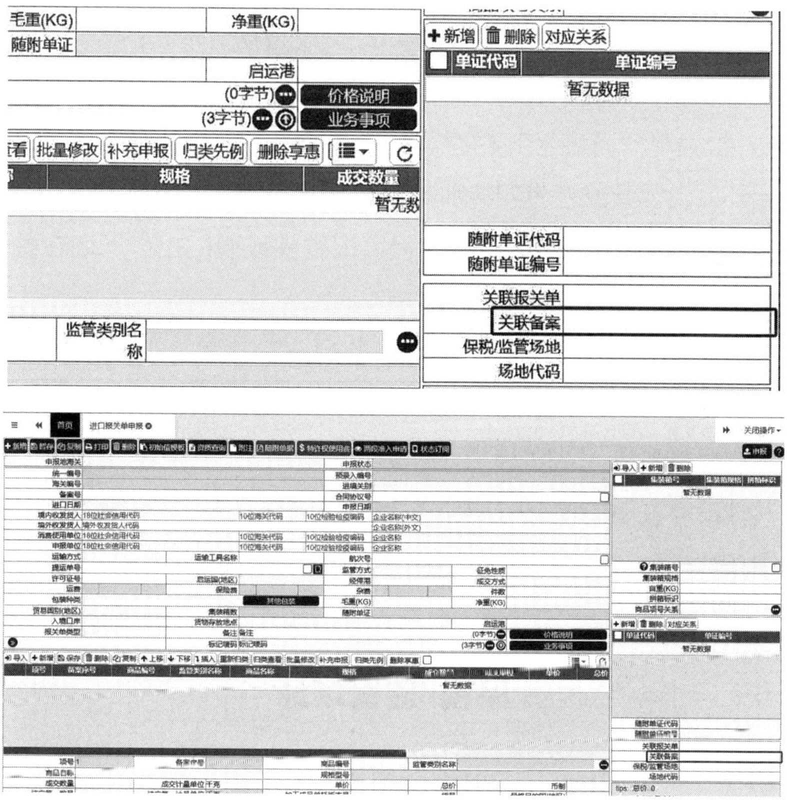

图 1-129　关联备案填制界面

二、填制规范

本申报栏目为选填项。

与本报关单有关联关系的，同时在海关业务管理规范方面又要求填报的备案号，填报在本栏目中。

根据海关总署公告2019年第18号附件《中华人民共和国海关进出口货物报关单填制规范》中第三十二条第（三）款的规定，以下3种情形应填报关联备案号：

1. 保税间流转货物、加工贸易结转货物及凭《征免税确认通知书》转内销货物，本栏目填报其对应的备案号。

2. 减免税货物结转进口（转入），本栏目填报本次减免税货物结转所申请的《中华人民共和国海关进口减免税货物结转联系函》的编号。

3. 减免税货物结转出口（转出），本栏目填报与其相对应的进口（转入）报关单“备案号”栏中《征免税确认通知书》的编号。

此外，向香港或者澳门特别行政区出口用于生产香港CEPA或澳门CEPA项下货物的原材料时，本栏目填报香港或澳门生产厂商在香港工贸署或澳门经济局登记备案的有关备案号。

三、注意事项

本栏目最多录入12位字节。

其他没有说明的情况但应业务要求也同样需要显示关联备案号的，可以在备注栏预录。

保税/监管场地

一、保税/监管场地填制界面

保税/监管场地填制界面见图1–130。

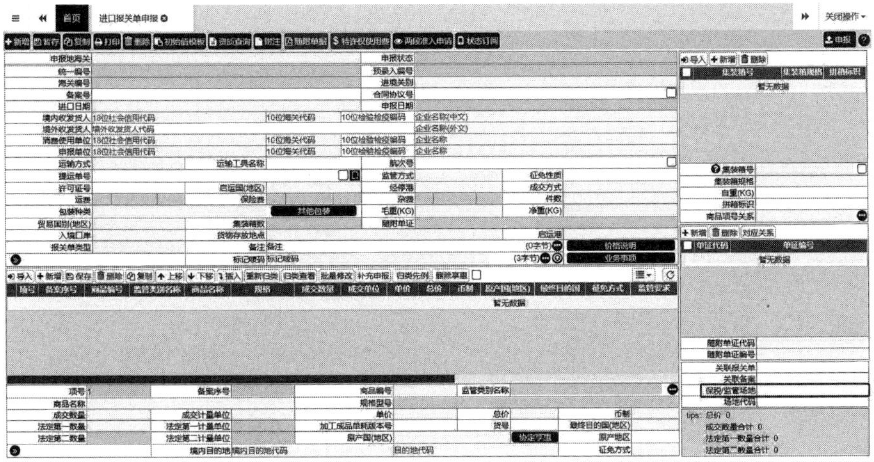

图 1-130　保税/监管场地填制界面

二、填制规范

本申报栏目为选填项。

保税监管场所进出货物，在本栏目填报该保税监管场所编码［保税物流中心（B 型）填报中心的国内地区代码］，其中涉及货物在保税监管场所间流转的，在本栏目填报对方保税监管场所代码。

三、信息来源

根据实际货物在保税监管场所间流转的物流单据上的信息填报。

场地代码

一、场地代码填制界面

场地代码填制界面见图 1-131。

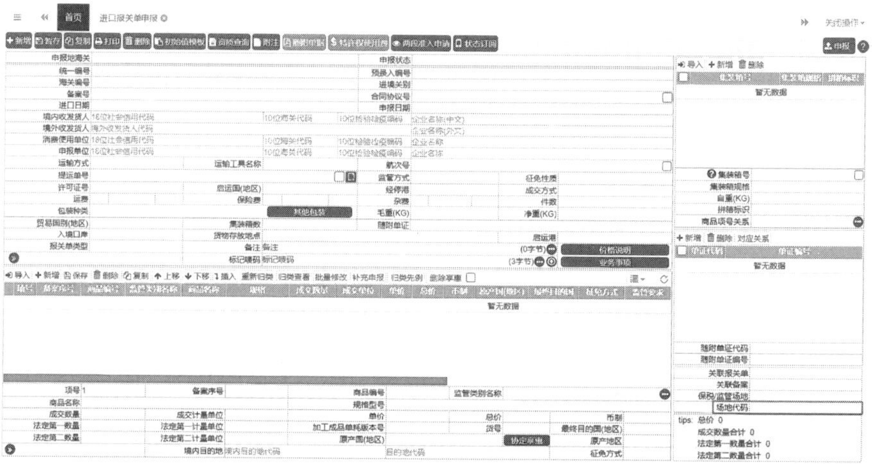

图 1-131　场地代码填制界面

二、填制规范

本申报栏目为选填项。

按照进出口货物海关实际监管点，根据海关规定的《海关货场代码表》准确填报本栏目。

三、信息来源

报关人员在申报前，需向承运人确认进出口货物海关实际监管点，据此填报。

四、注意事项

1. 一般进出口货物报关单，按照进出口货物海关实际监管点如实填写。

2. 通关一体化报关单，例如企业在某直属海关（黄埔海关）申报、在外关区（非黄埔海关）实际监管验放的报关单，填报“5298”。

3. 加工贸易形式报关单，参照料件进口时报关单上本栏目填报的内容填报。

4. 除上述类型外的报关单，填报“5299”。

随附单据

一、随附单据填制界面

随附单据填制界面见图 1–132。

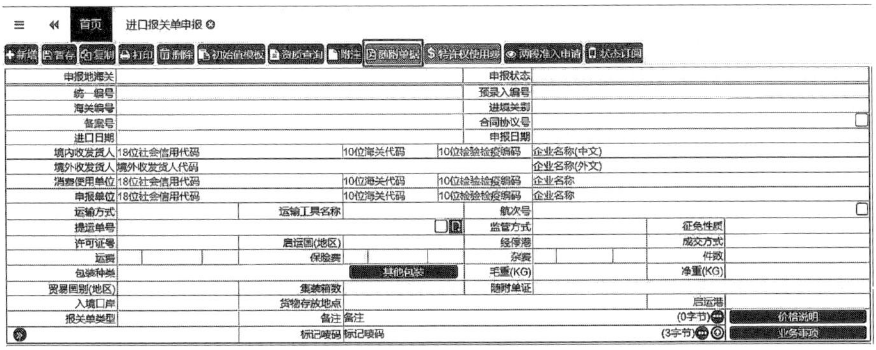

图 1–132　随附单据填制界面

二、填制规范

本申报栏目为选填项。

报关单类型为“通关无纸化”的报关单需根据海关各类监管要求，上传相关随附单据。上传随附单据时，需按海关规定的随附单据表录入相应的随附单据编号。例如上传合同时，本栏目需录入“00000004”。

三、信息来源

凡通过“通关无纸化”申报模式向海关申报的，需要根据商品属性、相关法律法规上传随附资料，例如发票、箱单、合同、动植物检验检疫许可证等，作为海关审核时的凭据。

四、注意事项

上传随附单据时，应严格按照《通关作业无纸化报关单证电子扫描或转换文件格式标准》中规定的文件大小、文件类型、文件命名、内容分辨率等要求进行上传。

申报税额

一、申报税额填制界面

申报税额填制界面见图 1-133。

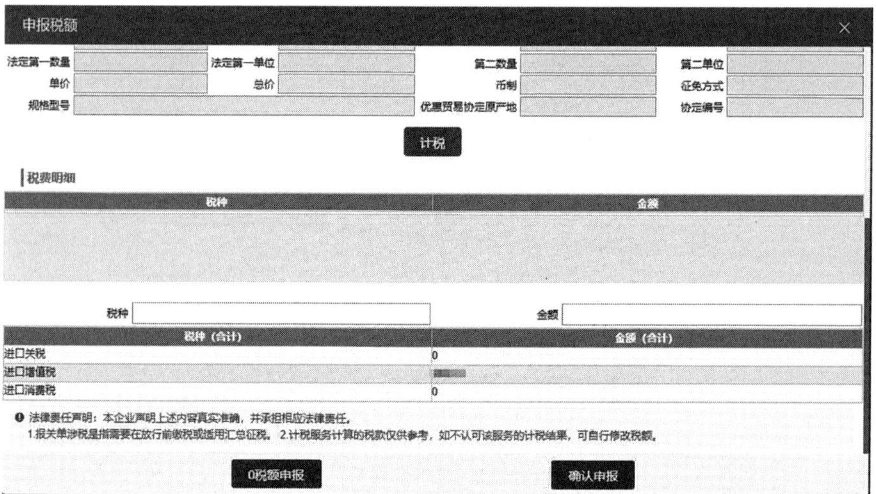

图 1-133　申报税额填制界面

二、填制规范

本申报栏目为必填项。

完成报关单录入后，点击“申报”按钮时，系统弹出“申报税额”界面。

“协定编号”栏目：可手工填写，计税前可录入，计税后只读。

“计税”按钮：点击后，系统调取海关计税服务，并返填税费信息。点击“确认提交”，继续进行申报。例如，进口/出口报关单申报，如报关单涉税，可点击“计税”按钮，通过海关计税服务辅助计算税款并进行数据返填。企业可对返填的税费结果进行确认，如与企业实际税款不符可自行修改，之后点击“确认申报”完成纳税申报。

“0 税额申报”按钮：点击后，将按 0 税额继续进行申报。例如，进口报关单申报，如报关单不涉税，企业可直接点击“0 税额申报”完成纳税申报。

三、信息来源

报关人员应在正式申报前，与委托单位确认。

四、注意事项

置灰的字段，只读，不允许编辑，系统自动从报关单表头或表体中获取并返填。

2

案例解析

本部分从实际操作角度出发，按照海关申报模式创新、海关特殊监管方式、海关监管重点货物三个维度，选取两步申报、汇总征税、修理物品、无代价抵偿、危险化学品、特殊物品、食品、动植物产品、医疗器械等20多个近年来的热点、重点领域作为案例，剖析报关单申报过程中的常见易错点，结合相关法律法规、部门规章及其他规范性文件，从“规范填报”“易错点解析”两个方面，详细解读申报易错原因及正确数据来源，可帮助报关从业人员规避易错风险，对提高申报规范性及准确度具有重要指导意义。

本部分案例中所使用的进出口企业信息、监管证件信息及报关单信息等，均为讲解需要虚构而成，如有雷同，纯属巧合。

海关申报模式创新篇

近年来，海关持续推进改革，《海关全面深化业务改革2020框架方案》、“智慧海关、智能边境、智享联通”建设中试行了大量的创新举措，从风险统一防控机制、“两段准入”监管作业、“两类通关”模式、“两区优化”等改革的持续推进，到“提前申报”、“两步申报”、“智能申报”、“绿色通道”、免到场查验等便利措施的落地，为提高通关效率持续加力。本篇以两种在实际操作中运用比较多的创新举措为例，展现海关持续改革带来的变化。

一、“汇总征税”申报模式解析

2015年海关总署发布《关于在全国范围推广汇总征税的公告》（海关总署公告2015年第33号），全面推广“汇总征税”模式后，2017年又发布了《关于优化汇总征税制度的公告》（海关总署公告2017年第45号），公告明确了适用汇总征税的企业等级及业务种类。

2018年，《关于开展关税保证保险通关业务试点的公告》（海关总署、银保监会公告2018年第155号）、《关于关税保证保险应用于汇总征税的公告》（海关总署公告2018年第215号）创新采纳《关税保证保险单》应用于汇总征税模式。

随后，针对汇总征税模式密集持续优化，《关于深化海关税款担保改革的公告》（海关总署公告2021年第100号）扩大了汇总征税可担保海关事务的范围；《关于推广企业集团财务公司担保的公告》（海关总署公告2022年第56号）增加了集团财务公司可担保其集团内众多企业的职能；《关于明确进出口货物税款缴纳期限的公告》（海关总署公告2022年第61号）再次明确了税款缴纳期限，使汇总征税模式的使用范围、灵活程度持续提升。

海关鼓励进出口企业利用“汇总征税”或“关税保证保险”减少放行前“缴税”这个动作，压缩通关时间。

除“失信企业”以外，其他在海关备案的进出口收发货人均可向海关申请“汇总征税”备案。企业应当联系银行或金融机构开具汇总征税保函；取得保函后，向其备案地直属海关关税职能部门进行备案；备案通过后，在使用经备案的企业作为进出口收发货人申报进口货物时，会弹出对话框以供选择担保通关模式，在“是否使用汇总征税担保通关模式”中选择担保备案编号，之后点击申报即可申报成功。

担保通关模式弹窗示意截图如图 2–1 所示。

图 2–1　担保通关模式选择弹窗

关税保证保险是并行于保证金、银行保函的一种担保方式，既可用于征税要素担保、纳税期限担保，也可用于汇总征税。海关总署公告

2018 年第 215 号规定，从 2019 年 1 月 1 日起，企业可凭《关税保证保险单》办理汇总征税。使用方法同上。

二、“两步申报”模式解析

2019 年 7 月，海关总署发布《关于开展“两步申报”改革试点的公告》（海关总署公告 2019 年第 127 号），率先在满洲里海关隶属十八里海关、宁波海关隶属梅山海关、黄埔海关隶属新港海关等 6 个关区的 10 个海关试点实施“两步申报”。

“两步申报”模式将原先“一次申报，分步处置”的通关时空拉长并分散拆解为两个步骤：第一步概要申报，最少仅需要填报报关单中的 9 个栏目即可申报，概要申报放行后可“合规提离”口岸；第二步完整申报，企业在运输工具申报进境之日起 14 日内完成完整申报，放行后即可“合格入市”。这一措施在优化口岸营商环境的同时，帮助企业降本增效。

试点成功后，自 2020 年 1 月 1 日起在全国所有海关全面推广“两步申报”模式，同时保留原有的申报模式，由企业自行选择。

除失信企业以外，其他在海关备案的进出口收发货人进口的非涉税货物均可选择“两步申报”模式申报（涉及的监管证件未实现联网核查的以及个别特殊监管方式除外）。进口应税货物进行“两步申报”时，需要境内收货人办理“汇总征税”来确保在概要申报时有必备的额度进行担保验放。

“两步申报”模式分为“分次录入”与“一次录入”两种方式（见图 2-2）。

图 2-2　“两步申报”选择界面

“分次录入”即概要申报和完整申报分次录入，适合申报前报关信息不齐全或缺少部分待办监管证件等情况。在填报概要申报信息的同时，可将其他已收集到的报关信息备录进完整申报模块（见图 2-3）。

图 2-3　“分次录入”界面

“一次录入”即概要申报和完整申报信息可一次性录入“单一窗口”。“一次录入”界面与“进口报关单申报”界面相比，只是增加了进入模块前选择是否涉证、涉检、涉税，另外还可自行勾选“辅助提交”按钮（见图 2-4），其他录入信息位置及界面一致。勾选“辅助提交”后，系统会在规定的时限内自动提交完整申报，不需要人工介入再次提交。“一次录入”适合申报信息完整的货物，充分利用概要申报与完整申报之间的缴税时间差，既缓解了缴税带来的资金压力，又不用担心忘记自运输工具进境之日起 14 日内完成完整申报的情况。这种模式也适合有完备的数字化关务系统的公司使用，简单便捷。

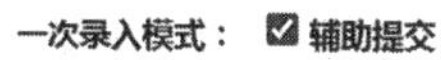

图 2-4 “辅助提交”按钮

在概要申报前，一定慎重选择“涉证、涉检、涉税”模式（见图 2-5），一旦海关接受概要申报，发现错误也无法修改报关单，只能删单重报。

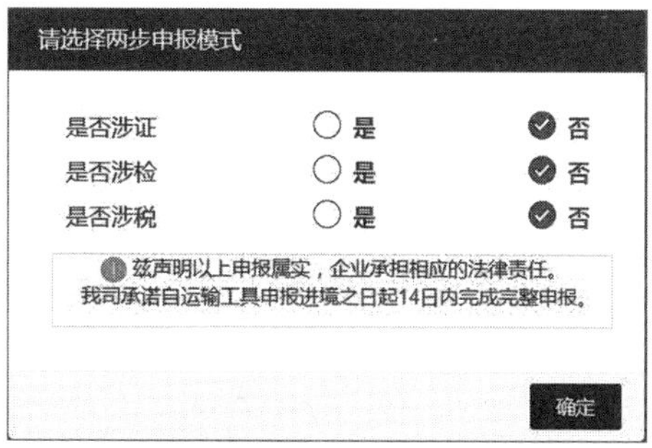

图 2-5 “涉证、涉检、涉税”模式选择界面

“非证、非检、非税”模式下，概要申报需填报的信息详见图 2-6。

序号	申报栏目	栏目名称	填报方式
1	企业信息	境内收发货人	必填
2	运输信息	运输方式/运输工具名称及航次号	必填
3		提运单号	必填
4	监管方式	监管方式	必填
5	货物属性	商品编号（6位）	必填
6		商品名称	必填
7		数量及单位	必填
8		总价	必填
9	国别信息	原产国（地区）	必填
*毛重及集装箱号也为必填，但是从仓单自动获取，由企业来确认			

图 2-6 “非证、非检、非税”模式下需填报的信息

“涉证”的情况下，增加 2 项必填内容见图 2-7。

序号	申报栏目	栏目名称	填报方式
1	监管证件号	许可证号/证件编号	必填
2	集装箱信息	集装箱商品项号关系	必填
在非证、非检、非税录入的9项之外再增加2项必填			

图 2-7 “涉证”的情况下的必填内容

“涉检”的情况下，增加 5 项必填内容见图 2-8。

序号	申报栏目	栏目名称	填报方式
1	商品信息	产品资质（产品许可/审批/备案）	必填
2		商品编码（13位）	必填
3		货物属性	必填
4		用途	必填
5	集装箱信息	集装箱商品项号关系	必填
在非证、非检、非税录入的9项之外再增加5项必填			

图 2-8　“涉检”的情况下的必填内容

根据《关于开展“两步申报”改革优化试点的公告》（海关总署公告 2025 年第 44 号）规定，北京海关所属北京朝阳海关，天津海关所属天津滨海机场海关，上海海关所属吴淞海关、外高桥港综合保税区海关，南京海关所属盐城海关，杭州海关所属钱江海关，宁波海关所属梅山海关，青岛海关所属烟台海关、海阳海关，广州海关所属南沙海关，黄埔海关所属东莞海关自 2025 年 5 月 6 日起开展“两步申报”通关模式改革优化试点。优化内容涉及取消勾选“涉检涉税涉证”项目、调整必填项、动态调整“两步申报”负面清单等。根据《关于全面推广“两步申报”通关模式的公告》（海关总署公告 2025 年第 115 号），自 2025 年 6 月 16 日起，“两步申报”通关模式适用范围扩大到全国海关。

在实际业务中，“两步申报”模式也越来越多地使用在申报前暂时无法确认最终成交价格的大宗商品申报中，受到了广大进口大宗商品货主的认可与肯定。

海关特殊监管方式篇

进出口货物海关监管方式，即现行进出口货物报关单监管方式，是以国际贸易中进出口货物的交易方式为基础，结合海关对进出口货物的征税、统计及监管条件综合设定的海关对进出口货物的管理方式。

由于海关对不同监管方式下进出口货物的监管、征税、统计作业的要求不尽相同，因此为满足海关管理的要求，监管方式代码采用4位数字结构，其中前两位是按海关监管要求和计算机管理需要划分的分类代码，后两位为海关统计代码。

常规的“0110”一般贸易是指我国境内有进出口经营权的企业单边进口或单边出口的货物，通常会凭买卖合同通过银行进口对外付货款、出口收境外货款。除一般贸易以外，还有多种海关监管方式供企业进出口时依据实际情况选择填报，本篇选取几种常见的海关监管方式案例进行解析。

一、修理物品货物进口报关单填制案例解析

（一）原进口货物出境返厂维修复进口（数据转换单元）报关单填制案例解析

2023年6月25日，宿迁市××科技有限公司与德国Schellsberger GmBH签订进口数据转换单元的合同，合同约定质保期一年，货物于2023年7月10日办理货物通关手续，进口报关单号223320231000954707。该科技公司收到货物使用了半年后发现该设备偶尔会运行不稳定，与厂家沟通后达成一致，将货物返回原厂进行检测维修，货物于2024年1月19日发回德国，出口报关单号223320240000179133。

2024年2月23日，厂家完成了检测，发现是由于收货人操作顺序不当造成的内部元件损坏，需要更换商品内部零件，修理费及料件费共计120欧元，修复后商品序列号（S/N＊＊＊＊123）未改变，随后货物复运进境；2024年3月1日，货物运抵上海浦东国际机场，进口商向海关进行申报。

进口商品的信息如下：

商品名称：数据转换单元（旧）；申报商品编号：8543709990；品牌：Schellsberger；用于轨道交通自动计轴控制系统；功能为将计轴器探测到的模拟脉冲信号转换为电信号输出；监管条件：无；属于法检货物

（《中华人民共和国进出口商品检验法实施条例》第二十二条规定：“国家允许进口的旧机电产品到货后，由出入境检验检疫机构依法实施检验。”），应填报所有涉检栏目；货物进口后存放在宿迁市的企业仓库中。

进口商提供的通关文件包括发票、箱单、返修协议、原进口报关文件一套等。

发票、箱单示例如图 2–9、图 2–10 所示。

Schellsberger GmbH

INVOICE

INVOICE NO.: RE****123　　INVOICE Date: 2024-2-23

TO: Suqian ****Technology Co., Ltd.
Add: F5 Wanlian business Road Suqian, Jiangsu,China
TEL: 86-527-62059825
FAX: 86-527-62013244

Marks and Numbers	Description of goods	Quantity	Unit Price	Amount
RE****123 1 PACKAGE	Data conversion unit Model:SC-012 S/N:****123 Repair Charge	1 Set	EUR 8,600 EUR 120	EUR 8,600 EUR 120
Total: EUR 8,720 CIP Shanghai Pudong Airport No commercial value, only for customs declaration.				

Schellsberger GmbH

图 2–9　发票

Schellsberger GmbH

PACKING LIST

INVOICE NO.: RE****123　　INVOICE DATE: 2024-2-23

TO: Suqian ****Technology Co., Ltd.
Add: F5 Wanlian business Road Suqian, Jiangsu,China
TEL: 86-527-62059825
FAX: 86-527-62013244

Marks and Numbers	Description of goods	Quantity	Net Weiight	Gross Weight	Measurement
RE****123 1 PACKAGE	Data conversion unit Model:SC-012 S/N:****123	1 Set	0.63kgs	2kgs	0.003 m³
Total: 1 PACKAGE/2KGS CIP Shanghai Pudong Airport No commercial value, only for customs declaration.					

Schellsberger GmbH

图 2–10　箱单

易错栏目

1. “品名”栏

（1）规范申报：数据转换单元（旧）。

（2）易错点分析：出境修理复进口商品属于旧品，品名处应标注（旧）。

2. “监管方式”栏

（1）规范填报：1300-修理物品。

（2）易错点解析：此栏目为必填栏目。根据海关总署公告2019年第18号的要求，此栏目应根据实际贸易情形填报对应的监管方式。本案例中，原进口货物由于存在运行不稳定，经进出口双方磋商进行出境维修后复运进境。依据《中华人民共和国海关进出口货物征税管理办法》的相关规定，出境修理货物如超过海关允许期限复运进境的，海关对其按照一般进口货物的征税管理规定征收进口税款。本案例中，该数据转换单元于2024年1月19日发回德国进行检测维修，虽在质保期内，但由于是收货人操作不当造成的商品损坏，厂家收取了料件费及更换零部件的费用，于2024年3月1日修复完毕回运境内，如期复运进境，商品序列号未曾发生改变，应按“修理物品”填报。在实际业务中，申报单位容易将监管方式错填为“暂时进出货物”或“无代价抵偿”，造成改单。

3. “备注”栏

（1）规范填报：修理物品，关联报关单223320231000954707，S/N＊＊＊＊123，返修协议号RE＊＊＊＊123。

（2）易错点解析：此栏目为有条件必填栏目。根据海关总署公告2019年第18号附件第三十二条第四、第二十三款，与本报关单有关联关系的，同时在业务管理规范方面又要求填报的报关单号，填报在电子数据报关单中“关联报关单”栏；属于修理物品的，填报“修理物品”字样。在实际业务中，申报单位会漏填报“关联报关单”号以及“修理物品”字样，造成海关退单。

4. “关联报关单”栏

（1）规范填报：223320240000179133

（2）易错点解析：此栏目为有条件必填栏目，根据海关总署公告2019年第18号附件第三十二条第四款，与本报关单有关联关系的，同时在业务管理规范方面又要求填报的报关单号，填报在电子数据报关单中“关联报关单”栏。在实际业务中，申报单位容易漏填此项，造成海关退单。

5. “总价”栏

（1）规范填报：

序号1：8600。

序号2：120。

（2）易错点解析：此栏目为必填栏目，除货物本身的价格外，还应填报境外修理费和料件费。根据《确价办法》第二十八条，运往境外修理的机械器具、运输工具或者其他货物，出境时已向海关报明，并且在海关规定的期限内复运进境的，应当以境外修理费和料件费为基础确定计税价格。如境外修理时产生修理及相关费用的，需如实向海关申报，同时在第二项商品名称栏注明“修理费、料件费”，第二项商品其余栏目参照第一项填报内容进行填报。

6. “征免方式”栏

（1）规范填报：

序号1：全免。

序号2：照章征税。

（2）易错点解析：此栏目为必填栏目。根据《确价办法》第二十八条，运往境外修理的机械器具、运输工具或者其他货物，出境时已向海关报明，并且在海关规定的期限内复运进境的，应当以境外修理费和料件费为基础确定计税价格。如境外修理时产生修理及相关费用的，需如实向海关申报，海关据此确定计税价格并予以征收税费。因此，针对序号 2 的修理费、料件费，征免方式栏应填报“照章征税”。在实际业务中，申报单位容易将序号 2 的修理费、料件费漏报或者将“征免”错报为“全免”，造成事后改单和补税。

7.“净重（千克）”栏

（1）规范填报：0.63。

（2）易错点解析：此栏目为必填栏目。根据《关于调整进出口货物报关单申报要求的公告》（海关总署公告 2024 年第 30 号），“净重（千克）”的填报要求修改为“填报进出口货物的毛重减去外包装材料后的重量，即货物本身的实际重量，计量单位为千克，不足一千克的精确到小数点后 2 位”。在实际业务中，申报单位容易将“净重（千克）”栏依据未修订前的报关单填报办法填报为“1”，造成表头与表体中数据不符，事后改单。

8.“货物属性”栏

（1）规范填报：勾选“21-旧品”。

（2）易错点解析：此栏目为有条件必填栏目。根据“单一窗口”2021 年 7 月 21 日公布的版本说明，申报进口旧机电商品时，对应商品表体中“货物属性”字段必须选择“21-旧品”，此商品属于旧机电产品，应在“货物属性”字段选择“21-旧品”。

（二）原出口货物进境售后维修（分光仪）进口报关单填制案例解析

2023 年 9 月 25 日，保定市××科技有限公司与德国 Schellsberger GmBH 签订出口分光仪合同，合同约定质保期一年，货物于 2023 年 11 月 10 日办理货物通关手续，出口报关单号 010120230000754707。其中一台分光仪在使用过程中无法读取完整测量数据，外商与厂家沟通后达成一致，将货物返回境内进行售后维修，货物于 2024 年 1 月 8 日运回北京首都国际机场。

进境商品的信息如下：

商品名称：分光仪（旧）；申报商品编号：9027300090；品牌：

SCO；用于测量光线偏折角度；监管条件：无；属于法检货物（《中华人民共和国进出口商品检验法实施条例》第二十二条规定，“国家允许进口的旧机电产品到货后，由出入境检验检疫机构依法实施检验。”），应填报所有涉检栏目；货物进口后存放在保定市的企业仓库中。企业未办有保函等其他形式的担保，使用保证金的形式进行征税要素担保。

进口商提供的通关文件包括发票、箱单、返修协议、原出口报关单据一套等。

2024 年 1 月 20 日，厂家完成了检测，发现确实是货物质量问题，需要更换零件，在保修期内免费售后维修，修复后商品序列号（S/N＊＊＊＊456）未改变，货物预计在 4 月 10 日前完成修理复运出境。

易错栏目

1. “品名”栏

（1）规范填报：分光仪（售后服务维修）。

（2）易错点分析：售后服务修理进境的原出口货物，进境时品名处应标注“售后服务维修”。在实际业务中，申报单位容易搞混备注为“专业维修”，专业维修是指境内收货人具备专业维修能力，在营业范围内具有专业维修资质，承揽全球范围内该产品的维修项目，专业维修的货物可以是原产于境外的货物，故无须关联原出口报关单。

2. “监管方式”栏

（1）规范填报：1300-修理物品。

（2）易错点解析：此栏目为必填栏目。根据海关总署公告 2019 年第 18 号的要求，此栏目应根据实际贸易情形填报对应的监管方式。本案例中，原出口货物由于存在运行不稳定，经进出口双方磋商，于 2024 年 1 月 8 日返回境内进行售后维修，在质保期内，维修后商品序列号未发生改变，符合海关要求，应按“修理物品”填报。在实际业务中，申报单位容易将监管方式错报为“暂时进出货物”或“无代价抵偿”，造成改单。

3. “备注”栏

（1）规范填报：进境修理，关联报关单010120230000754707，S/N ＊＊＊＊456，返修协议号RE＊＊＊＊456。

（2）易错点解析：此栏目为有条件必填栏目。根据海关总署公告2019年第18号附件第三十二条第四、第二十三款，与本报关单有关联关系的，同时在业务管理规范方面又要求填报的报关单号，填报在电子数据报关单中“关联报关单”栏；属于修理物品的，填报“修理物品”字样。在实际业务中，申报单位容易漏填报“关联报关单”号以及“修理物品”字样，造成海关退单。

4. “关联报关单”栏

（1）规范填报：010120230000754707

（2）易错点解析：此栏目为有条件必填栏目，根据海关总署公告2019年第18号附件第三十二条第四款，与本报关单有关联关系的，同时在业务管理规范方面又要求填报的报关单号，填报在电子数据报关单中“关联报关单”栏。在实际业务中，申报单位容易漏填此项造成海关退单。

5. “征免方式”栏

（1）规范填报：保证金。

（2）易错点解析：此栏目为必填栏目。根据《中华人民共和国海关事务担保条例》第五条，“当事人申请办理下列特定海关业务的，按照海关规定提供担保：……（三）货物进境修理和出境加工的”，此单货物未使用保函等其他担保方式，征免方式栏应填报“保证金”。在实际业务中，申报单位容易错报为“全免”“照章征税”“保函”等，造成事后改单。

6. “货物属性”栏

（1）规范填报：勾选“21-旧品”。

（2）易错点解析：此栏目为有条件必填栏目。根据“单一窗口”

2021年7月21日公布的版本说明，申报进口旧机电商品时，对应商品表体中“货物属性”字段必须选择“21-旧品”，此商品属于旧机电产品，应在“货物属性”字段选择“21-旧品”。

二、暂时进出境货物（数据转换单元）进口报关单填制案例解析

2024年1月8日，宿迁市××科技有限公司与德国Schellsberger GmBH签订协议，约定暂时进境一台新型号的数据转换单元用于国内工程师内部培训及新产品演示，计划在进口企业办公楼内的培训会议室进行3场培训演示，历时3个月。货物在进境前办理完成了征税要素担保备案，海关确认书编号223320240000142905，并于2024年1月23日运抵上海浦东国际机场办理货物通关手续，企业未办有保函等其他形式的担保，使用保证金的形式进行征税要素担保备案，货物预计在5月10日前完成培训复运出境。

进口商品的信息如下：

商品名称：数据转换单元；申报商品编号：8543709990；品牌：Schellsberger；用于轨道交通自动计轴控制系统；功能为将计轴器探测到的模拟脉冲信号转换为电信号输出；监管条件：无；货物进口后存放在宿迁市的企业培训会议室中培训、演示。

培训按计划进行，于4月底结束，企业如期在5月10日前将货物复运出境，出境后办理结案并退回保证金。

进口商在进口时提供的通关文件包括发票、箱单、暂进培训协议、培训计划、海关确认书编号223320240000142905等。

易错栏目

1.“监管方式”栏

（1）规范填报：2600-暂时进出货物。

（2）易错点解析：此栏目为必填栏目。根据海关总署公告2019年

第 18 号的要求，此栏目应根据实际贸易情形填报对应的监管方式。本案例中，进口货物是暂时进境为国内工程师内部培训演示用，培训完毕后在进境 3 个月后复运出境，符合《中华人民共和国海关暂时进出境货物管理办法》（海关总署令第 233 号）第三条“本办法所称暂时进出境货物包括：……（六）货样”及第十条“暂时进出境货物应当在进出境之日起 6 个月内复运出境或者复运进境”规定，应按“暂时进出货物”填报。在实际业务中，申报单位容易将监管方式错填为“修理物品”或“无代价抵偿”等，造成改单。

2. “备注”栏

（1）规范填报：暂时进出货物/暂进六：货样/20240510 前复运出境/审核确认书编号 223320240000142905。

（2）易错点解析：此栏目为有条件必填栏目。根据海关总署公告 2019 年第 18 号附件第三十二条第八款，需要将暂进类别、暂进复运出境时间、海关审核确认书编号等信息备注清楚。在实际业务中，申报单容易漏填报以上信息，造成海关退单。

3. “征免方式”栏

（1）规范填报：保证金。

（2）易错点解析：此栏目为必填栏目。依据《中华人民共和国关税法》第三十七条，“暂时进境或者暂时出境的下列货物、物品，可以依法暂不缴纳关税，但该货物、物品应当自进境或者出境之日起六个月内复运出境或者复运进境；需要延长复运出境或者复运进境期限的，应当根据海关总署的规定向海关办理延期手续：……（六）货样；”，该货物未使用保函等其他担保方式，征免方式栏应填报“保证金”。在实际业务中，企业容易错报为“全免”“照章征税”“保函”等，造成事后改单。

三、无代价抵偿货物（立体显微镜）进口报关单填制案例解析

2023 年 6 月 25 日，天津××科技有限公司与日本 Suzuki Kawi

Trading Co.，Ltd. 签订进口立体显微镜的购买合同（TJSK2023109），合同约定质保期一年，索赔期两年，货物于 2024 年 1 月 10 日办理货物通关手续，进口报关单号 020720241000034709。该科技公司收到货物安装调试后发现机器显示故障，无法运行，商品序列号 S/N 23110345。随后，该公司委托中国检验认证集团天津有限公司上门验货并出具检测报告，证实货物确实存在质量问题无法运行。经与厂家沟通后达成一致，双方签署了换货协议（RE-TJSK2023109），约定将货物返回原厂免费赔付一台原型号新机器，往返运费由厂家承担。货物于 2024 年 1 月 30 日发回日本，出口报关单号 020720240000079238。

2024 年 3 月 1 日，厂家确认是货物质量问题，将一台全新的原型号立体显微镜赔付给该科技有限公司，新机器序列号 S/N 24010157。2024 年 3 月 7 日，货物运抵天津滨海国际机场，进口商凭中国检验认证集团天津有限公司出具的编号为 241900220200089 的《检验证书》等单证向海关进行申报。

进口商品的信息如下：

商品名称：立体显微镜；申报商品编号：9011100000；品牌：Suzuki Kawi；用于对样品进行 3D 显微观察；光学放大物体原理；放大 10~100 倍；监管条件：无；属于法检货物（进口货物发生短少、残损或其他质量问题需对外索赔时，其赔付进境的货物属于法检目录内商品，应实施法定检验检疫），应填报所有涉检栏目；货物进口后存放在天津的企业仓库中。

进口商提供的通关文件包括发票、箱单、索赔协议、《检验证书》正本/副本、原进口报关文件一套、退货出口报关文件一套等。

易错栏目

1. “监管方式”栏

（1）规范填报：3100-无代价抵偿。

（2）易错点解析：此栏目为必填栏目。根据海关总署公告 2019 年第 18 号的要求，此栏目应根据实际贸易情形填报对应的监管方式。本案例中，由于原进口货物存在质量问题，进出口双方磋商后决定在索赔期内由厂家赔付一台原型号新机器复运进境。依据《中华人民共和国海关进出口货物征税管理办法》的相关规定，无代价抵偿货物是指进出口货物在海关放行后，因残损、短少、品质不良或者规格不符原因，由进出口货物的发货人、承运人或者保险公司免费补偿或者更换的与原货物相同或者与合同规定相符的货物；纳税义务人应当在原进出口合同规定的索赔期内且不超过原货物进出口之日起 3 年，向海关申报办理无代价抵偿货物的进出口手续，进口无代价抵偿货物，不征收进口关税和进口环节海关代征税。本案例中，该立体显微镜发现损坏时在索赔期内，并于 2024 年 1 月 30 日发回日本进行索赔，2024 年 3 月 7 日由厂家赔付一台全新的原型号机器如期复运进境，同时复进口时能提供中国检验认证集团公司出具的《检验证书》证明确实是因质量原因赔付的货物，应按“无代价抵偿”填报。在实际业务中，申报单位容易将监管方式错填为“暂时进出货物”“其他进出口免费”“修理物品”，造成改单。

2. “备注”栏

（1）规范填报：无代价抵偿；关联报关单号 020720240000079238；检验证书编号 241900220200089；原合同号 TJSK2023109；换货协议号 RE-TJSK2023109。

（2）易错点解析：此栏目为有条件必填栏目。根据海关总署公告 2019 年第 18 号附件第三十二条第四、第二十三、第二十八、第二十九款，与本报关单有关联关系的，同时在业务管理规范方面又要求填报的报关单号，填报在电子数据报关单中“关联报关单”栏。在实际业务中，申报单位可能会漏填报“无代价抵偿”字样、原合同号、换（补）货协议号、《检验证书》编号等，造成海关退单。

3. “关联报关单”栏

（1）规范填报：020720240000079238

（2）易错点解析：此栏目为有条件必填栏目，根据海关总署公告2019年第18号附件第三十二条第四款，与本报关单有关联关系的，同时在业务管理规范方面又要求填报的报关单号，填报在电子数据报关单中“关联报关单”栏。在实际业务中，申报单位容易漏填此项，造成海关退单。

4. “征免方式”栏

（1）规范填报：全免。

（2）易错点解析：此栏目为必填栏目。根据《中华人民共和国海关进出口货物征税管理办法》，“进口无代价抵偿货物，不征收进口关税和进口环节海关代征税”。在实际业务中，申报单位容易错报为“照章征税”等，造成多交税。

四、海关特殊监管区域货物进出口报关单填制案例解析

（一）保税仓库进出境仓储货物（立体显微镜）“一线入区”进口报关单填制案例解析

2023年12月15日，天津××科技有限公司与日本Suzuki Kawi Trading Co.，Ltd. 签订进口5台立体显微镜的合同，约定100天内交货。货物于2024年3月20日生产完毕发往北京首都国际机场，但此批货物是高等院校科研项目中使用的产品，可享受特定减免税，发货时《征免税确认通知书》还未开始申请，为避免高额滞报金及仓储费，境内收货人决定将货物先行申报进入保税仓库，待减免税手续办好后再申报进口出保税仓库。

2024年3月22日，企业在取得了××公用型保税仓库（保税库注册在“0128-顺义海关”，海关注册编码111196D111）提供的编号为QD012824I000013496的保税核注清单后，向海关申报进口报关单。

进口商品的信息如下：

商品名称：立体显微镜；申报商品编号：9011100000；品牌：Suzuki Kawi；用于对样品进行 3D 显微观察；光学放大物体原理；放大 10～100 倍；监管条件：无。

进口商提供的通关文件包括发票、箱单、保税核注清单（见图 2-11）等。

保税核注清单（进口）
（仅供核对使用）

打印日期：

预录入统一编号		清单编号	QD012824I000013496	清单类型	普通清单	手(账)册编号	L0128D20****
经营单位代码	*****	经营单位社会信用代码	*****	经营单位名称	*****	加工单位编码	111196D111
加工单位社会信用代码		加工单位名称	*****公用型保税仓库	申报单位编码	*****	申报单位社会信用代码	*****
申报单位名称	*****	录入单位编码	*****	录入单位社会信用代码	*****	录入单位名称	*****
录入日期		清单申报日期		清单进出卡口状态		核扣标志	预核扣
企业内部编号	*****	进出口岸	京机场关	主管海关	顺义海关	启运国（地区）	日本
料件、成品标志	料件	监管方式	保税仓库货物	运输方式	航空运输	申报表编号	
流转类型		报关标志	报关	报关类型	对应报关	报关单类型	进口报关单
对应报关单编号		对应报关单申报单位编码		对应报关单申报单位社会信用代码		对应报关单申报单位名称	*****
关联清单编号		关联手(账)册备案号		关联报关单编号		关联报关单申报日期	

图 2-11　保税核注清单（进口）样本

易错栏目

1.“随附单证代码”栏与“随附单证编号”栏

（1）规范填报：“随附单证代码”栏填报“a-保税核注清单”；“随附单证编号”栏填报“QD012824I000013496”。

（2）易错点解析：此栏目为保税货物必填栏目。根据《关于启用保税核注清单的公告》（海关总署公告 2018 年第 23 号）第四条“企业报送保税核注清单后需要办理报关单（备案清单）申报手续的，报关单（备案清单）申报数据由保税核注清单数据归并生成”，此货物属于保税货物，报关单需调取已由海关核放的保税核注清单中的内容，补齐其他报关栏目后再申报。在实际业务中，申报单位如不了解保税货物申报要求，漏调取保税核注清单，或调取保税核注清单后篡改清单内已有数据，会造成申报错误或海关退单。

2. “保税/监管场所”栏

（1）规范填报：111196D111。

（2）易错点解析：此栏目为有条件必填栏目。根据海关总署公告2019年第18号附件第三十二条第六款，保税监管场所进出货物，在“保税/监管场所”栏填报本保税监管场所编码。在实际业务中，申报单位若填报错误，会造成海关退单。

3. “备注”栏

（1）规范填报：保税入库。

（2）易错点解析：此栏目为有条件必填栏目。根据海关总署公告2019年第18号附件第三十二条第十九款，货物自境外进入境内特殊监管区或者保税仓库的，填报“保税入库”或者“境外入区”字样。在实际业务中，申报单位容易漏填，造成改单。

4. “监管方式”栏

（1）规范填报：1233-保税仓库货物。

（2）易错点解析：此栏目为从保税核注清单调取项。在实际业务中，申报单位容易错报为“一般贸易”等监管方式，造成海关退单。

5. “征免方式”栏

（1）规范填报：全免。

（2）易错点解析：此栏目为从保税核注清单调取栏目。在保税仓库暂存的货物属于保税货物，应填报“全免”。在实际业务中，申报单位容易错报为“照章征税”，造成删改单或退单。

（二）综合保税区及保税仓库间货物结转（立体显微镜）保税核注清单填制案例解析

天津××科技有限公司从日本 Suzuki Kawi Trading Co.，Ltd. 采购5台立体显微镜，进境后将货物申报进入保税仓库（××公用型保税仓库；海关注册编码：111196D111）暂存，等待减免税文件。

2024年4月10日，用户办理完毕《征免税确认通知书》，以“高等院校”征免性质进口其中4台立体显微镜，通知书中的“进出口岸/进出境关别”与“申报地海关”均出具为“0129-天竺海关”，但货物实际存储在“0128-顺义海关”的公用保税库中，需将4台货物流转至北京天竺综合保税区内的保税库中。

根据海关总署公告2019年第18号，“保税间流转、加工贸易结转类的报关单，应先办理进口报关”，2024年4月15日由接收转入货物的天竺综合保税区内企业（天竺××贸易有限公司）先行录入保税核注清单（进口）（见图2-12），并在清单中的“关联手（账）册备案号”栏中录入转入方账册编号，向海关申报。

保税核注清单（进口）

（仅供核对使用）

打印日期：

预录入统一编号	*****	清单编号	QD012924I00001****	清单类型	普通清单	手(账)册编号	*****
经营单位代码	*****	经营单位社会信用代码	*****	经营单位名称	*****	加工单位编码	*****
加工单位社会信用代码		加工单位名称	天竺*****贸易有限公司	申报单位编码	*****	申报单位社会信用代码	*****
申报单位名称	*****	录入单位编码	*****	录入单位社会信用代码	*****	录入单位名称	*****
录入日期		清单申报日期		清单进出卡口状态	完全过卡	核扣标志	已核扣
企业内部编号	*****	进出口岸	顺义海关	主管海关	天竺海关	启运国（地区）	中国
料件、成品标志	料件	监管方式	保税间货物	运输方式	其他方式运输	申报表编号	
流转类型		报关标志	非报关	报关类型		报关单类型	
对应报关单编号		对应报关单申报单位编码		对应报关单申报单位社会信用代码		对应报关单申报单位名称	
关联清单编号	QD012824E00019****	关联手(账)册备案号	*****	关联报关单编号		关联报关单申报日期	

图2-12 保税核注清单（进口）样本

待保税核注清单（进口）通过后（预核扣），由转出存货的××公用型保税仓库录入保税核注清单（出口）（见图2-13），应关联转入方已通过的保税核注清单（进口）编号（QD＊＊＊＊＊），同时在“关联手（账）册备案号”栏中录入转出方账册编号，然后向海关申报保税核注清单（出口）。

保税核注清单（出口）
（仅供核对使用）

打印日期：

预录入统一编号	*****	清单编号	QD012824E00019****	清单类型	普通清单	手(账)册编号	*****
经营单位代码	*****	经营单位社会信用代码	****	经营单位名称	****	加工单位编码	*****
加工单位社会信用代码		加工单位名称	*****公用型保税仓库	申报单位编码	****	申报单位社会信用代码	*****
申报单位名称	*****	录入单位编码	*****	录入单位社会信用代码	****	录入单位名称	*****
录入日期		清单申报日期		清单进出卡口状态	完全过卡	核扣标志	已核扣
企业内部编号	****	进出口岸	天竺海关	主管海关	顺义海关	运抵国（地区）	中国
料件、成品标志	料件	监管方式	保税间货物	运输方式	其他方式运输	申报表编号	
流转类型		报关标志	非报关	报关类型		报关单类型	
对应报关单编号		对应报关单申报单位编码		对应报关单申报单位社会信用代码		对应报关单申报单位名称	
关联清单编号	QD012924I00001****	关联手(账)册备案号	****	关联报关单编号		关联报关单申报日期	

图 2-13　保税核注清单（出口）样本

进口商品的信息如下：

商品名称：立体显微镜；申报商品编号：9011100000；品牌：Suzuki Kawi；用于对样品进行 3D 显微观察；光学放大物体原理；放大 10~100 倍；监管条件：无。

保税间货物在向海关申报的保税核注清单放行后，无须再申报进口/出口报关单，保税核注清单中的“报关标志栏”应录入“非报关”。

易错栏目

1.“启运国（地区）/运抵国（地区）”栏

（1）规范填报：保税核注清单（进口）中的启运国（地区）：中国。

保税核注清单（出口）中的运抵国（地区）：中国。

（2）易错点解析：此栏目为必填栏目。根据海关总署公告 2019 年第 18 号附件第二十条“无实际进出境的货物，填报‘中国’及代码”，保税间货物是在境内的两个海关监管区之间流转的货物，并无实际进出境，应当填报“中国”。在实际业务中，申报单位若填报错误，会造成退单或后续改单。

2.“进出境关别”栏

（1）规范填报：保税核注清单（进口）中的进境关别：顺义海关。

保税核注清单（出口）中的进境关别：天竺海关。

（2）易错点解析：此栏目为必填栏目。根据海关总署公告 2019 年第 18 号附件第四条，“在不同海关特殊监管区域或保税监管场所之间调拨、转让的货物，填报对方海关特殊监管区域或保税监管场所所在的海关名称及代码”。在申报从现存公用型保税仓库流转出的保税核注清单（出口）中，应填报接收货物转入的“天竺海关”；在申报接收货物转入的保税核注清单（进口）中，应填报转出海关“顺义海关”。在实际业务中，若申报单位不熟悉填制规范容易填反，会造成删改单。

3. “运输方式”栏

（1）规范填报：其他运输（代码 9）。

（2）易错点解析：此栏目为从保税核注清单调取栏目。根据海关总署公告 2019 年第 18 号附件第九条第二款“无实际进出境货物在境内流转时填报要求如下：……11. 海关特殊监管区域内的流转、调拨货物，海关特殊监管区域、保税监管场所之间的流转货物，海关特殊监管区域与境内区外之间进出的货物，海关特殊监管区域外的加工贸易余料结转、深加工结转、内销货物，以及其他境内流转货物，填报‘其他运输’（代码 9）”。在实际业务中，申报单位容易错报，造成删改单或退单。

4. “监管方式”栏

（1）规范填报：1200-保税间货物。

（2）易错点解析：此栏目为必填栏目。保税区间及保税仓库间货物结转是指在保税区、保税物流园区出口加工区、出口监管仓库、保税仓库、保税物流中心（B 型）等海关特殊监管区域、保税监管场所间往来的货物。本案例应填报“1200-保税间货物”。在实际业务中，若理解错误，申报单位容易错报为“保税仓库货物”“保税区仓储转口”“区内物流货物”等监管方式，造成删改单。

（三）保税仓库进出境仓储货物（立体显微镜）出口报关单填制案例解析

天津××科技有限公司从日本 Suzuki Kawi Trading Co.，Ltd. 采购 5 台立体显微镜，进境后将货物申报进入保税仓库暂存。其间，向北京天竺综合保税区内保税库结转出 4 台货物，保税仓库中还余 1 台。

2024 年 4 月 19 日，最终用户接到海关通知，其提交办理《征免税确认通知书》的材料不符合减免税政策，海关无法出具《征免税确认通知书》，经与外商友好协商后取消合同，将此台设备运输出境。

2024 年 4 月 23 日，企业取得了××公用保税库（海关注册编码：111196D111）提供的编号为 QD012824E000013488 的保税核注清单后，向海关申报出口报关单。

出口商品的信息如下：

商品名称：立体显微镜；申报商品编号：9011100000；品牌：Suzuki Kawi；用于对样品进行 3D 显微观察；光学放大物体原理；放大 10~100 倍；监管条件：无。

易错栏目

1. “随附单证代码”栏与“随附单证编号”栏

（1）规范填报：“随附单证代码”栏填报“a–保税核注清单”；“随附单证编号”栏填报“QD012824E000013488”。

（2）易错点解析：此栏目为有条件必填栏目。根据海关总署公告 2018 年第 23 号第四条“企业报送保税核注清单后需要办理报关单（备案清单）申报手续的，报关单（备案清单）申报数据由保税核注清单数据归并生成”，此货物属于保税货物，报关单需调取已由海关核放的保税核注清单中的内容，补齐其他报关栏目后再申报。在实际业务中，申报单位如不了解保税货物申报要求，漏调取保税核注清单，或调取保税核注清单后篡改清单内已有数据，会造成申报错误或海关退单。

2. “保税/监管场所”栏

（1）规范填报：111196D111。

（2）易错点解析：此栏目为有条件必填栏目。根据海关总署公告2019年第18号附件第三十二条第六款，保税监管场所进出货物，在“保税/监管场所”栏填报本保税监管场所编码。在实际业务中，申报单位若填报错误，会造成海关退单。

3. “监管方式”栏

（1）规范填报：1233-保税仓库货物

（2）易错点解析：此栏目为从保税核注清单调取栏目。保税仓库进出境仓储及转口货物，指从境外进口直接存入保税仓库、从保税仓库出境的仓储、转口货物，以及从出口监管仓库出境的货物。本案例中的货物符合此定义，应填报“1233-保税仓库货物”。在实际业务中，申报单位若不了解申报要求，容易在录清单时错报为“退运货物”“直接退运”“区内物流货物”“保税区仓储转口”等监管方式，造成海关退单。

4. “征免方式”栏

（1）规范填报：全免。

（2）易错点解析：此栏目为从保税核注清单调取栏目。在保税仓库暂存的货物退运出境，应填报“全免”。在实际业务中，申报单位容易错报为“照章征税”，造成删改单或退单。

海关重点监管货物篇

动物产品、植物产品、食品、机电产品、危险品以及其他海关日常重点监管的商品都具有接受国家不同部门多重监管、监管证件种类繁多、报关单填制复杂等特点，本篇将详细剖析进出口这些商品在报关单填制过程中应当注意的易错点。

一、动物相关产品进口报关单填制案例解析

（一）宠物预包装食品（宠物零食金枪鱼猫罐头）货物进口报关单填制案例解析

××贸易（上海）有限公司与PATAYA FOOD INDUSTRIES LTD. 签订一份从泰国进口宠物罐头的购买合同，合同号PO 2401/000200，商品进境后用于上市销售。

进口商品的信息如下：

商品名称：宠物零食金枪鱼猫罐头；商品编号：2309101000；用途：猫食；加工方法：配制的；成分含量：金枪鱼肉76%、添加物（水、维生素E）24%；监管条件：AB；检疫条件：PQ；监管类别名称：狗食或猫食罐头；货物最终流向上海市嘉定区。

进口商提供的通关文件包括发票、箱单、《进境动植物检疫许可证》预核销单编号AM002400××××（核销序号1；核销数量13056千克）、饲料进口企业备案号3100PF×××、进口饲料和饲料添加剂生产企业注册登记号VCN. 1、《输华宠物罐头食品检验检疫卫生证书》（编号2440208409）、《中国—东盟自由贸易协定》原产地证书（编号E2024-99K-00038××××）、标签及翻译件、中文标签、合同等。

进口商提供的单据信息显示，货物于2024年2月22日以海运方式运抵上海外高桥码头，船名PELICAN，航次24002N，提单号320910019054，集装箱号TEMU5611203/20GP。

! 易错栏目

1. “检验检疫签证申报要素”栏

（1）规范填报：勾选“11-入境货物检验检疫证明（申请出具）”。

（2）易错点解析：进口饲料是法检商品，此栏目为必填栏目。根据《进出口饲料和饲料添加剂检验检疫监督管理办法》，货主或其代理

人未取得海关出具的《入境货物检验检疫证明》前，不得擅自转移、销售、使用进口饲料。在实际业务中，申报单位如对以上规定不熟悉，填报时未向海关申请出具《入境货物检验检疫证明》作为后续销售使用货物的凭证，会造成进口饲料无法上市销售。

2. “企业资质”栏

（1）规范填报：

序号 1：“企业资质类别”栏填报“322-饲料进口企业备案”；“企业资质编号”栏填报“3100PF×××”。

（2）易错点解析：进口饲料是法检商品，此栏目为必填栏目。根据《进出口饲料和饲料添加剂检验检疫监督管理办法》，海关对饲料进口商实施备案管理，进口商应在首次报关前或者报关时向主管地海关申请备案并获取资质编号。在实际业务中，申报单位如对以上规定不熟悉，未向主管地海关备案，或已备案取得资质编号但在填报报关单时未将资质编号录入系统，会导致电子申报退单。

3. “产品资质”栏

（1）规范填报：

序号 1：“许可证类别”栏填报“325-进境动植物检疫许可证”；“许可证编号”栏填报“AM002400××××”；“核销货物序号”栏填报“1”；“核销数量”栏填报“13056”；“核销数量单位”栏填报“035-千克”。

序号 2：“许可证类别”栏填报“105-兽医（卫生）证书”；“许可证编号”栏填报“2440208409”；“核销货物序号”栏不填；“核销数量”栏不填；“核销数量单位”栏不填。

序号 3：“许可证类别”栏填报“113-原产地证书（证明）”；“许可证编号”栏填报“E2024-99K-00038××××”；“核销货物序号”栏不填；“核销数量”栏不填；“核销数量单位”栏不填。

（2）易错点解析：进口饲料产品时，此栏目为必填栏目。根据《进境动植物检疫审批管理办法》，进口动植物产品前，进口商须向海关申请办理入境动植物检疫许可证。根据《进出口饲料和饲料添加剂检验检疫监督管理办法》，进口商向海关申报时须提供输出国家或者地区官方出具的检验检疫证书。在实际业务中，申报单位如对上述规定不了解，漏填报证书信息及编号，会造成电子申报退单。

4. “协定享惠”栏

（1）规范填报如图 2-14 所示。

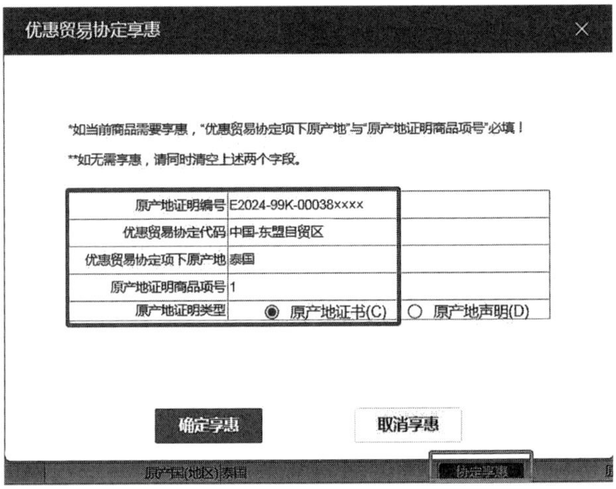

图 2-14 “协定享惠”栏规范填报示意

（2）易错点解析：进口商品享受优惠贸易协定税率时，此栏目为必填项。根据《关于优惠贸易协定项下进出口货物报关单有关原产地栏目填制规范和申报事宜的公告》（海关总署公告 2021 年第 34 号）进行填报。在实际业务中，由于《中国—东盟自由贸易协定》原产地证明除新加坡与印度尼西亚以外的其他国家均未与中国海关实现电子数据联网，进口未实现电子数据联网国家原产的享惠商品时，申报单位需要在申报货物前在“优惠贸易协定原产地要素申报系统”中录入原产地证明书的相关信息，如未及时在该系统中录入相关产地证信息，会导致电子申报退单，“单一窗口”系统提示“无此产地证信息”。

5. “货物属性”栏

（1）规范填报：44-其他用途饲料和饲料添加剂样品；14-预包装。

（2）易错点解析：申报法检目录内货物或存在其他按照有关法律、法规须实施检验检疫的情形时，此栏目为必填项。根据海关总署公告2019年第18号附件，此商品进口后在国内销售使用，同时是预包装的产品，无须二次包装销售，申报单位需如实填报货物属性“44-其他用途饲料和饲料添加剂样品”及“14-预包装”。在实际业务中，申报单位容易将货物属性勾选为“42-办理进口登记用饲料和饲料添加剂样品”“43-科研用饲料和饲料添加剂样品”“15-非预包装”等，造成改单。

6. “用途”栏

（1）规范填报：18-饲用。

（2）易错点解析：此栏目为必填项。根据海关总署公告2019年第18号附件，申报单位需确定进出境货物的使用范围或目的，并按照海关规定的货物用途代码表正确填报。在实际业务中，申报单位容易错选用途为“12-食用”或其他，造成改单。

7. “随附单据”栏

（1）规范填报：在随附单据文件类别中选择“00000009-原产地证据文件”并上传外商提供的原产地证。

（2）易错点解析：此栏目是有选择必填项。根据海关总署公告2021年第34号第二条“进口货物收货人或者其代理人（以下统称进口人）可以自行选择‘通关无纸化’方式或者‘有纸报关’，方式申报：（一）选择‘通关无纸化’方式申报的，进口人应当以电子方式向海关提交原产地证明、商业发票、运输单证和未再加工证明文件等单证正本”进行填报。在实际业务中，申报单位若漏传原产地证，会导致退单。同时，有纸质正本原产地证的，企业应保存正本备查，海关事后验估有可能会让企业补充提供优惠原产地证的正本进行验核。

（二）非食用动物产品（养殖生兔皮）进口报关单填制案例解析

上海××集团有限公司与SDC（HONG KONG）CORPORATION LIMITED签订从丹麦进口整张养殖生兔皮的合同，合同号STSDC23-049-31K。

进口商品的信息如下：

商品名称：养殖生兔皮；商品编号：4301801090；状态：生毛皮，未鞣制；外观：整张，不带头、尾、爪；109.94 千克，590 张；颜色：白色；监管条件：AB；检疫条件：PQ；监管类别名称：整张生兔皮（不论是否带头，尾或爪）。

进口商希望货物最终流向阜新市清河门区的阜新市××皮草制品有限公司仓库，并申请向仓库所在地海关申请实施检验检疫。

进口商提供的通关文件包括发票，箱单，《进境动植物检疫许可证》预核销单编号 AK2118000×××（核销序号 5，核销数量 3554 张），输华动物检疫证编号 3861，丹麦原产地证编号 1079885，阜新市××皮草制品有限公司的进境非食用动物产品生产、加工、存放企业注册登记编号 2100ZD0×××，合同等。

进口商提供的单据信息显示，货物于 2024 年 2 月 20 日从丹麦哥本哈根通过空运方式运输到俄罗斯莫斯科，随后在莫斯科转机，于 2024 年 2 月 24 日运抵上海浦东国际机场。

运单局部示例见图 2–15。

217 PVG 12361333 217-12361333

Shipper's Name and Address | Shipper's Account Number
Shanghai ××××Group Co., Ltd
NO.3，TAN SOUTH ROAD, HIGH-TECH DEVELOPMENT ZONE,
Shanghai CHINA TELEPHONE:+862187988888
USIC:911122336645455GL1

Issued by
THAI AIRWAYS INTERNATIONAL PUBLIC COMPANY LIMITED HEAD OFFICE 89 VIBHAVADI RANGSIT ROAD,BANGKOK 10900,THAILAND

Consignee's Name and Address | Consignee's Account Number
SDG(HONG KONG)CORPORATION LIMITED
Unit1902,19F,B,Regent Centre,63 Wo Yihop Road,Kwai Chung,HongKong
Tel：(00852)28601236

Copies 1, 2 and 3 of this Air waybill are originals and have the same validity.
It is agreed that the goods described herein are accepted for carriage in apparent good order and condition (except as noted) and SUBJECT TO THE CONDITION OF CONTRACT ON THE REVERSE HEREOF. ALL GOODS MAY BE CARRIED BY ANY OTHER MEANS INCLUDING ROAD OR ANY OTHER CARRIER UNLESS SPECIFIC CONTRARY IS DRAWN TO THE NOTICE CONCERNING CARRIER'S LIMITATION OF LIABILITY. Shipper may increase such limitation of liability by declaring higher value for carriage and paying a supplemental charge if required.

TRUE

Issuing Carrier's Agent Name and City
Issued by

Accounting Information
N/M

Agent's IATA Code | Agent's Account Number

Airport of Departure (Addr. of First Carrier) and Requested Routing
Copenhagen

To	By First Carrier / Routing and Destination	To	By	To	By	Currency	WT/VAL	Other	Declared Value for Carriage	Declared Value for Customs
SVO	TG	PVG	TG			USD	PP	PP	N.V.D.	N.C.V.

Airport of Destination	Requested Flight/Date		Amount of Insurance	INSURANCE — If carrier offers insurance, and such insurance is requested in accordance with the conditions thereof, indicate amount to be insured in figures in box marked "Amount of Insurance".
PUDONG	TG615	FEB-24-2024	XXX	

图 2–15　运单局部示例

易错栏目

1. “经停港”栏

（1）规范填报：RUS901 莫斯科（俄罗斯）。

（2）易错点解析：此栏目为必填栏目。根据海关总署公告 2019 年第 18 号附件，经停港填报进口货物在运抵我国关境前的最后一个境外装运港的中文名称及代码。在实际业务中，遇到中转运输，申报单位容易错填启运港或其他转运港口。

在填报此栏目时，申报单位需要区分是直接运输还是有中转的情况发生，根据最后一程航线运单上的装运港信息向海关申报。

2. “企业资质”栏

（1）规范填报：“企业资质类别”栏填报“307-进境非食用动物产品生产、加工、存放企业注册登记”；“企业资质编号”栏填报“2100ZD0×××”。

（2）易错点解析：进口非食用动物产品时，此栏目为必填栏目。根据《进出境非食用动物产品检验检疫监督管理办法》，拟从事产品风险级别较高的进境非食用动物产品存放、加工业务的企业可以向所在地直属海关提出指定申请，海关对在我国境内从事非食用动物产品存放、加工业务的企业实施检疫监督制度。在实际业务中，申报单位如对相关法规不熟悉，易漏填报此栏目，造成电子申报退单。

3. “目的地海关”栏

（1）规范填报：0815-阜新海关。

（2）易错点解析：此栏目为必填栏目。根据《进出境非食用动物产品检验检疫监督管理办法》，“进境非食用动物产品，由进境口岸海关实施检验检疫。因口岸条件限制等原因，进境后应当运往指定企业检疫的非食用动物产品，由进境口岸海关实施现场查验和相应防疫消毒处理后，通知指定企业所在地海关”。本案例中的生产加工企业已经完成进境非食用动物产品生产、加工、存放企业的海关注册登记，因此此栏目可以填报生产、加工、存放企业所在地海关。

4. “产品资质”栏

（1）规范填报：

序号1：“许可证类别”栏填报“325-进境动植物检疫许可证”；“许可证编号”栏填报“AK2118000×××”；“核销货物序号”栏填报“5”；“核销数量”栏填报“3554”；“核销数量单位”栏填报“010-张”。

序号2：“许可证类别”栏填报“113-原产地证书（证明）”；“许可证编号”栏填报“1079885”；“核销货物序号”栏不填；“核销数量”栏不填；“核销数量单位”栏不填。

序号3：“许可证类别”栏填报“106-动物检疫证书”；“许可证编号”栏填报“3861”；“核销货物序号”栏不填；“核销数量”栏不填；“核销数量单位”栏不填。

（2）易错点解析：进口非食用动物产品时，此栏目为必填栏目。根据《进出境非食用动物产品检验检疫监督管理办法》《进境动植物检疫审批管理办法》，企业取得进境动植物产品检疫许可证后，货物方能进口；货物进口时需附有境外官方主管部门出具的卫生证书和原产地证明。在实际业务中，申报单位如对上述相关规定不清楚，会导致此栏目漏填报，造成电子申报退单。

二、植物相关产品进口报关单填制案例解析

（一）种子、苗木等植物繁殖材料货物（百合鳞茎种球）进口报关单填制案例解析

中国××种子（北京）有限公司与智利Valdivia Lilies S. P. A. 签订了一份百合鳞茎种球采购合同，合同号241210-CNT-JF-RC-JAN。

进口商品的信息如下：

商品名称：百合鳞茎种球；商品编号：0601102190；无品牌；种

用；非濒危类；监管条件：AB；检疫条件：RQ；监管类别名称：种用休眠的其他百合球茎；货物在经备案的检疫隔离圃进行隔离检疫并出具检疫证书后，最终会流向上海浦东新区进行育种繁殖。

进口商提供的通关文件包括发票、箱单、《引进林木种子、苗木检疫审批单》（审批编号国22400××××，证书编号2000××××）、输华植物检疫证书编号F-S-41047-080××××1-7-N、生产企业在华注册号QCHL0923111700007、原产地证（CH35861852）、合同等。

进口商提供的单据信息显示，货物于2024年3月7日运抵上海外高桥码头，船名HYUNDAI SPLENDOR，航次号064W；提单号HDMUPTWB3616626；集装箱编号HDMU4703702。

易错栏目

1.“检验检疫签证申报要素”栏

（1）规范填报：勾选代码“11-入境货物检验检疫证明（申请出具）”。

（2）易错点解析：进口林木种子、苗木时，此栏目为必填项。根据《关于优化进境植物繁殖材料检疫监管的公告》（海关总署　农业农村部　国家林草局公告2024年第152号），引种单位或者其代理人可通过国际贸易“单一窗口”、国家政务服务平台、省级以上农业农村部门行政许可大厅或政务服务平台等渠道，向负责部门申请办理检疫审批手续。在实际业务中，申报单位如对相关法规不熟悉，漏勾选出具证明，会造成进口商无法获得进口证明，货物不得销售、处置及使用。

2.“产品资质”栏

（1）规范填报：

序号1：“许可证类别”栏填报“107-植物检疫证书”；“许可证编号”栏填报“F-S-41047-080××××1-7-N”；“核销货物序号”栏不填；“核销数量”栏不填；“核销数量单位”栏不填。

序号 2：“许可证类别”栏填报“331-引进林木种子、苗木检疫审批单”；“许可证编号”栏填报“2000××××”；“核销货物序号”栏不填；“核销数量”栏不填；“核销数量单位”栏不填。

序号 3：“许可证类别”栏填报“113-原产地证书（证明）”；“许可证编号”栏填报“CH35861852”。

（2）易错点解析：进口林木种子、苗木时，此栏目为必填项。根据《关于印发〈引进林木种子、苗木检疫审批与监管规定〉的通知》，合同中须订明必须附有输出国家或者地区政府植物检疫机关出具的检疫证书。

根据《关于更换新版〈国外引进林木种子、苗木检疫审批单〉的通知》对审批单的说明，《引进林木种子、苗木检疫审批单》上有 2 个编号，第一个是审批编号，一般是由国家林业和草原局或各省级林业主管部门自行编号，例如本案例中的审批编号“国 22400××××”；第二个是证书编号，是由国家林业和草原局进行统一编号，例如本案例中的证书编号“2000××××”。此栏目应规范填写由国家林业和草原局统一编号的“证书编号”。在实际业务中，申报单位如对上述相关规定不清楚，无法确定应申报的许可证编号，会造成填报错误。

3. “境内目的地”栏

（1）规范填报：“境内目的地代码”栏填报“31222-上海浦东新区”；“目的地代码”栏填报“310115-上海市浦东新区”。

（2）易错点解析：此栏目为必填项。根据海关总署公告 2019 年第 18 号和《关于印发〈引进林木种子、苗木检疫审批与监管规定〉的通知》，此栏目应填报种植地信息。在实际业务中，申报单位如按照进口商注册地的相关代码进行填报，会造成检验检疫后续监管工作分配错误，导致事后改单。

4. “用途”栏

（1）规范填报：11-种用或繁殖。

（2）易错点解析：此栏目为必填项。根据海关总署公告 2019 年第

18 号，申报单位需确定进出境货物的使用范围或目的，并按照海关规定的《货物用途代码表》正确填报。在实际业务中，申报单位容易错选为其他用途，造成改单。

（二）粮食（小麦）进口报关单填制案例解析

中国××××集团有限公司与 COFCO TRADING（HONG KONG） CO.，LTD. 签订进口加拿大西部红春小麦的合同，合同号 23B-95AGQ45CAW/GL14。

进口商品的信息如下：

商品名称：加拿大西部红春小麦；商品编号：1001190001；无品牌；非种用；硬粒；红春麦；用于食品加工；监管条件：4xABty；检疫条件：MPRQS；监管类别名称：其他硬粒小麦（配额内）（食用小麦）；货物流向上海市浦东新区经备案的进境粮食指定加工、存放企业仓库。

进口商提供的通关文件包括发票，箱单，《进境动植物检疫许可证》预核销单（编号 PB002300××××，核销序号 1，核销数量 31750000 千克），关税配额证明（编号 B9902023092××××），输华植物检疫证书（编号 32×××36），中国××××集团有限公司食品收货人备案号 111200××××，COFCO TRADING（HONG KONG） CO.，LTD. 食品境外出口商备案号 3441200××××、境外官方注册号 GN-067，进口粮食境外出口、仓储企业注册登记编号 QCAN082312110××××，公式定价合同海关备案表［备案号：公式定价 22102300××××号；定价公式说明：以到港中国检验认证集团检测报告出具当日的芝加哥交易所（CBOT）硬红冬小麦期货价格溢价 1.5%作为货物价格，运费为 35 美元/吨。公式：CIF 结算价格 = 当日 CBOT 硬红冬小麦期货价格×当日汇率×（1 + 溢价百分比）+运费］，原产地证（编号 CAN123456），品质证书，合同等。

货物由 Canadian Grain Inc. 公司在加拿大温哥华港口装船，于 2023 年 12 月 14 日以海运整船散装方式运抵上海良友散装船码头，船名 PRABHU YUVIKA，航次 PY01；提单号 VCRCHI2。合同中约定到港 5

天后开始收取滞期费 15000 美元/天，货物于 2023 年 12 月 18 日卸毕离港，未产生滞期费。

合同及海运提单局部示例分别见图 2–16、图 2–17。

合同

CONTRACT

合同号 Contract No. 23B-95AGQ45CAW/GL14

日期 Date：2023.05.07

签约地点 PLACE：BEIJING, CHINA

买方：中国××××集团有限公司
The Buyers: China **** Group Co., Ltd.
Address: ROOM 1608 BUILDING 5WEIGANG GARDEN,SHANGHAI,CHINA
Tel: +862180993355
Fax: +862180993366

The Seller: COFCO TRADING (HONG KONG)CO.,LTD.
Address: No.1210, 134 Heungdong Road, Hongkong,China

收货人：中国××××集团有限公司
The Consignee: China **** Group Co., Ltd.
Address: ROOM 1608 BUILDING 5WEIGANG GARDEN,SHANGHAI,CHINA
Tel: +862180993355
Fax: +862180993366

本合同由买卖双方订立，根据本合同规定的条款，买卖双方同意出售下述商品：
The Contract is made by and between the Buyers and Sellers, whereby the Buyers agree to buy and the Sellers agree to sell the under mentioned commodity according to the terms and conditions stipulated below:

货物名称及规格 COMMODITY AND SPECIFICATIONS	数量 Qty	结算价格 VALUE
Canadian Western Red Spring Wheat	1,000,000 MT	The price of the goods is based on a 1.5% premium on the Chicago Board of Trade (CBOT) hard red winter wheat futures price on the day the CCIC inspection report is issued upon arrival at the port, with a shipping fee of $35 per ton. Formula: CIF settlement price=daily CBOT hard red winter wheat futures price * daily exchange rate * (1+premium percentage)+freight 以到港后经 CCIC 检测报告出具当日的芝加哥交易所（CBOT）硬红冬小麦期货价格溢价 1.5%作为货物价格，运费为 35 美元/吨。公式：CIF 结算价格=当日 CBOT 硬红冬小麦期货价格*当日汇率*(1 + 溢价百分比)+运费
CIF Shanghai Seaport		

图 2–16　合同局部示例

Shipper Canadian Grain Inc. NO.982 C-BLOCK,TREE ROAD,CANADA TEL:001-888-811-7211	Booking No. CANO 592455 | B/L No. VCRCHI2 KMTC LINE NON-NEGOTIABLE
Consignee (Non-Negotiable unless consigned 'to order') CHINA **** GROUP CO., LTD. ROOM 1608 BUILDING 5 WEIGANG GARDEN SHANGHAI CHINA +8613540993355 USCI:911109HJ0100234568	RECEIVED by the Carrier from the shipper in apparent external good order and condition unless otherwise indicated herein, the total number or quantity of containers or other packages or units indicated below sated by the shipper to comprise the cargo specified for transportation subject to all the terms and conditions hereof from the place of receipt or the port of loading, whichever is applicable, to the port of discharge or the place of delivery, whichever is applicable.
Notify Party (Carrier not responsible for failure to notify) SAME AS CONSIGNEE	Forwarding Agent-References Place of Receipt (Combined Transport Only) Place of Delivery (Combined Transport Only)
Pre-carriage by (Combined or Through Transport Only)	SHANGHAI PORT,CHINA
Vessel / Voy No. PRABHU YUVIKA /PY01	Final Destination (For the Merchant's Reference SHANGHAI PORT,CHINA
Port of Loading VANCOUVER	Port of Discharge

图 2-17 海运提单局部示例

易错栏目

1. “境外收发货人”栏

（1）规范填报：“境外收发货人代码”栏不填；“企业名称”栏填报“COFCO TRADING（HONG KONG）CO.，Ltd.”。

（2）易错点解析：“境外收发货人代码”栏为选填项、“企业名称”栏为必填项。根据海关总署公告2019年第18号，境外收发货人为中国海关已互认国家（地区）海关AEO企业的，境外收发货人代码填报AEO企业编码，非互认国家（地区）海关AEO企业等其他情形，境外收发货人代码免予填报；企业名称填报签订并执行进出口贸易合同中的卖方或买方。在实际业务中，申报单位容易错将提单上的发货人“Canadian Grain Inc.”填报在“企业名称”栏，导致与合同中的卖方不一致，造成海关放行后改单。

2. 货物属性栏

（1）规范填报：勾选“17-非转基因产品”“15-非预包装”“19-正常”。

（2）易错点解析：申报商品在法检目录内或存在其他按照有关法律、法规须实施检验检疫的情形时，此栏目为必填项。在实际业务中，申报单位容易遗漏勾选“17-非转基因产品”。根据《进出境粮食检验检疫监督管理办法》《农业转基因生物安全管理条例》，如进口商品属于转基因范畴内的，必须经海关验核农业转基因生物安全证书和相关批准文件后方能进口。因此，在向海关申报粮食类产品时，需要向海关明确是否属于转基因产品。同时，整船散装的属于非预包装产品，应正确勾选。

3. “检验检疫签证申报要素”栏

（1）规范填报：勾选代码“12-重量证书”和“11-入境货物检验检疫证明（申请出具）”。

（2）易错点解析：进口粮食产品时，此栏目为必填项。根据《进出境粮食检验检疫监督管理办法》，进境粮食经检验检疫合格后，海关签发入境货物检验检疫证明等相关证单。在实际业务中，申报企业如漏勾选“11-入境货物检验检疫证明（申请出具）”，会导致货物通关后，海关不出具入境货物检验检疫证明，从而造成企业后期无法销售和使用产品。本案例中的发票显示，以货物重量作价，国内交易时，需要凭重量证书确定商品重量，因此，在申报时也应勾选“12-重量证书”。

4. “随附单证代码”栏与“随附单证编号”栏

（1）规范填报：“随附单证代码”栏填报“t-关税配额证明”；“随附单证编号”栏填报“B9902023092××××”。

（2）易错点解析：进口货物涉及关税配额证明时，上述栏目为必填项。根据海关总署公告 2019 年第 18 号，上述栏目应填报除“进（出）口许可证、两用物项和技术进（出）口许可证、两用物项和技术出口许可证（定向）、纺织品临时出口许可证、出口许可证（加工贸易）、出口许可证（边境小额贸易）”以外的进出口许可证件或监管证件。在实际业务中，申报单位易漏报关税配额证明，或是将关税配额证明的信息填报在备注栏内，造成电子申报退单。

5. “企业资质”栏

（1）规范填报：

序号 1：“企业资质类别”栏填报“509-进口食品进口商备案”；“企业资质编号”栏填报“111200××××”。

序号 2：“企业资质类别”栏填报“508-进口食品境外出口商代理商备案”；“企业资质编号”栏填报“3441200××××”。

（2）易错点解析：进口食品时，此栏目为必填项。根据《中华人民共和国进出口食品安全管理办法》第十九条“向中国境内出口食品的境外出口商或者代理商（以下简称“境外出口商或者代理商”）应当向海关总署备案。食品进口商应当向其住所地海关备案”，以保障进口食品的可追溯性。在实际业务中，申报企业如对以上规定内容不熟悉，易漏填报此栏目，会造成电子申报退单。

根据《进出境非食用动物产品检验检疫监督管理办法》，拟从事产品风险级别较高的进境非食用动物产品存放、加工业务的企业可以向所在地直属海关提出指定申请，海关对在我国境内从事非食用动物产品存放、加工业务的企业实施检疫监督制度。在实际业务中，申报单位如对相关法规不熟悉，易漏填报此栏目，造成电子申报后退单。

6. “备注”栏

（1）规范填报：公式定价 22102300××××号@。

（2）易错点解析：此栏目为有条件必填项。根据海关总署公告 2019 年第 18 号附件第三十二条第十二款，公式定价进口货物填报公式定价备案号，格式为：“公式定价”+备案编号+“@”。对于同一报关单下有多项商品的，如某项或某几项商品为公式定价备案的，则备注栏内填报为：“公式定价”+备案编号+“#”+商品序号+“@”。在实际业务中，申报单位若未填报，后续可能会造成删改单。

7. “价格说明”栏

（1）规范填报：“公式定价确认”选择“是”。

（2）易错点解析：此栏目为有条件必填项。若进行了公式定价备案，需如实勾选，避免因漏选造成删改单。

8.“产品资质”栏

（1）规范填报：

序号1：“许可证类别”栏填报“107-植物检疫证书”；“许可证编号”栏填报“32×××36”；“核销货物序号”栏不填；“核销数量”栏不填；“核销数量单位”栏不填。

序号2：“许可证类别”栏填报“325-进境动植物检疫许可证”；“许可证编号”栏填报“PB001800××××”；“核销货物序号”栏填报“1”；“核销数量”栏填报“31750000”；“核销数量单位”栏填报“035-千克”。

序号3：“许可证类别”栏填报“113-原产地证书（证明）”；“许可证编号”栏填报“CAN123456”。

（2）易错点解析：进口粮食产品时，此栏目为必填项。根据《进境动植物检疫审批管理办法》《进出境粮食检验检疫监督管理办法》，企业取得《进境动植物检疫许可证》后，货物方可进口。企业在向海关申报时需提交《进境动植物检疫许可证》预核销单，因此需填报“核销货物序号”“核销数量”“核销数量单位”信息。《进出境粮食检验检疫监督管理办法》同时要求粮食输出国家或者地区主管部门出具植物检疫证书，因此该证书信息需录入系统中。在实际业务中，申报单位若填报证书信息错误，会造成海关放行后改单。

9.“用途”栏

（1）规范填报：12-食用。

（2）易错点解析：此栏目为必填项。根据海关总署公告2019年第18号，申报单位需确定进出境货物的使用范围或目的，并按照海关规定的《货物用途代码表》正确填报。在实际业务中，申报单位容易错选为其他用途，造成改单。

（三）植物源性药材（血竭）货物进口报关单填制案例解析

××药业（新疆）有限公司与印度尼西亚 PT. ×× MAJUS

NUSANTARA 签订了一份中药材的进口合同，合同号 zhny-06-010。

进口商品的信息如下：

商品名称：血竭；商品编号：1301902000；加工工艺：麒麟竭果实渗出的树脂经过溶剂提取最终制得药材成品；监管类别名称：乳香、没药及血竭（药用血竭）；监管条件：ABQ；检疫条件：PQ；货物进口后存放在新疆乌鲁木齐市天山区仓库。

进口商提供的通关文件包括发票、箱单、《进口药品通关单》（32T2024000××）、《进口药材批件》［（新）药材进字 20230×××号］、食品收货人备案号 111700049X、食品发货人备案号 4581600033X、FORM E、合同等。

进口商提供的单据信息显示，货物于 2024 年 3 月 31 日以空运方式运抵上海浦东国际机场，运单号 784-63988934。

❗易错栏目

1. "备注"栏

（1）规范填报："应检商品"和"进口药材批件：（新）药材进字 20230×××号"。

（2）易错点解析：此栏目为选填项。根据《进口药材管理办法》、《进出境中药材检疫监督管理办法》以及海关总署公告 2019 年第 18 号，进口药材属于法定检验检疫货物范畴，进口商需要向海关申请检验检疫，并在进口前向国家市场监督管理总局申请办理进口药材批件。在实际业务中，申报单位易漏填报备注信息，造成海关检验检疫漏检。

2. "进境关别"栏

（1）规范填报：2233 浦东机场。

（2）易错点解析：本栏目为必填项。依据《进口药材管理办法》，药材必须从允许药材进口的口岸进口，允许药材进口的口岸由国务院药品监督管理部门会同海关总署提出，报国务院批准。因此，进口商在申请《进口药品通关单》前，需要明确哪些口岸允许进口药品。在实际申报时，报关单中的“进境关别”应与《进口药品通关单》中的“进口口岸”一致。在实际业务中，申报单位如不了解以上规定，容易将《进口药品通关单》中的“进口口岸”栏填报错误，造成申报时海关不予受理。

3.“随附单证代码”栏与“随附单证编号”栏

（1）规范填报：“随附单证代码”栏填报“Q-进口药品通关单”；“随附单证编号”栏填报“32T2024000××”。

（2）易错点解析：进口商品涉及海关许可证监管时，此栏目为必填项。根据《进口药材管理办法》，须在货物进口前办理《进口药品通关单》。根据海关总署公告2019年第18号，此栏目应填报相应的监管证件代码及编号。在实际业务中，申报单位容易漏填，造成电子申报退单。

4.“企业资质”栏

（1）规范填报：

序号1：“企业资质类别”栏填报“509-进口食品进口商备案”；“企业资质编号”栏填报“111700049X”；

序号2：“企业资质类别”栏填报“508-进口食品境外出口商代理商备案”；“企业资质编号”栏填报“4581600033X”。

（2）易错点解析：进口药材产品时，此栏目为必填项。根据《进口药材管理办法》《进出境中药材检疫监督管理办法》《关于发布〈进口食品进出口商备案管理规定〉及〈食品进口记录和销售记录管理规定〉的公告》，境内收货人与境外发货人在药品进口前，均需向海关办理备案手续。在实际业务中，申报单位容易漏填报企业的备案信息，造成电子申报退单。

5.“用途”栏

（1）规范填报：17-药用。

（2）易错点解析：申报法检目录内货物或存在其他按照有关法律、

法规须实施检验检疫的情形时，此栏目为必填项。根据《进出境中药材检疫监督管理办法》，海关对进出境中药材实施用途申报制度。中药材进出境时，企业应当向主管海关申报预期用途，明确“药用”或者“食用”。本案例中，进口企业已经申请了《进口药品通关单》，实际用途可以确定为“药用”。在实际业务中，申报单位如不清楚上述规定，勾选了“99-其他”或“12-食用”，会因填报内容与实际用途不一致而造成改单。

* **备注**：东盟原产地享惠填报方法参考食用水产品货物（冻巴沙鱼片）进口报关单填制案例解析。

三、食品类货物进口报关单填制案例解析

（一）乳制品（纯牛奶）进口报关单填制案例解析

昆山市××食品贸易有限公司与 South East（Hongkong）International CO., Ltd. 签订纯牛奶的进口合同（非首次进口），合同号 SEI23122018。

进口商品的信息如下：

商品名称：乐博至臻纯牛奶；商品编号：0401200000；境外自主品牌：乐博；置于 25 摄氏度以下的阴凉干燥处，开启后需放在冰箱冷藏并在 48 小时内饮用完；每 100 克含 3.5 克脂肪含量（按重量计）；100%牛乳；超高温灭菌；未浓缩、未加糖或其他甜物；250 毫升/盒；监管条件：7AB；检疫条件：PRQS；监管类别名称：1%<脂肪含量≤6%的未浓缩的乳及稀奶油（脂肪含量按重量计，本编号货品不得加糖和其他甜物质）（超高温灭菌乳）；货物最终流向昆山市企业仓库。

进口商提供的通关文件包括发票、箱单、《自动进口许可证》（编号 24-10-N20590）、昆山市××食品贸易有限公司食品境内收货人备案号：32170×××××、South East（Hongkong）International CO., Ltd. 食品境外出口商备案号 554180×××××、输华乳制品卫生证书编号 NZL2023/

SOUTHEAST8/811812、《中国—新西兰自由贸易协定》原产地证书编号24. 2024. 42597、境外乳制品生产工厂编号689、境外生产企业在华注册编号：CNZL1702190831××××、首次进口检测报告的复印件编号AR-23-NU-031216-01、中文标签、标签翻译件、当前批次的检测报告、卫生证书等。

进口商提供的单据信息显示，货物于2024年1月10日以海运方式运抵上海外高桥码头，船名SCHUBERT，航次250N；提单号CO-SU6900492380；集装箱号CSNU1548112/20GP。

易错栏目

1. “企业资质”栏

（1）规范填报：

序号1：“企业资质类别”栏填报“509-进口食品进口商备案”；“企业资质编号”栏填报“32170×××××”；

序号2：“企业资质类别”栏填报“508-进口食品境外出口商代理商备案”；“企业资质编号”栏填报“554180×××××”。

（2）易错点解析：此栏目为有条件必填项。根据《中华人民共和国进出口食品安全管理办法》第十九条“向中国境内出口食品的境外出口商或者代理商（以下简称‘境外出口商或者代理商’）应当向海关总署备案。食品进口商应当向其住所地海关备案”，以保障进口食品的可追溯性。在实际业务中，申报企业如对以上公告内容不熟悉，容易漏填报该栏目，会造成电子申报退单。

2. “产品资质”栏

（1）规范填报：

序号1：“许可证类别”栏填报“113-原产地证书（证明）”；“许可证编号”栏填报“24. 2024. 42597”；“核销货物序号”栏不填；“核销数量”栏不填；“核销数量单位”栏不填。

序号 2：“许可证类别”栏填报“519-进口食品境外生产企业注册”；“许可证编号”栏填报“689”；“核销货物序号”栏不填；“核销数量”栏不填；“核销数量单位”栏不填。

序号 3：“许可证类别”栏填报“105-兽医（卫生）证书”；“许可证编号”栏填报“NZL2023/SOUTHEAST8/811812”；“核销货物序号”栏不填；“核销数量”栏不填；“核销数量单位”栏不填。

（2）易错点解析：进口乳制品时，此栏目为必填项。根据《关于明确进口乳品检验检疫有关要求的公告》《中华人民共和国进出口食品安全管理办法》，海关总署对向中国出口乳品的境外食品生产企业实施注册制度，货物进口时需附有境外官方主管部门出具的卫生证书和原产地证明。同时，根据《中华人民共和国进口食品境外生产企业注册管理规定》，进口食品境外生产企业应当获得海关总署注册。在实际业务中，申报单位如对上述规定不清楚，会导致此栏目漏填报，造成电子申报退单。

3.“随附单证代码”栏与“随附单证编号”栏

（1）规范填报：“随附单证代码”栏填报“7-自动进口许可证”；“随附单证编号”栏填报“2410N20590”。

（2）易错点解析：进口属于《自动进口许可管理货物目录》内的商品时，上述栏目为必填项。根据海关总署公告 2019 年第 18 号和《货物自动进口许可管理办法》，除“进（出）口许可证、两用物项和技术进（出）口许可证、两用物项和技术出口许可证（定向）、纺织品临时出口许可证、出口许可证（加工贸易）、出口许可证（边境小额贸易）”以外的进出口许可证件或监管证件需要录入在对应栏目中。在实际业务中，申报企业容易将自动进口许可证编号预录在报关单表头的许可证号栏，造成电子申报退单。

4.“目的地海关”栏

（1）规范填报：2325-昆山海关。

（2）易错点解析：申报商品在法检目录内或存在其他按照法律、

法规规定须实施检验检疫的情形时，此栏目为必填项。本案例中，货物的最终流向地是昆山市企业仓库，故需在此栏目填报目的地海关。在实际业务中，申报单位在申报时若没有与货主确认清楚货物流向，填报错此栏目，可能导致无法完成目的地查验、无法出具检验检疫证书、无法上市销售等后果。

5.“货物属性”栏

（1）规范填报：14-预包装。

（2）易错点解析：申报法检目录内货物或存在其他按照有关法律、法规须实施检验检疫的情形时，此栏目为必填项。根据海关总署公告2019年第18号，应如实填报货物属性，此商品是预包装好无须二次包装直接销售的，应勾选“14-预包装”。在实际业务中，申报单位容易将货物属性勾选为“15-非预包装”等，造成改单。

6.“用途”栏

（1）规范填报：12-食用。

（2）易错点解析：此栏目为必填项。根据海关总署公告2019年第18号，申报单位需确定进出境货物的使用范围或目的，并按照海关规定的《货物用途代码表》正确填报。在实际业务中，申报单位容易错选为其他用途，造成改单。

7.“随附单据”栏

（1）规范填报：除发票、箱单、海运提单以及进口合同外，申报单位还需上传首次进口检测报告的复印件电子文件、中文标签及标签说明电子文件、当前批次的检测报告等，上传文件应符合报关单证电子转换或扫描文件格式标准。

（2）易错点解析：申报企业在上传随附单据时容易将以上资料遗漏，导致检验检疫部门在受理时不能通过有效证明文件审核报关单和出具入境货物检验检疫证明，从而发起退单。根据《关于明确进口乳品检验检疫有关要求的公告》，进口乳品的进口商或其代理人，除应当向海关提交合同、发票、装箱单、提单等必要凭证外，还应向海关提交检测报告等随附资料。

（二）食用水产品货物（冻巴沙鱼片）进口报关单填制案例解析

中国××企业有限公司与 I. D. I INTERNATIONAL DEVELOPMENT AND INVESTMENT CORPORATION 签订从越南进口冻巴沙鱼片的合同，合同号 1215523IDI-YPX118。

进口商品的信息如下：

商品名称：冻巴沙鱼片（带皮）；商品编码：0304629000；境外自主品牌：鱼冠；冻；拉丁学名：PANGASIUS HYPOPHTHALMUS；300g/片~400g/片；去头、去脏、带皮、去刺、去鳞、去鳍；养殖场养殖；2kg/袋，10 袋/箱，直接向消费者销售；监管条件：AB；检疫条件：PRQS；监管类别名称：冻的其他鲶鱼（𩷶鲶属、鲶属、胡鲶属、真鮰属）鱼片（养殖𩷶鲶属）；货物最终流向上海宝山区企业仓库。

进口商提供的通关文件包括发票、箱单、《进境动植物检疫许可证》预核销单（编号 AI3118000×××，核销序号 64，核销数量 23420 千克）、输华水产品卫生证书编号 YK0××××/24/CH、境外水产品生产工厂编号 DL 47X、《中国—东盟自由贸易协定》原产地证书（编号 VN-CN 24/01/00×××）、中国××企业有限公司食品收货人备案号 1112000×××、I. D. I INTERNATIONAL DEVELOPMENT AND INVESTMENT CORPORATION 食品境外出口商备案号 70416000×××、国内存储冷库备案号 13AI0000××、标签及翻译件、中文标签（2024 年 1 月 5 日生产，保质期一年）、合同等。

进口商提供的单据信息显示，货物于 2024 年 2 月 24 日以海运方式运抵上海外高桥港区，船名，AS COLUMBIA，航次 A0017N；提单号 CKCOSGN0011265；集装箱号 BMOU9838552/40RH。

易错栏目

1. “企业资质”栏

（1）规范填报：

序号1：“企业资质类别”栏填报“509-进口食品进口商备案”；“企业资质编号”栏填报“1112000×××”。

序号2：“企业资质类别”栏填报“508-进口食品境外出口商代理商备案”；“企业资质编号”栏填报“70416000×××”。

序号3：“企业资质类别”栏填报“513-进口水产品存储冷库备案”；“企业资质编号”栏填报“13AI0000××”。

（2）易错点解析：进口食用水产品时，此栏目为必填项。根据《中华人民共和国进出口食品安全管理办法》第十九条，“向中国境内出口食品的境外出口商或者代理商（以下简称‘境外出口商或者代理商’）食品进口商应当向其住所地海关备案”。同时，依据《进出口水产品检验检疫监督管理办法》，在货物进口前，企业必须向海关办理进出口商企业备案手续和存储冷库备案手续。在实际业务中，申报单位如漏填报进口水产品存储冷库备案信息，会造成电子申报退单。

2. “产品资质”栏

（1）规范填报：

序号1：“许可证类别”栏填报“325-进境动植物检疫许可证”；“许可证编号”栏填报“AI3118000×××”；“核销货物序号”栏填报“64”；“核销数量”栏填报“23420”；“核销数量单位”栏填报“035-千克”。

序号2：“许可证类别”栏填报“519-进口食品境外生产企业注册”；“许可证编号”栏填报“DL 47X”；“核销货物序号”栏不填；“核销数量”栏不填；“核销数量单位”栏不填。

序号3：“许可证类别”栏填报“106-动物检疫证书”；“许可证编号”栏填报“YK0××××/24/CH”；“核销货物序号”栏不填；“核销数

量”栏不填；“核销数量单位”栏不填。

序号 4：“许可证类别”栏填报“113-原产地证书（证明）”；“许可证编号”栏填报“VN-CN 24/01/00×××”；“核销货物序号”栏不填；“核销数量”栏不填；“核销数量单位”栏不填。

（2）易错点解析：进口食用水产品时，此栏目为必填项。根据《进出口水产品检验检疫监督管理办法》《进境动植物检疫审批管理办法》，境外生产企业必须在海关总署注册，货物进口时，境外出口商或代理商必须提供境外生产企业注册编号。签订合同前，进口商必须向海关申请办理《进境动植物检疫许可证》，在进口申报时，及时提供《进境动植物检疫许可证》预核销单。出口商也必须提供出口国家或者地区政府主管部门出具的检疫证书，向海关申报。在实际业务中，申报单位漏填报上述信息，会造成电子申报退单。

3. **“协定享惠”栏**

（1）规范填报如图 2-18 所示。

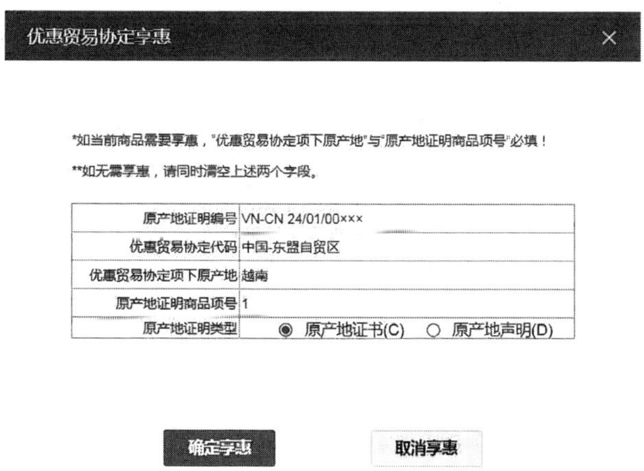

图 2-18 “协定享惠”栏规范填报示意

（2）易错点解析：进口商品享受优惠贸易协定税率时，此栏目为必填项。根据海关总署公告 2021 年第 34 号进行填报。在实际业务中，由于《中国—东盟自由贸易协定》原产地证明除新加坡与印度尼西亚

以外的其他国家均未与中国海关实现电子数据联网，进口未实现电子数据联网国家原产的享惠商品时，申报单位需要在申报货物前在“优惠贸易协定原产地要素申报系统”中录入原产地证明书的相关信息，如未及时在该系统中录入相关产地证信息，会导致电子申报退单，“单一窗口”系统提示“无此产地证信息”。

4. “检验检疫货物规格”栏

（1）规范填报如图2-19所示。

编辑检验检疫货物规格

成分/原料/组分	
产品有效期	2025-01-04
产品保质期(天)	365
境外生产企业	I.DI International DevelpmentAndInvestment Corpration注册号DL47X
货物规格	300g/片-400g/片
货物型号	
货物品牌	鱼冠
生产批次	20240105

确定

图2-19　“检验检疫货物规格”栏规范填报示意

（2）易错点解析：进口食用冷、冻肉类及水产品货物，此栏目为必填项。根据《进出口货物申报项目录入指南》，进口涉检货物的信息应准确如实填入对应栏目中，若申报不实或者遗漏申报，会导致海关无法出具入境货物检验检疫证明，并导致进口商无法销售或者处理该批货物。在实际业务中，申报单位易漏填报此栏目的相关信息，造成系统校验不通过。

5. “监管类别名称”栏

（1）规范填报：冻的其他鲶鱼（鲢鲶属、鲶属、胡鲶属、真鮰属）鱼片（养殖鲢鲶属）。

（2）易错点解析：申报商品在法检目录内或存在其他按照法律、

法规规定须实施检验检疫的情形时，此栏目为必填项。在实际业务中，申报单位若未仔细查看进口产品的拉丁学名对应的动物属，会造成货物通关后更改监管类别名称。建议申报单位参考输华水产品检验检疫证书中“学名”栏内的信息，并结合监管类别名称列表选择填报。

6. “货物属性”栏

（1）规范填报：14–预包装。

（2）易错点解析：申报法检目录内货物或存在其他按照有关法律、法规须实施检验检疫的情形时，此栏目为必填项。根据海关总署公告 2019 年第 18 号，应如实填报货物属性，此商品是预包装好无须二次包装直接销售的，应勾选“14–预包装”。在实际业务中，申报单位容易将货物属性勾选为“15–非预包装”等，造成改单。

7. “用途”栏

（1）规范填报：12–食用。

（2）易错点解析：此栏目为必填项。根据海关总署公告 2019 年第 18 号，申报单位需确定进出境货物的使用范围或目的，并按照海关规定的《货物用途代码表》正确填报。在实际业务中，申报单位容易错选为其他用途，造成改单。

8. “随附单据”栏

（1）规范操作：在随附单据文件类别中选择“00000009–原产地证据文件”并上传外商提供的原产地证。

（2）易错点解析：此栏目是有选择必填项。根据海关总署公告 2021 年第 34 号第二条，“进口货物收货人或者其代理人（以下统称进口人）可以自行选择‘通关无纸化’方式或者‘有纸报关’方式申报：（一）选择‘通关无纸化’方式申报的，进口人应当以电子方式向海关提交原产地证明、商业发票、运输单证和未再加工证明文件等单证正本”。在实际业务中，申报单位若漏传原产地证，会导致退单。同时，有纸质正本原产地证的，企业应保存正本备查，海关事后验估有可能会让企业补充提供优惠原产地证的正本进行验核。

（三）食用肉类货物（牛肉）进口报关单填制案例解析

甘肃××食品有限公司（注册及办公地址位于兰州市城关区）委托兰州××进出口有限公司（注册及办公地址位于兰州市市辖区）与 ARRE BEEF S. A 签订一份从阿根廷进口牛肉的购买合同，合同号 LK230923。货物放行后送至兰州××进出口有限公司经备案位于兰州市城关区的冷库中存储。

进口商品的信息如下：

商品名称：去骨牛肉；商品编号：0202300090；冻藏；去骨；眼肉；境外自主品牌：ABSA；22kg±1kg/箱；级别：A 级；谷饲；精修；32 月龄牛肉；进境后进入批发市场拆箱销售，不直接向消费者销售；监管条件：47ABx；检疫条件：PRQS；监管类别名称：其他冻藏的去骨牛肉（其他）；货物最终流向兰州的企业仓库。

进口商提供的通关文件包括发票、箱单、《中华人民共和国自动进口许可证》（编号 24-03-N×××××）、《进境动植物检疫许可证》预核销单（编号 AH00240009××，核销序号 3，核销数量 26989 千克）、兽医（卫生）证书编号 00163517、境外牛肉生产工厂编号 1301、甘肃××食品有限公司食品收货人备案号 621800005×、兰州××进出口有限公司食品收货人备案号 621800000×、ARRE BEEF S. A 食品境外出口商备案号 03216000×××、境外生产企业在华注册编号 CARG0101180801××××、境内存储肉类冷库备案号 11AI0000××（冷库位于兰州市城关区）、中文标签（2024 年 1 月 5 日生产，保质期一年）、原产地证（编号 3002089923）、合同、提单等。

进口商提供的单据信息显示，货物于 2024 年 2 月 27 日以海运方式运抵天津新港，船名 MILANMAERSK，航次 903EI；提单号 711509152。

易错栏目

1. “检验检疫签证申报要素”栏

（1）规范填报：勾选“11－入境货物检验检疫证明（申请出

具）”。

（2）易错点解析：进口肉类产品时，此栏目为必填项。根据《进出口肉类产品检验检疫监督管理办法》，经检验检疫合格的肉类产品，海关签发入境货物检验检疫证明后，进口企业方可生产、加工、销售、使用。在实际业务中，申报单位如对以上规定不熟悉，未向海关申请出具入境货物检验检疫证明，会造成进口的产品无法生产、加工、销售和使用。

2. “企业资质”栏

（1）规范填报：

序号1：“企业资质类别”栏填报“509-进口食品进口商备案”；“企业资质编号”栏填报“621800000×”；

序号2：“企业资质类别”栏填报“508-进口食品境外出口商代理商备案”；“企业资质编号”栏填报“03216000×××”；

（2）易错点解析：进口肉类产品时，此栏目为必填项。根据《关于发布〈进口食品进出口商备案管理规定〉及〈食品进口记录和销售记录管理规定〉的公告》《进出口肉类产品检验检疫监督管理办法》《进出口货物申报项目录入指南》，境外供应商、进口商、进口收货人和存放货物的冷库，都须在货物进口前向海关申请企业资质备案。在实际业务中，进口商如对上述规定了解不全面，在进口前未向海关申请资质备案，漏填报企业资质信息，会造成电子申报退单。

3. “产品资质”栏

（1）规范填报：

序号1：“许可证类别”栏填报“325-进境动植物检疫许可证”；“许可证编号”栏填报“AH00240009××”；“核销数量”栏填报“26989”；“核销数量单位”栏填报“035-千克”。

序号2：“许可证类别”栏填报“519-进口食品境外生产企业注册”；“许可证编号”栏填报“20××”；“核销货物序号”栏不填；“核销数量”栏不填；“核销数量单位”栏不填。

序号3："许可证类别"栏填报"105-兽医（卫生）证书"；"许可证编号"栏填报"00163517"；"核销货物序号"栏不填；"核销数量"栏不填；"核销数量单位"栏不填。

序号4："许可证类别"栏填报"113-原产地证书（证明）"；"许可证编号"栏填报"3002089923"。

（2）易错点解析：进口肉类产品时，此栏目为必填项。根据《进出口肉类产品检验检疫监督管理办法》《进境动植物检疫审批管理办法》，货物进口前，进口肉类产品境外生产企业须向海关办理注册，进口商向属地海关申请办理进境动植物检疫许可证明，进口时出口商提供输出国家或地区官方出具的兽医（卫生）证书，申报单位须将此三份证书信息填报于此栏目。进境动植物检疫许可证明与进口商品信息相关，且已实现电子联网，因此除在此栏目填报许可证类别外，还须填报报关单申报商品所对应的许可证核销货物序号、数量及单位。在实际业务中，申报单位如对上述规定不了解，容易造成漏报相关信息，导致电子申报退单。

4. "随附单证代码"栏与"随附单证编号"栏

（1）规范填报："随附单证代码"栏填报"7-自动进口许可证"；"随附单证编号"栏填报"2403N×××××"。

（2）易错点解析：进口商品涉及海关许可证监管时，此栏目为必填项。根据《货物自动进口许可管理办法》，列入自动进口许可证管理的商品，须在货物进口前办理相关许可证件。根据海关总署公告2019年第18号，此栏目应填报除进（出）口许可证、两用物项和技术进（出）口许可证、两用物项和技术出口许可证（定向）、纺织品临时出口许可证、出口许可证（加工贸易）、出口许可证（边境小额贸易）以外的监管证件代码及编号。在实际业务中，申报单位容易按自动进口许可证证面格式填报对应栏目，但目前"单一窗口"系统无法识别该格式，申报单位需要去掉"-"后填报，否则会造成电子申报退单。

5. **“境内目的地”栏**

（1）规范填报：“境内目的地代码”栏填报“62019-兰州其他”，“目的地代码”栏填报“620102 兰州市城关区”。

（2）易错点解析：此栏目为必填项。根据海关总署公告 2019 年第 18 号和《进境动植物检疫审批管理办法》，须按照货物流向地进行填报。在实际业务中，申报单位如未按照上述规定填报，会导致填报内容与申请的检验检疫证明文件信息不一致，造成改单。

6. **“检验检疫货物规格”栏**

（1）规范填报如图 2-20 所示。

编辑检验检疫货物规格

成分/原料/组分	
产品有效期	2025-01-04
产品保质期(天)	365
境外生产企业	ARRE BEEF S.A 注册号：1301
货物规格	22KG±1KG/箱
货物型号	
货物品牌	ABSA
生产批次	20240105

确定

图 2-20　“检验检疫货物规格”栏规范填报示意

（2）易错点解析：食用冷、冻肉类及水产品货物，此栏目为必填项。根据《进出口货物申报项目录入指南》，进口涉检货物的信息应准确如实填入对应栏目中，若申报不实或者遗漏申报，会导致海关无法出具入境货物检验检疫证明，并导致进口商无法销售或者处理该批货物。在实际业务中，申报单位易漏填报此栏目的相关信息，造成系统校验不通过。

7. **“货物属性”栏**

（1）规范填报：15-非预包装。

（2）易错点解析：申报法检目录内货物或存在其他按照有关法律、法规须实施检验检疫的情形时，此栏目为必填项。根据海关总署公告2019年第18号，应如实填报货物属性，此商品进境后不直接销售给消费者，拆箱后批发，属于非预包装产品，应勾选“15-非预包装”。在实际业务中，申报单位容易将货物属性勾选为“14-预包装”等，造成改单。

8. “用途”栏

（1）规范填报：12-食用。

（2）易错点解析：此栏目为必填项。根据海关总署公告2019年第18号，申报单位需确定进出境货物的使用范围或目的，并按照海关规定的《货物用途代码表》正确填报。在实际业务中，申报单位容易错选为其他用途，造成改单。

四、机电产品进出口报关单填制案例解析

（一）强制性认证产品（家用落地电风扇）进口报关单填制案例解析

杭州××有限公司从日本订购一批电风扇，合同中的中文品名描述为“家用落地电风扇”，进口后在中国销售。

进口商品的信息如下：

商品编号：8414519200；类型：落地扇；输出功率：100瓦；品牌：FU；型号：568；监管条件：A；检疫条件：L；货物进口后存放在杭州市公司仓库。

进口商提供的通关文件包括发票、箱单、合同、《中国国家强制性产品认证证书》（编号：202201070272××××；产品名称：电风扇；证书有效期至2026年1月7日）、能效标识等。

进口商提供的单据信息显示，货物于2024年3月13日从日本启运，当日运抵北京首都国际机场，总运单号40687650673，分运单号MLG00686195。

能效标识样张如图2-21所示。

图 2-21　能效标识样张

易错栏目

1. “商品名称” 栏

（1）规范填报：电风扇。

（2）易错点解析：此栏目为必填项。根据海关总署公告 2019 年第 18 号，申报商品名称必须与《中国国家强制性认证证书》上的产品名称保持一致。在实际业务中，申报单位容易填报成合同中的品名“家用落地电风扇”，导致申报商品名称与强制性认证证书的产品名称不一致，造成退单。

2. “产品资质” 栏

（1）规范填报：“许可证类别”栏填报“411-强制性产品认证证书”；“许可证编号”栏填报“202201070272××××”。

（2）易错点解析：此栏目为有条件必填项。海关对列入法检目录的进口强制性产品认证机电产品实施入境验证管理，查验认证证书、认证标志等证明文件，核对货证是否相符等，并按规定实施检验。在实际业务中，申报单位容易漏报强制性认证证书编号，造成电子申报退单。

3. “货物属性” 栏

（1）规范填报：11-3C 目录内。

（2）易错点解析：此栏目为必填项。根据“单一窗口”《关于机电类商“产品资质”界面“许可证编号”字段的录入指南》，按照《强制性产品认证目录描述及界定表》的定义、描述，属于中国强制性产品认证适用范围内的产品，货物属性为“11-3C 目录内”。此产品属于适用范围内，并且办有《中国国家强制性认证证书》，应在商品属性栏选择“11-3C 目录内”。在实际业务中，申报单位容易漏选或错选为“12-3C 目录外”“13-无需办理 3C 认证”等，造成申报不符。

根据《关于机电类商品“产品资质”界面“许可证编号”字段的录入指南》，强制性认证产品资质录入思维导图如图 2-22 所示。

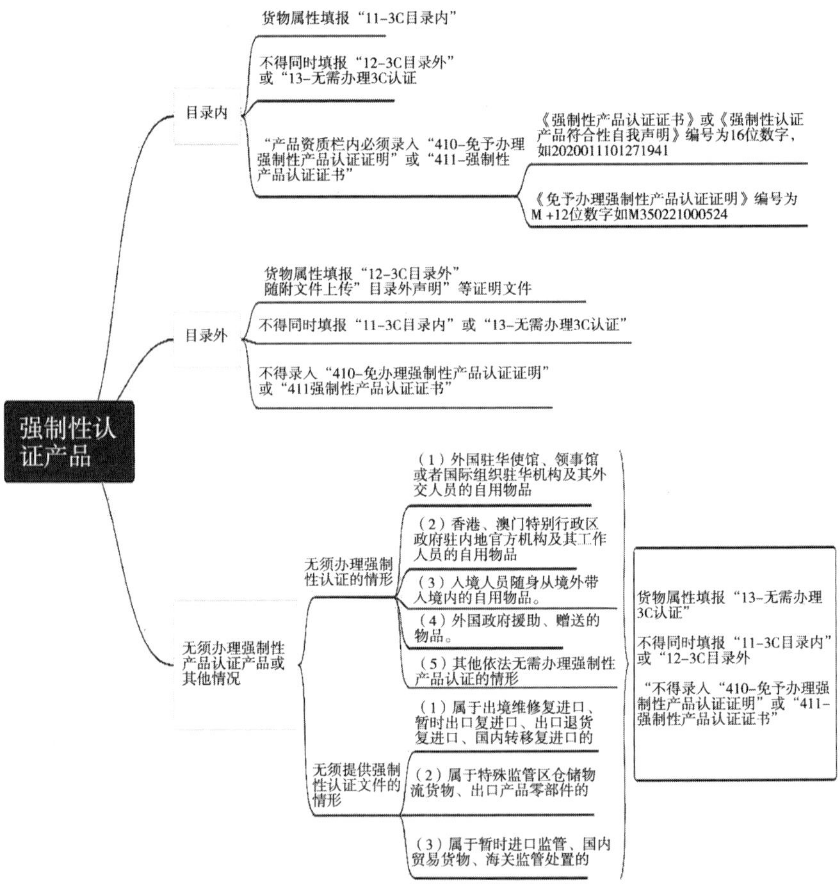

图 2-22　强制性认证产品资质录入思维导图

（二）旧机电产品（棉花采摘机）进口报关单填制案例解析

新疆××有限公司从美国采购一台二手棉花采摘机，进口后用于棉花采摘。

进口商品的信息如下：

商品编号：8433592000；用于农业棉花采摘；功率：560马力；品牌：JD；型号：568；监管条件：A；检疫条件：M；货物进口后在新疆石河子市使用。

进口商提供的通关文件包括发票、箱单、《进口旧机电产品装运前检验证书》（JD24-0103××US）、合同等。

货物于2024年3月20日到达天津新港，提单号COSU63584225681。

易错栏目

1. “商品名称”栏

（1）规范申报：棉花采摘机（旧）。

（2）易错点分析：出境修理复进口商品属于旧品，品名处应标注“（旧）”。

2. “产品资质”栏

（1）规范填报：“许可证类别”栏填报“423-进口旧机电产品装运前检验证书”；“许可证编号”栏填报“JD24-0103××US”。

（2）易错点解析：此栏目为有条件必填项。根据《进口旧机电产品检验监督管理办法》第七条，需实施装运前检验的进口旧机电产品，其收、发货人或者其代理人应当按照海关总署的规定申请主管海关或者委托检验机构实施装运前检验。进口旧机电产品前可在“单一窗口”查询进口的商品是否属于旧机电，旧机电是否禁止进口，是否需要装运前检验（查询示例如图2-23）。在实际业务中，申报单位容易漏报此证书号，造成后续改单或无证到货。

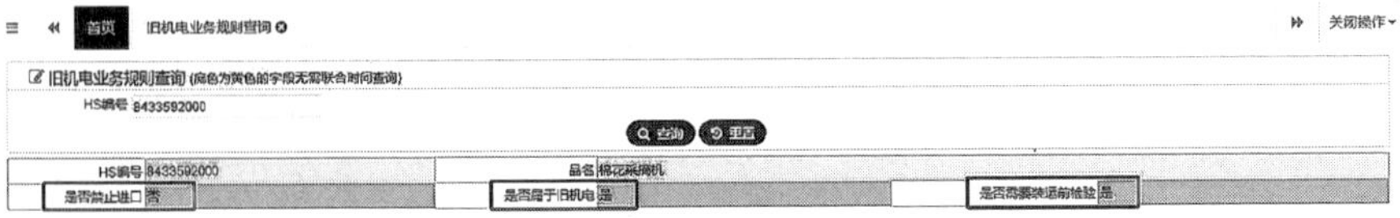

图 2–23　“单一窗口”旧机电业务规则查询界面

3. “备注”栏

（1）规范填报：旧机电产品。

（2）易错点解析：此栏目为有条件必填项。根据海关总署公告 2019 年第 18 号附件第三十二条第二十四款，属于下列情况的，填报“压力容器”“成套设备”“食品添加剂”“成品退换”“旧机电产品”等字样。在实际业务中，申报单位容易漏填，造成改单。

4. “货物属性”栏

（1）规范填报：勾选“21–旧品”。

（2）易错点解析：此栏目为有条件必填项。根据“单一窗口”2021 年 7 月 21 日公布的版本说明，申报进口旧机电商品时，对应商品表体中“货物属性”字段必须选择“21–旧品”，此商品属于旧机电产品，应在“货物属性”字段选择“21–旧品”。

根据《关于机电类商品“产品资质”界面“许可证编号”字段的录入指南》，旧机电产品资质录入思维导图如图 2–24 所示。

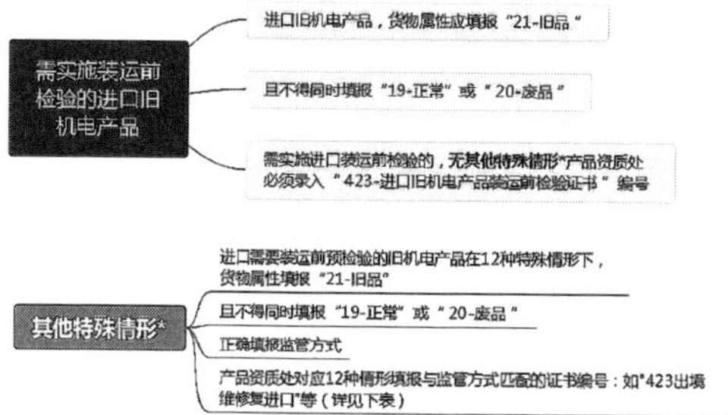

序号	情形	423 证书编号
1	出境维修复进口	423 出境维修复进口
2	暂时出口复进口	423 暂时出口复进口
3	出口退货复进口	423 出口退货复进口
4	国内转移复进口	423 国内转移复进口
5	暂时进口监管	423 暂时进口监管
6	出口产品零部件	423 出口产品零部件
7	货样广告品	423 货样广告品
8	驻外机构调回	423 驻外机构调回
9	对外承包返回	423 对外承包返回
10	常驻机构公用	423 常驻机构公用
11	国内贸易货物	423 国内贸易货物
12	海关监管处置	423 海关监管处置

有关特殊情形定义如下

有关情形说明

序号	情形	说明
1	出境维修复进口	出境维修后返回中国，需办理进口手续的。
2	暂时出口复进口	暂时出境后复运进境，需办理进口手续的。
3	出口退货复进口	质保期内、收货人为生产厂的出口退货返回中国，需办理进口手续的。
4	国内转移复进口	已经在国内使用，因提前解除海关监管或海关监管期满后继续在中国使用，需办理进口手续的。
5	暂时进口监管	暂时进境并且在规定期限内复运出境的。
6	特殊监管区仓储物流货物	境外进入特殊监管区域仓储、物流的货物。
7	货样广告品	进口机电产品货样、广告物品、实验品的，每批次价值不超过5000元人民币的。
8	驻外机构调回	我国驻外机构或境外企业（中方控股）在境外购置的机电产品需调回自用的（仅限物品）。
9	对外承包返回	我国对外承包工程使用的，出境使用后重新运回国内自用的。
10	常驻机构公用	境外（地区）企业、新闻机构、经贸机构、文化团体及其他境外（地区）法人经我国政府主管部门批准，在境内设立的常驻代表机构为开展公务活动所需进出境的（仅限物品）。
11	出口产品零部件	特殊监管区域内生产加工或特殊监管区域外加工贸易项下的，为复出口而进口的属于机电产品的零部件及组件。
12	国内贸易货物	跨境运输的国内贸易货物、特殊监管区域间流转货物、进出特殊监管区域的国内货物等。
13	海关监管处置	其他为完成监管、征税、统计和处置等程序需要的（不涉及商品检验）。
14	检验检测样品	为办理许可证件或满足其他监管要求，以送第三方机构实施检验检测为目的而进口的待检测样品。
15	提供药监部门证明	取得医疗器械监管部门许可文件，准予进口的。
16	提供特检部门证明	取得特种设备监管部门许可文件，准予进口的。
17	不适用特种设备许可	核设施、航空航天器、铁路机车、海上设施和船舶以及矿山井下使用的特种设备、民用机场专用设备。
18	周转用包装气瓶	仅供周转使用，作为包装容器的气瓶。

图 2-24 旧机电产品资质录入思维导图

（三）特种设备（螺旋板式交换器）进口报关单填制案例解析

山东××有限公司从德国采购一台螺旋板式交换器，用于给反应炉进行热交换降温。

进口商品的信息如下：

商品编号：8419500090；用于工业热交换；品牌：GUSIN；型号：568；监管类别名称：其他热交换装置（螺旋板式交换器）；监管条件：A；检疫条件：M；货物进口后存放在日照市公司仓库。

进口商提供的通关文件包括发票、箱单、《中华人民共和国特种设备制造许可证（压力容器）》（编号 TS221××××-2024）、合同等。

根据进口商提供的单据信息显示，货物于 2024 年 2 月 28 日到达青岛港，提单号 MLG006865875。

特种设备制造许可证样本如图 2-25 所示。

中华人民共和国
特种设备生产许可证

Production License of Special Equipment
People's Republic of China

编号：TS221××××-2024

单位名称：GUSIN GmBH

制造地址：********** Germany

经审查，获准从事下列特种设备生产活动：

许可项目	许可子项目	许可参数	备注
压力容器制造（含安装、修理、改造）	固定式压力容器：低、中压容器(D)	0.1MPa（表压，下同）< 设计压力 < 10MPa	设计外委，可以安装与所安装压力容器直接相连接的压力管道，蓄能器、简单压力容器的具体产品范围见型式试验证书

发证机关：广东省市场监督管理局

有效期至：2026 年 1 月 1 日　　　　2022年1月2日

广东省市场监督管理局

图 2–25　特种设备制造许可证样本

易错栏目

1. “产品资质”栏

（1）规范填报：“许可证类别”栏填报“430-特种设备生产许可证”；“许可证编号”栏填报“TS221××××-2024”。

（2）易错点解析：此栏目为有条件必填项。根据《中华人民共和国特种设备安全法》第三十条，“进口的特种设备应当符合我国安全技术规范的要求，并经检验合格；需要取得我国特种设备生产许可的，应当取得许可”，此设备属于特种设备，应如实填报（具体填报方法如图2-26所示）。在实际业务中，申报单位容易漏报特种设备生产许可证编号，造成电子申报退单。

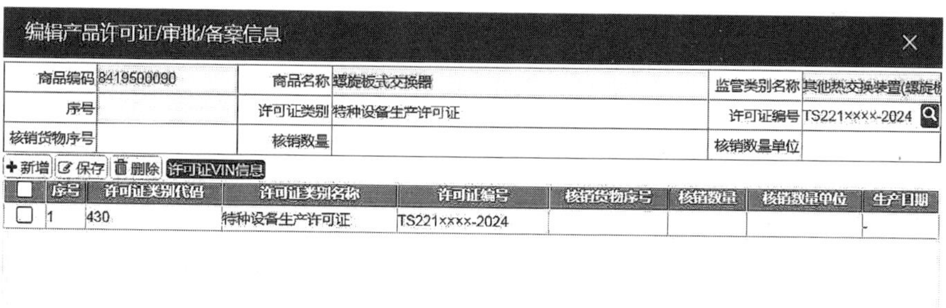

图 2-26 “产品资质”栏规范填报示意

2. “货物属性”栏

（1）规范填报：39-特种设备

（2）易错点解析：此栏目为必填项。根据“单一窗口”《关于机电类商“产品资质”界面“许可证编号”字段的录入指南》，《特种设备目录》定义、描述的产品，货物属性为“39-特种设备”。在实际业务中，申报单位容易漏选或错选为“40-非特种设备”等，造成申报不符改单。

根据《关于机电类商品“产品资质”界面“许可证编号”字段的录入指南》，特种设备产品资质录入思维导图如图2-27所示。

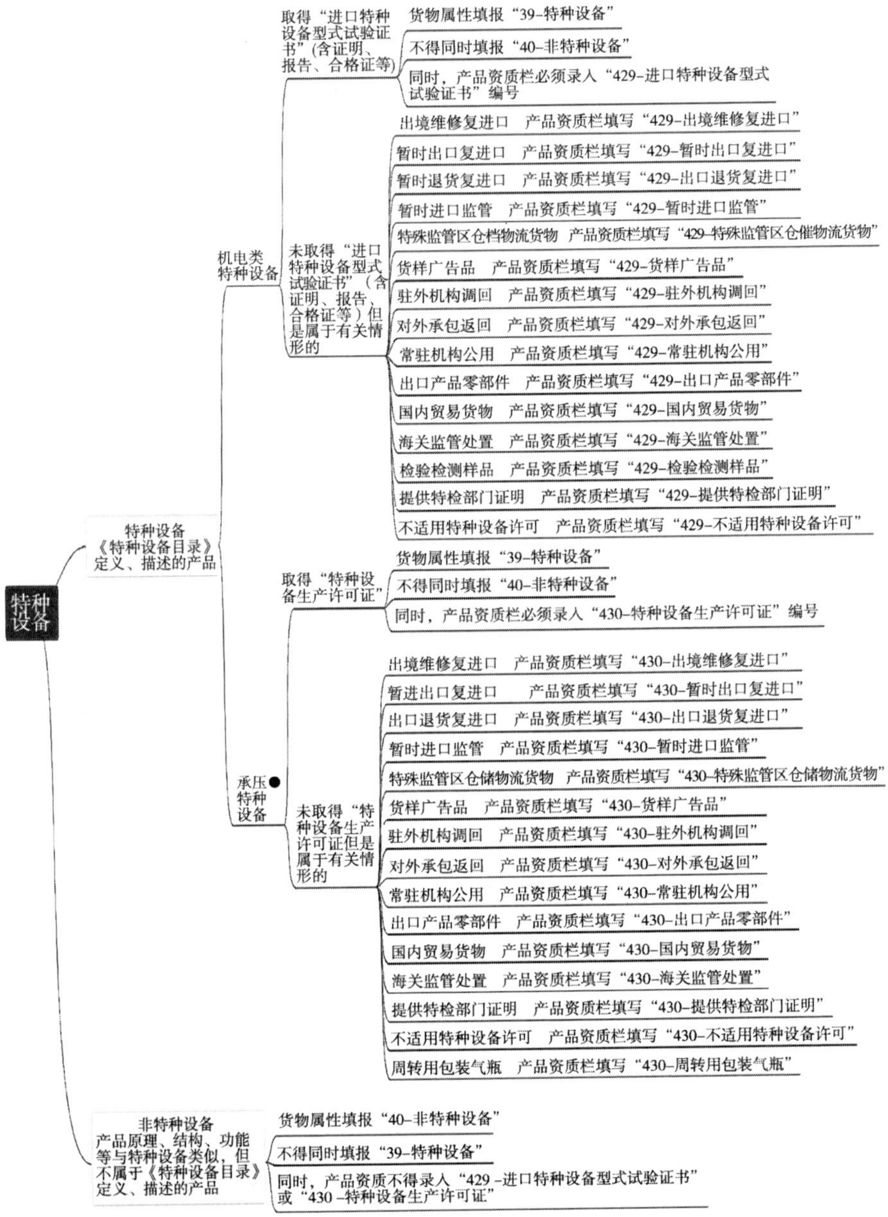

图 2-27　特种设备产品资质录入思维导图

（四）医疗器械（内窥镜）进口报关单填制案例解析

××（中国）投资有限公司从日本公司订购一批内窥镜在中国境内销售，进口合同号5105623318。境外发货人为AEO企业（AEO企业编码JP12345678901234567）。

进口商品的信息如下：

商品编号：9018903010；品牌类型：境外品牌；用途：用于人体上消化道的观察和诊断；品牌：FU××××××；型号：EG-760R；配置：插入部、操作部、LG软性部和内窥镜连接器构成；监管条件：6A；检疫条件：M；货物进口后存放在北京市公司仓库。

进口商提供的通关文件包括发票、箱单、《中华人民共和国医疗器械注册证》[国械注进2018306××××；产品名称：电子上消化道内窥镜（整机）]、合同等。

进口商提供的单据信息显示，货物于2024年3月13日从日本启运，当日运抵北京首都国际机场，总运单号40687650673，分运单号MLG00686195。

医疗器械注册证样本如图2-28所示。

中华人民共和国医疗器械注册证

注册证编号：国械注进2018306××××

注册人名称	*******集团有限公司 ******Group CO.,LTD.
注册人住所	STORE STREET *******Japan
生产地址	见附页
代理人名称	*******(中国)投资 有限公司
代理人住所	中国（上海）自由贸易试验区****
产品名称	电子上消化道内窥镜(整机) Sinoscopes
型号、规格	见附页
结构及组成	该产品是由光学内窥镜、光纤、操作器等组成。
适用范围	该产品用于临床手术中消化道检查、诊断和治疗。
附　　件	产品技术要求
其他内容	/
备　　注	

审批部门：国家药品监督管理局

批准日期：二〇二[illegible]年七月[illegible]日

有效期至：二〇二六年七月[illegible]日

（印章：国家药品监督管理局 医疗器械注册专用章）

图 2–28　医疗器械注册证样本

易错栏目

1. “启运日期”栏

（1）规范填报：2024–03–13。

（2）易错点解析：申报法检目录内货物或存在其他按照有关法律、

法规须实施检验检疫的情形时，此栏目为必填项。在实际业务中，申报单位容易错报此栏目。申报单位应根据入境货物离开境外第一个装运口岸的日期填报启运日期。

2.“检验检疫签证申报要素”栏

（1）规范填报：勾选“11－入境货物检验检疫证明（申请出具）”。

（2）易错点解析：在进口医疗器械产品时，此栏目为必填项。根据《进口医疗器械检验监督管理办法》的规定，进口医疗器械经检验合格后，检验检疫机构应当出具入境货物检验检疫证明，进口商方可使用及销售医疗器械产品。在实际业务中，申报单位容易漏勾选此栏目，造成进口商进口的医疗设备无法销售及使用。

3.“商品名称”栏

（1）规范填报：电子上消化道内窥镜（整机）。

（2）易错点解析：此栏目为必填项。根据《进口医疗器械检验监督管理办法》和海关总署公告2019年第18号，申报商品名称必须与进口医疗器械注册证上的产品名称保持一致。在实际业务中，申报单位容易遗漏填报“整机”二字，造成申报商品名称与医疗器械注册证上的产品名称不一致，导致海关退单。

4.“产品资质”栏

（1）规范填报：“许可证类别”栏填报“612－进口医疗器械注册证”；“许可证编号”栏填报“国械注进2018306××××”。

（2）易错点解析：申报法检目录内产品时，此栏目为必填项。根据《进口医疗器械检验监督管理办法》，进口医疗器械产品须提供国务院药品监督管理部门审批注册的进口医疗器械注册证书。在实际业务中，申报单位容易漏填报医疗器械注册编号，造成电子申报退单。

5.“境外收发货人代码”栏

（1）规范填报：JP12345678901234567。

（2）易错点解析：当确认境外发货人为AEO企业后，申报单位应当将国别（地区）代码以及境外发货人 AEO 企业编码填入此栏目中。发票显示，本案例中的卖方为日本企业，根据《关于实施中国—日本海关“经认证的经营者”（AEO）互认的公告》（海关总署公告 2019 年第 71 号），自 2019 年 6 月 1 日起中日 AEO 互认安排正式实施。申报单位如不填报此栏目，虽然不会导致电子申报退单，但是企业无法享受中国海关给予境外发货 AEO 企业的通关便利措施（在开展风险评估以减少查验和监管时，充分考虑对方 AEO 企业的资质；对需要查验的货物，在最大程度上进行快速处置；指定海关联络员负责沟通联络，以解决 AEO 企业通关过程中遇到的问题；在主要基础设施从贸易中断恢复后，最大程度上为 AEO 企业的货物提供快速通关）。因此，为保证境内收货人快速通关，申报单位切勿漏申报此栏目的信息，具体应填写日本发货人的 AEO 编码，填写方式为：“国别（地区）代码+AEO 企业编码（17 位数字）”。

6. “货物属性” 栏

（1）规范填报：36-Ⅲ 类医疗器械。

（2）易错点解析：此栏目为必填项。根据“单一窗口”《关于机电类商“产品资质”界面“许可证编号”字段的录入指南》，医疗器械是《第一类医疗器械产品目录》或《医疗器械分类目录》定义、描述的产品。其中，第一类医疗器械的货物属性为“34-I 类医疗器械”，第二类医疗器械的货物属性为“35-Ⅱ 类医疗器械”，第三类医疗器械的货物属性为“36-Ⅲ 类医疗器械”。从医疗器械注册证号国械注进 2018306××××看出此设备为Ⅲ 类医疗器械，故应在商品属性栏选择“36-Ⅲ 类医疗器械”。在实际业务中，申报单位容易漏选或错选为“34-I 类医疗器械”“35-Ⅱ 类医疗器械”“37-医疗器械零部件”“38-非医疗器械”等，造成申报不符。

根据《关于机电类商品“产品资质”界面“许可证编号”字段的录入指南》，医疗器械类产品资质录入思维导图如图 2-29 所示。

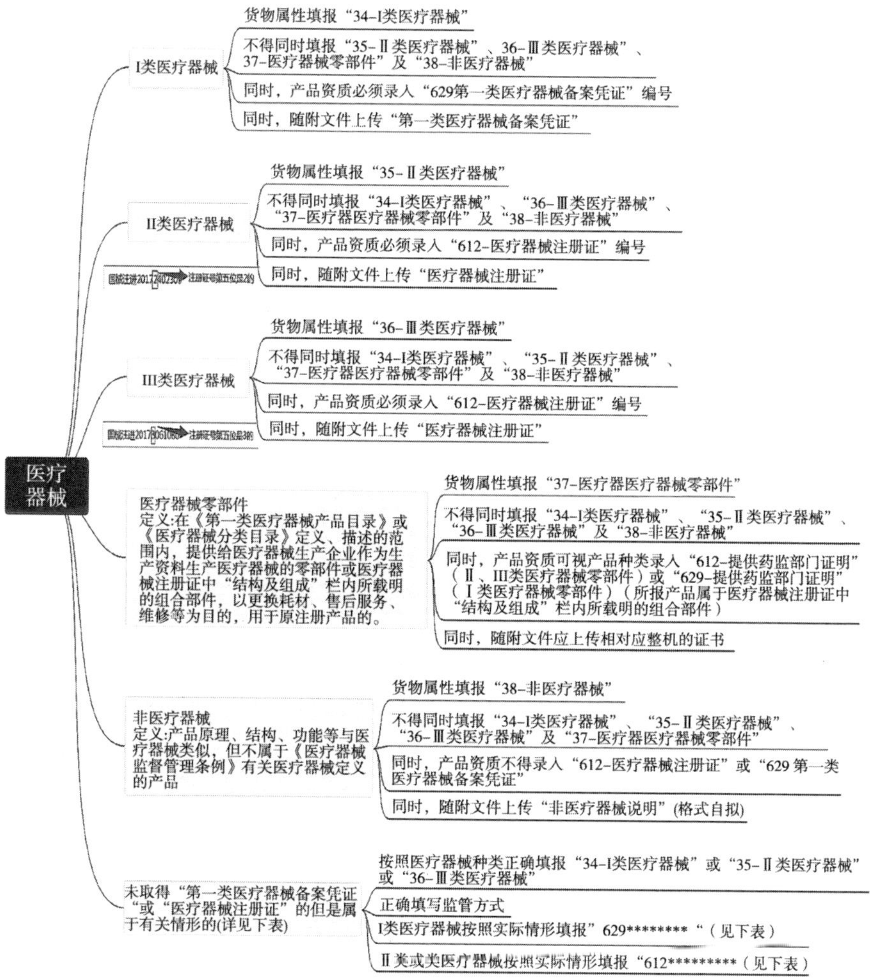

序号	情形	612证书编号	629证书编号
1	出境维修复进口	612出境维修复进口	629出境维修复进口
2	暂时出口复进口	612暂时出口复进口	629暂时出口复进口
3	出口退货复进口	612出口退货复进口	629出口退货复进口
4	暂时进口监管	612暂时进口监管	629暂时进口监管
5	特殊监管区仓储物流货物	612特殊监管区仓储物流货物	629特殊监管区仓储物流货物
6	货样广告品	612货样广告品	629货样广告品
7	驻外机构调回	612驻外机构调回	629驻外机构调回
8	对外承包返回	612对外承包返回	629对外承包返回
9	常驻机构公用	612常驻机构公用	629常驻机构公用
10	出口产品零部件	612出口产品零部件	629出口产品零部件
11	国内贸易货物	612国内贸易货物	629国内贸易货物
12	海关监管处置	612海关监管处置	629海关监管处置
13	检验检测样品	612检验检测样品	629检验检测样品
14	提供药监部门证明	612提供药监部门证明	629提供药监部门证明

图 2–29　医疗器械类产品资质录入思维导图

五、危险品进出口报关单填制案例解析

（一）危险化学品（涂料）进口报关单填制案例解析

××涂料（上海）有限公司与瑞士企业签订一份涂料的进口合同，合同号 LK230523。

进口商品的信息如下：

商品编号：3208201020；品牌类型：境外品牌；成分含量：1-甲氧基-2-丙醇 51%、丙烯酸树脂 35.6%、聚乙烯蜡 2.3%、炭黑 2.3%、环己酮 1.22%、乙酸丁酯 2.98%、聚四氟乙烯 2.7%、碳化硅 1.9%；用途：用于相机外层涂装上色；可分散于非水介质；施工状态下挥发性有机物含量为 624 克/升；包装：3L/桶×25 桶/托盘；品牌：ILAG 牌；型号：0121-101；包装种类：开口钢桶；监管条件：A；检疫条件：M；该司收货仓库位于上海市嘉定区。

进口商提供的通关文件包括发票、箱单、合同、提单、《进口危险化学品企业符合性声明》［含易燃溶剂的合成树脂、油漆、辅助材料、涂料等制品（闭杯闪点≤60℃），UN1263，3 类危险货物，包装类别Ⅲ类，UN 包装标记 1A2/Y1.4/150/23/CHE/4601］、中文危险公示标签、中文安全数据单（MSDS/SDS）、是否含有稳定剂抑制剂说明、《危险化学品登记证》（编号 31002312345）、《中华人民共和国海关进口涂料备案书》（编号 2022（01）1××××9，有效期至 2024 年 1 月 15 日）、涂料中文标签、原产地声明（编号 D07665202311140000039417）等。

进口商提供的单据信息显示，此票货物使用单份全程运输单证，货物使用集装箱通过陆运方式从瑞士运抵比利时的安特卫普港，未开柜换柜，铅封号、集装箱号均未发生改变，在安特卫普港装船后通过海运方式于 2023 年 12 月 29 日运抵上海外高桥码头，船名 AL NASRIYAH，航次 008E；提货单号 ONEYANRV00041700 * 11。随后被分拨到海关监管

的吴淞危险品仓库——德祥危库。

易错栏目

1. “货物存放地点”栏

（1）规范填报：德祥危库。

（2）易错点解析：此栏目为必填项。根据海关总署公告2019年第18号，应填报货物在口岸海关监管场所的信息。申报时，可以根据分拨提货单上货物所分配到的仓库信息进行填报。本案例所涉商品为危险化学品，因此应填报具体的仓库名称。在实际业务中，申报单位容易将货物存放地点填写错误，造成海关系统查验信息分配错误、海关无法查验。

2. “启运国（地区）”栏

（1）规范填报：CHE 瑞士。

（2）易错点解析：此栏目为必填项。本案例中，货物在比利时换装运输工具，但未发生商业性交易，也未更换集装箱及铅封，根据海关总署公告2019年第18号，瑞士应视为启运国。在实际业务中，申报单位易将启运国（地区）与经停港的填报要求混淆，引起错报，造成改单。

3. “规格型号”栏

（1）规范填报：

品牌类型：境外品牌；

成分含量：1-甲氧基-2-丙醇51%、丙烯酸树脂35.6%、聚乙烯蜡2.3%、炭黑2.3%、环己酮1.22%、乙酸丁酯2.98%、聚四氟乙烯2.7%、碳化硅1.9%；

用途：用于相机外层涂装上色；

可分散于非水介质；

施工状态下挥发性有机物含量：624克/升；

包装：3L/桶×25桶/托盘；

品牌：ILAG牌；

型号：0121-101。

（2）易错点解析：此栏目为必填项。在实际业务中，申报单位容易将施工状态下挥发性有机物含量填报错误，导致海关事后验估更改数据。根据海关总署公告2019年第18号，规格型号栏信息应与备案证书信息保持一致。特别是施工状态下挥发性有机物含量的填报，依据《关于电池、涂料征收进口环节消费税的公告》（海关总署公告2015年第4号），自2015年2月1日起，对施工状态下挥发性有机物含量高于420克/升的涂料加征进口环节消费税，若该项指标申报错误，还会导致漏缴税款、被海关行政处罚的风险，申报单位应谨慎对待。

4.“监管类别名称”栏

（1）规范填报：分散于或溶于非水介质的以丙烯酸聚合物为基本成分的油漆及清漆（包括瓷漆及大漆），施工状态下挥发性有机物含量大于420克/升；以丙烯酸聚合物为基本成分、符合《中华人民共和国进出口税则》第三十二章注释四的规定，且施工状态下挥发性有机物含量大于420克/升的涂料（属于危险化学品的涂料，有涂料适用国标的）。

（2）易错点解析：此栏目为必填项。根据《危险化学品目录》（2015版），此产品闭杯闪点≤60℃，属于《危险化学品分类信息表》第2828项危险化学品。同时，根据产品用途和已办有《中华人民共和国海关进口涂料备案书》（涂料备案已于2022年取消），可分析出此产品属于有涂料适用国标的，所以监管类别应选择“（属于危险化学品的涂料，有涂料适用国标的）”。在实际业务中，申报单位容易错选为“无涂料适用国标的”或其他化工品，导致后续删改单，或未按危险化学品申报导致海关行政处罚。

5.“产品资质”栏

（1）规范填报：无须填报。

（2）易错点解析：此栏目为有条件必填项。但根据《海关总署关于废止部分规章的决定》（海关总署令第257号），自2022年3月1日起，废止《进口涂料检验监督管理办法》，在进口时无须提供《中华人民共和国海关进口涂料备案书》。

6. “货物属性”栏

（1）规范填报：32-件装危险化学品

（2）易错点解析：此栏目为必填项。根据进口商提供的《进口危险化学品企业符合性声明》及化学品安全说明书（MSDS）等文件，此产品装在3L/桶的开口钢桶中，属于件装危险化学品，故应在商品属性栏选择“32-件装危险化学品”。在实际业务中，申报单位容易漏选或错选为“31-散装危险化学品”“33-非危险化学品”等，造成申报不符改单。

7. “危险货物信息”栏

（1）规范填报：“非危险化学品”栏填报“否”；“UN编码”栏填报“1263”；“危险类别”栏填报“3”；“包装类别”栏填报“三类”；“包装UN标记”栏填报“1A2/Y1.4/150/23/CHE/4601”。见图2-30。

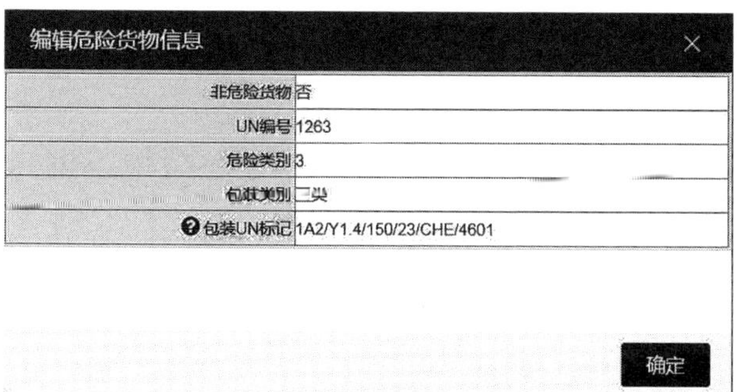

图2-30　“危险货物信息”栏规范填报示意

（2）易错点解析：此栏目为进口危险货物必填项。根据《危险化学品安全管理条例》《关于进出危险化学品及其包装检验监管有关问题的公告》《关于进一步加强进口危险化学品检验监管的公告》《进出口货物申报项目录入指南》，要准确、完整填写危险化学品相关信息。申报单位可以参考第三方专业机构出具的安全数据表中的运输信息，对应填报。在实际业务中，申报单位可能会仅根据境外发货人提供的产品信息、是否进行过危险品申报、是否分拨到危险品仓库来判定货物是否属于危险货物或者危险化学品，但我国对危险货物的认定标准与国外的认定标准不一致，容易导致漏申报。建议进出口收发货人在申报前向我国专业的第三方涉危鉴定机构申请相关鉴别分类，按照实际结果如实申报。

8. “随附单据”栏

（1）规范填报：80000001-企业符合性声明、80000002-抑制剂或稳定剂情况说明、80000003-危险公示标签、80000004-安全数据单。

（2）易错点解析：此栏目为有条件必填项。根据《关于进一步加强进口危险化学品检验监管的公告》（海关总署公告 2023 年第 29 号），对进口危险化学品实施批批“审单验证+口岸检验或者目的地检验”模式，进口危险化学品的收货人或者代理人报关时，应在“单一窗口”如实填报货物属性、检验检疫名称、危险类别、包装类别、联合国危险货物编号（UN 编号）、危险货物包装标记（包装 UN 标记）和目的地检验检疫机关等，并按照申报货物项分别上传《关于进出口危险化学品及其包装检验监管有关问题的公告》（海关总署公告 2020 年第 129 号）要求提交的相关材料。同时，应选择确认随附单据与商品项号的对应关系。

9. “协定享惠”栏

（1）规范填报如图 2-31 所示。

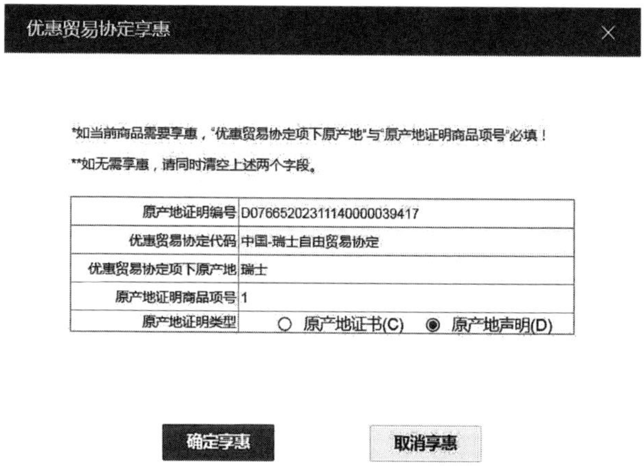

图 2-31　“协定享惠”栏规范填报示意

（2）易错点解析：进口商品享受优惠贸易协定税率时，此栏目为必填项。根据《中华人民共和国海关〈中华人民共和国和瑞士联邦自由贸易协定〉项下进出口货物原产地管理办法》、海关总署公告 2021 年第 34 号以及外商所提供的原产地声明，应在“协定享惠”栏填报原产地声明编号并正确选择原产地证明类型。同时，瑞士原产的进口货物未实现原产地电子数据联网，申报单位需要在申报货物前在“优惠贸易协定原产地要素申报系统”中录入原产地证明书的相关信息，如未及时在该系统中录入相关产地证信息，会导致电子申报退单，“单一窗口”系统提示“无此产地证信息”。

10. “随附单据”栏

（1）规范操作：在随附单据文件类别中选择“00000009-原产地证据文件”并上传外商提供的原产地证。同时，应上传从瑞士到上海的单份全程运输单证，并提供比利时海关出具的未加工声明。

（2）易错点解析：此栏目是有选择必填项。根据海关总署公告 2021 年第 34 号第二条，“进口货物收货人或者其代理人（以下统称进口人）可以自行选择‘通关无纸化’方式或者‘有纸报关’方式申报：（一）选择‘通关无纸化’方式申报的，进口人应当以电子方式向海关提交原产地证明、商业发票、运输单证和未再加工证明文件等单证正本”。在实际业务中，申报单位若漏传原产地证，会导致退单。同时，有纸质正本原产地证的，企业应保存正本备查，海关事后验估有可能会让企业补充提供优惠原产地证的正本进行验核。

（二）危险货物（催化剂）进口报关单填制案例解析

山东××有限公司与德国公司签订一份进口催化剂的合同，合同号PO-2023-12-0017。

进口商品的信息如下：

商品名称：催化剂；商品编号：3815190000；成分含量：3%≤氧化铜<5%、15%≤铜<20%、50%≤氧化铜铬<75%；用于工业生产中加速化学反应；包装：200 千克/桶，包装种类：开口钢桶；监管条件：无；检疫条件：无；监管类别名称：其他载体催化剂（其他化工产品）；运输时为避免钢桶晃动，使用原木加固；该公司收货仓库位于日照市东港区。

进口商提供的通关文件包括发票、箱单、MSDS（UN3077、9 类危险货物、包装类别 III 类）、UN 包装标识 1A2/Y250/S/23/GER/5323、危险特性分类鉴别报告（报告结论显示不符合《危险化学品目录（2015 版）》列明的化学品）、合同等。

进口商提供的单据信息显示，货物于 2024 年 3 月 3 日以海运方式运抵青岛港，提运单号 11299682645。

！易错栏目

1.“包装种类”栏

（1）规范填报：“包装种类”栏填报“39-其他材料制桶”；“其他包装”栏勾选“98-植物性铺垫材料”。

（2）易错点解析：此栏目为运输包装与其他包装的组合项，运输包装栏为必填项，其他包装栏为选填项。本案例中，货物使用钢桶包装并采用原木加固，根据《进境货物木质包装检疫监督管理办法》和海关总署公告 2019 年第 18 号，应在“运输包装”栏填报“其他材料制桶”，同时还需在“其他包装”栏勾选“98-植物性铺垫材料”。在实际业务中，申报单位如果未能申报全部货物包装，漏填报植物性包装材料，会造成检验检疫漏检。

2. “目的地海关” 栏

（1）规范填报：4202-日照海关。

（2）易错点解析：进口产品涉及植物性材料包装时，按照法检申报，此栏目为必填项。在实际业务中，申报单位若填错或漏填目的地海关，会造成后续改单。

3. “货物属性” 栏

（1）规范填报：33-非危险化学品。

（2）易错点解析：此栏目为必填项。根据进口商提供的危险特性分类鉴别报告及 MSDS 等文件，此产品不属于危险化学品，但属于 9 类危险货物，故应在“商品属性”栏选择“33-非危险化学品”。在实际业务中，申报单位容易漏选或错选为“31-散装危险化学品”“32-件装危险化学品”等，造成申报不符改单。

4. “监管类别名称” 栏

（1）规范填报：其他载体催化剂（其他化工产品）。

（2）易错点解析：此栏目为必填项。根据进口商提供的危险特性分类鉴别报告及 MSDS 等文件，此产品不属于危险化学品，所以应选择“其他载体催化剂（其他化工产品）”。在实际业务中，申报单位容易错选其他载体催化剂（危险化学品，易燃液体），导致货物需按照危险化学品所需提供的文件及严格要求申报，错报还有可能造成改单或海关行政处罚。

5. “危险货物信息” 栏

（1）规范填报如图 2-32 所示。

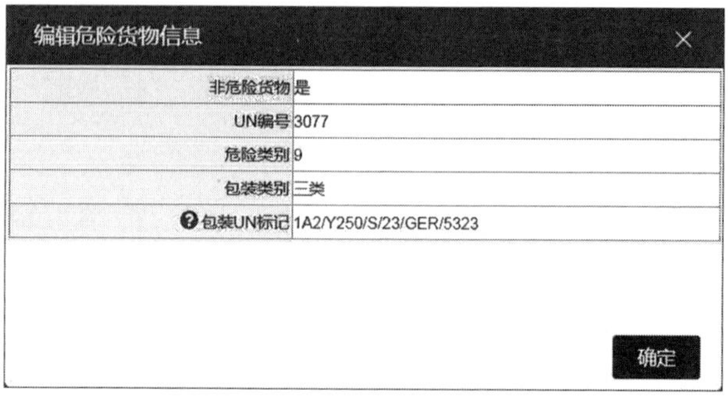

图 2–32 “危险货物信息”栏规范填报示意

（2）易错点解析：此栏目为进口涉及危险货物必填项。根据海关总署公告 2019 年第 18 号，应如实填报危险货物信息。申报单位若漏报或者错报相关信息，会影响海关系统对查验场地的分配，造成海关无法查验。本案例中，由于进口企业出具的危险特性分类鉴别报告显示进口货物不符合《危险化学品目录（2015 版）》列明的化学品，非危险化学品栏填报“是”，其余各项需按照 MSDS 及其他文件中的内容如实填制。在实际业务中，申报单位可能会仅根据境外发货人提供的产品信息、是否进行过危险品申报、是否分拨到危险品仓库来判定货物是否属于危险货物或者危险化学品，但我国对危险货物的认定标准与国外的认定标准不一致，容易导致错报。申报单位可在申报前向我国专业第三方涉危鉴定机构申请非危险品鉴定，按照实际鉴定结果如实申报。

六、其他海关重点监管货物进出口报关单填制案例解析

（一）两用物项目录内产品（实验试剂）进口报关单填制案例解析

××有限公司与法国公司签订一份进口合同，合同号 PO–2023–12–0318。

进口商品的信息如下：

商品名称：实验试剂；商品编号：2903130000；成分含量：三氯甲烷（氯仿）2%、磷酸钾 7%、二硫苏糖醇 12%、甘油 12%、缓冲液

67%；实验室用；包装：塑料瓶；监管条件：2；检疫条件：无；监管类别名称：三氯甲烷（氯仿）；该公司收货仓库位于上海市奉贤区。

进口商提供的通关文件包括发票、箱单、MSDS（6类危险货物）、UN包装标识3H2/Y2/120/23/FRA/5323、危险特性分类鉴别报告（报告结论显示不符合《危险化学品目录（2015版）》列明的化学品）、《中华人民共和国两用物项和技术进口许可证》（进口许可证号23-AA-X12345、商品名称氯仿（三氯甲烷）、商品编码：2903130000、有效期截止至2024年12月31日）、合同等。

进口商提供的单据信息显示，货物于2024年3月3日以空运方式运抵上海浦东国际机场，运单号99999682645。

易错栏目

1."许可证号"栏

（1）规范填报：23-AA-X12345。

（2）易错点解析：此栏目为有条件必填。根据海关总署公告2019年第18号附件第十六条，许可证号填报进（出）口许可证、两用物项和技术进（出）口许可证、两用物项和技术出口许可证（定向）、纺织品临时出口许可证、出口许可证（加工贸易）、出口许可证（边境小额贸易）的编号，进口《两用物项和技术进出口许可证管理目录》内的商品时需如实填写。在实际业务中，申报企业容易漏填，造成电子申报退单。

2."商品名称"栏

（1）规范填报：氯仿（三氯甲烷）。

（2）易错点解析：此栏目为必填项。根据《两用物项和技术进出口许可证管理办法》及海关总署公告2019年第18号，商品名称应按《中华人民共和国两用物项和技术进口许可证》中的商品名称申报。在实际业务中，申报单位若不了解政策按货物实际品名"实验试剂"申报，会导致海关退单。

3.“商品编码”栏

（1）规范填报：2903130000。

（2）易错点解析：此栏目为必填项。根据《两用物项和技术进出口许可证管理办法》及海关总署公告 2019 年第 18 号，商品编码应按《中华人民共和国两用物项和技术进口许可证》中的商品编号申报。在实际业务中，申报单位若不了解政策按品目 38.22 申报，会导致海关退单。

＊**备注**：危险货物填报方法参考危险货物（催化剂）进口报关单填制案例解析。

（二）特殊物品（培养基）货物进口报关单填制案例解析

××（中国）投资有限公司从位于美国的母公司订购 10 瓶实验室用培养基，用于实验室细胞样品培养，在中国市场销售，进口合同号 5105622899，成交价格与同期相同数量售往中国的商品价格一致，同时两公司之间也没有发生与此批货物相关的任何特许权使用费。

进口商品的信息如下：

商品编号：3821000000；境外品牌；供实验室细胞样品生长提供养分；500mL/瓶；成分：植物蛋白胨、酵母提取物、氯化钠、氯化钾、葡萄糖、维生素 B；非血源筛查用诊断试剂；无衬背；监管类别名称：制成的供微生物（包括病毒及类似品）生长或维持用培养基（及制成的供植物、人体或动物细胞生长或维持用的培养基）（含除人血及其成分、人体组织、细胞、体液、分泌物、排泄物外其他特殊物品成分）；特殊物品监管级别：C 级；货物进口后存放在北京市公司仓库。

进口商提供的通关文件包括发票、箱单、特殊物品出入境卫生检疫审批单（京准 202406×××，2024 年 3 月 11 日签发）、对美加征排除编号领取自我声明排除编号 PC0016702406702405、合同等。

进口商提供的单据信息显示，货物于 2024 年 3 月 15 日以空运方式运抵北京首都机场，总运单号 20596148371，分运单号 NH96148371。

特殊物品出入境卫生检疫审批单局部示例见图 2-33。

中华人民共和国海关
特殊物品出入境卫生检疫审批单
审批单号：京准202406×××

申请单位			
单位性质	销售		
单位名称	××××××××(中国)投资有限公司	统一社会信用代码	911101116996169962
单位地址	北京市海淀区××××××××	联系人	×××
E-mail	××××××××	联系电话	××××××××
特殊物品信息			
出/入境方式	入境	发货人	×××CO.,LTD.
收货人	××××××××(中国)投资有限公司	输入/输出国	美国
运输存储条件	常温	运输方式	货运
入境存放，使用地点及其地址	北京市海淀区××××××××		
特殊物品监管级别	C级	是否后续监管	否
查验拆检注意事项：			
审批意见及检疫要求			
审批意见：			
检疫要求：	（一）检查出入境特殊物品名称、成分、批号、规格、数量、有效期、运输存储条件、输出/输入国和生产厂家等项目是否与《特殊物品审批单》的内容相符。 （二）检查出入境特殊物品包装是否安全无破损、不渗、不漏，存在生物安全风险的是否具有符合相关要求的生物危险品标识。		
审批有效期：	2024年03月11日-2025年03月11日		
签发时间 ：2024年03月11日		审批机构（盖章）：北京海关	
备注：			

图 2-33　特殊物品出入境卫生检疫审批单局部示例

对美加征排除编号领取自我声明样本如图 2-34 所示。

排除编号领取自我声明

（2023年11月版本）

排除编号：PC0016702406702405
排除期限：2024年1月14日至2025年1月28日

根据对美加征关税商品市场化采购排除相关规定，×××××××(中国)投资有限公司（911101055630105563）就下列拟进口报关商品领取排除编号，以办理排除进口手续：

序号	税则号列	商品简称	金额（总价）
1	3821000000	制成的供微生物(包括病毒及类似品)生长或维持用培养基(及制成的供植物、人体或动物细胞生长或维持用的培养基)	$8252.33

本公司承诺：

1.上述商品已按照《国务院关税税则委员会关于开展对美加征关税商品市场化采购排除工作的公告》（税委会公告〔2020〕2号），《国务院关税税则委员会关于公布<市场化采购排除信息处理办法>的公告》（税委会公告〔2020〕7号），对美加征关税商品市场化采购排除申请填报说明、操作指南、常见问题解答等要求，经对美加征关税商品排除申报系统核准，数据真实，程序完备，不存在涂改、伪造、变造或其他欺骗手段。

2.本公司知悉排除编号与报关单号一一对应，即一个排除编号只能填写到一份报关单上，且一份报关单最多只能填写一个排除编号。上述商品信息与拟报关信息相关内容一致，本公司将在领取排除编号后按此办理排除报关手续；报关进口时不伪造、变造或盗用排除编号。

3.拟报关信息相关内容如果有变化，本公司将按相关规定及时修改，自我声明以更新信息为准。

4.上述商品信息如果与实际报关信息相关内容不一致，本公司有义务通过及时提供说明等措施完成后续排除编号的核销工作。

图 2-34　对美加征排除编号领取自我声明样本

易错栏目

1. “价格说明”栏

（1）规范填报：“特殊关系确认”栏选择“是”；“价格影响确认”栏选择“否”；“与货物有关的特许权使用费支付确认”栏选择“否”。

（2）易错点解析：本案例中，国内进口贸易商和国外出口企业存在子母公司关系，符合《确价办法》第十六条关于特殊关系确认填报“是”的情形。“价格影响确认”栏的填报与“特殊关系确认”栏的填报内容有关联关系，申报单位在填报“价格影响确认”栏前需要按照

《确价办法》第十七条规定，与卖方进行确认后据实填报，本案例不影响价格，所以选择“否”。填报与“货物有关的特许权使用费支付确认”栏时，申报单位可以参考买卖合同中有无对特许权使用费的约定，或者根据买卖双方是否针对进口货物签订过单独的特许权使用费协议，从而判断是否存在符合海关总署公告2019年第58号第二条规定的应税特许权使用费，本案例中明确未含有与此货物相关的特许权使用费，所以此处选择“否”。在实际业务中，申报单位如对申报规范了解不全面，或者没有对合同规定事项做详细了解，或者没有与境外出口企业进行相关事项的确认，就默认申报为“否”，可能会造成事后改单，还有可能会产生漏缴税款等严重后果。

2. “货物属性”栏

（1）规范填报：勾选“27-C级特殊物品”“38-非医疗器械”。

（2）易错点解析：申报法检目录内货物或存在其他按照有关法律、法规须实施检验检疫的情形时，此栏目为必填项。根据《进出口货物申报项目录入指南》，进口特殊物品、化学试剂，必须在特殊物品（25-A级特殊物品、26-B级特殊物品、27-C级特殊物品、28-D级特殊物品、29-V/W非特殊物品）中勾选对应项。在实际业务中，申报单位如对此栏目的填制规范了解不全面，未仔细查看客户提供的特殊物品预核销单上的货物风险等级，可能会造成货物风险等级勾选错误，导致海关检验检疫无法完成。

3. “产品资质”栏

（1）规范填报：“许可证类别”栏填报“203-出入境特殊物品卫生检疫审批”；“许可证编号”栏填报“京准202406×××”；“核销货物序号”栏、“核销数量”栏以及“核销数量单位”栏按照实际情况如实填写（如图2-35所示）。

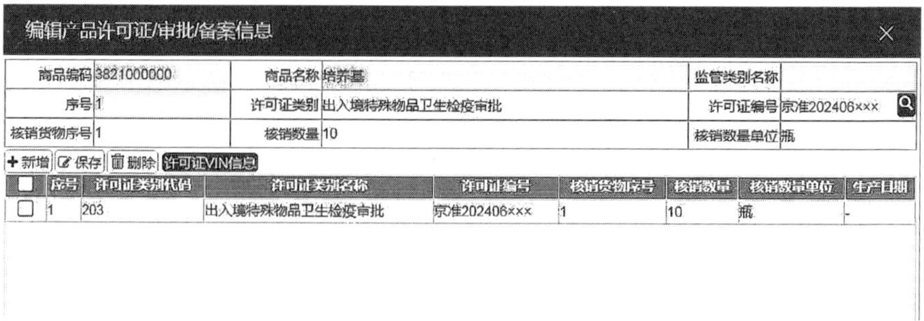

图 2-35 “产品资质”栏规范填报示意

（2）易错点解析：申报法检目录内货物或存在其他按照有关法律、法规须实施检验检疫的情形时，此栏目为必填项。根据《关于公布〈特殊物品海关检验检疫名称和商品编号对应名录〉的公告》（海关总署公告 2023 年第 28 号），该商品为特殊物品，虽然根据《中华人民共和国进出口税则》查询无海关监管条件，但需按法检商品申报，所有涉检栏目均需填报。在实际业务中，申报单位可能漏报产品资质等涉检栏目，造成退单或删改单。

同时，应特别注意，根据《出入境特殊物品卫生检疫管理规定》第八条，“入境特殊物品的货主或者其代理人应当在特殊物品交运前向目的地直属海关申请特殊物品审批。出境特殊物品的货主或者其代理人应当在特殊物品交运前向其所在地直属海关申请特殊物品审批”，不论进口还是出口特殊物品，一定要在货物交运前办理好特殊物品审批单，避免退单。

4. “备注”栏

（1）规范填报：培养基。

（2）易错点解析：此栏目为有条件必填项。根据海关总署公告 2019 年第 18 号附件第三十二条第二十二款，申报 HS 为 3821000000、3002300000 的，属于下列情况的，填报要求为：属于培养基的，填报“培养基”字样；属于化学试剂的，填报“化学试剂”字样；不含动物源性成分的，填报“不含动物源性”字样”。此商品办有特殊物品审批单，属于C级特殊物品，也是培养基，需备注。在实际业务中，申报单位若未填报，后续可能会造成改单。

5. “随附单证代码”栏与“随附单证编号”栏

（1）规范填报：“随附单证代码”栏填报“0-反制措施排除代码”；“随附单证编号”栏填报“PC0016702405702405”。

（2）易错点解析：此栏目为有条件必填项。根据《国务院关税税则委员会关于开展对美加征关税商品市场化采购排除工作的公告》（税委会公告〔2020〕2号），拟签订合同自美采购并进口相关商品的中国境内企业可在进口报关前，根据拟报关信息，通过排除申报系统提交自我声明并领取排除编号。国务院关税税则委员会在自我声明提交后3个工作日内予以核准，由排除申报系统生成排除编号。申请主体在报关单上填写排除编号，按海关规定办理报关手续。此货物申请有排除编号，申报单位应按规定填报。在实际业务中，申报单位若漏填报此排除编号，会造成加征对美反制关税，最终进口方将多缴纳税款。

（三）化妆品（面部保湿润肤霜）进口报关单填制案例解析

××风尚有限公司与法国公司签订了进口化妆品的合同，将法国原产的面部保湿润肤霜首次进口至中国，合同号FS-FR-0615。

进口商品的信息如下：

商品名称：面部保湿润肤霜；商品编号：3304990029；面部护肤用；包装规格：100g/瓶；品牌类型：境外品牌；不含汞，不含濒危物种成分，不含两用物项成分，不含危险化学品成分；监管条件：AB；检疫条件：MN；成交价格1300元人民币/瓶（CIP首都机场）；含瓶重量200g/瓶，此批货物共进口100瓶，含外包装箱共25千克；货物进口后存放在公司北京的仓库中。

进口商提供的通关文件包括发票、箱单、进口化妆品收货人备案号1122012345；境外生产企业备案号39222123456、《进口非特殊用途化妆品备案电子信息凭证》[国妆网备进字（辽）2020123456]、原产地证、销售证明、化妆品中文成分表、进口食品、化妆品清单、进口化妆品安全性承诺、出入境货物收/发货人质量安全合格保证、化妆品中安全性风险物质危害识别表、化妆品外文标签及翻译件、化妆品中文标签样张等。

进口商提供的单据信息显示，货物于2024年2月23日以空运方式运抵北京首都国际机场，运单号784-63983623。

易错栏目

1. “企业资质”栏

（1）规范填报：“企业资质类别”栏填报“515-进口化妆品收货人备案”；“企业资质编号”栏填报“1122012345”。

（2）易错点解析：此栏目为有条件必填项。根据《关于取消进口肉类收货人、进口化妆品境内收货人备案的公告》（海关总署公告2021年第108号），已取消进口化妆品境内收货人备案，但之前已按照《进出口化妆品检验检疫监督管理办法》取得备案的企业，同时备案未过期，仍应如实填报。在实际业务中，申报单位漏填或错填可能会造成事后改单或无法出具检验检疫证明。

2. “检验检疫签证申报要素”栏

（1）规范填报：勾选“11-入境货物检验检疫证明（申请出具）”。

（2）易错点解析：进口化妆品是法检商品，此栏目为必填项。根据《进出口化妆品检验检疫监督管理办法》，进口化妆品在取得检验检疫合格证明之前，应当存放在海关指定或者认可的场所，未经海关许可，任何单位和个人不得擅自调离、销售、使用。在实际业务中，申报单位如对以上规定不熟悉，填报时未向海关申请出具入境货物检验检疫证明作为后续销售使用货物的凭证，会造成进口化妆品无法上市销售。

3. “货物属性”栏

（1）规范填报：勾选“14-预包装”“18-首次进出口”“38-非医

疗器械”。

（2）易错点解析：此栏目为必填项。申报法检目录内货物或存在其他按照有关法律、法规须实施检验检疫的情形时，此栏为必填项。根据海关总署公告 2019 年第 18 号和《进出口货物申报项目录入指南》，进口化妆品应勾选对应项。在实际业务中，申报单位如对此栏目的填制规范了解不全面，可能会漏选错选属性，导致海关检验检疫无法完成。

4. “产品资质”栏

（1）规范填报：“许可证类别”栏填报“526-进口（非）特殊用途化妆品行政许可批件”；“许可证编号”栏填报“国妆网备进字（辽）2020123456”。

（2）易错点解析：此栏目为有条件必填项。根据《进出口化妆品检验检疫监督管理办法》和海关总署公告 2019 年第 18 号，国家实施卫生许可的化妆品，应当取得国家相关主管部门批准的进口化妆品卫生许可批件，海关对进口化妆品卫生许可批件电子数据进行系统自动比对验核。在实际业务中，申报单位容易漏填，造成退单。

5. “法定第一数量”栏

（1）填报规范：10。

（2）易错点解析：此栏目为必填项。根据《关于调整部分进口化妆品申报要求的公告》（海关总署公告 2022 年第 51 号）第一条，“（一）化妆品的第一法定计量单位为‘千克’，第二法定计量单位为‘件’。（二）包装标注含量以重量计的化妆品，按照净含量申报第一法定数量，即液体/乳状/膏状/粉状部分的重量；按照有独立包装的瓶/罐/支等数量申报第二法定数量。”本案例中已明确化妆品膏状部分为200g/瓶，100 瓶应填报 20 千克。在实际业务中，申报单位容易错将含瓶重量填在栏目中，造成错填。同时，按照《财政部　国家税务总局关于调整化妆品进口环节消费税的通知》（财关税〔2016〕48 号），进口完税价格在 10 元/毫升（克）或 15 元/片（张）及以上的高档美容修饰类化妆品、高档护肤类化妆品征收 15%的进口环节消费税，若填错重量，会导致单价错误，可能会造成漏缴税款的严重后果。

6. “用途”栏

（1）规范填报：27-化妆品。

（2）易错点解析：此栏目为必填项。根据海关总署公告 2019 年第 18 号，申报单位需确定进出境货物的使用范围或目的，并按照海关规定的《货物用途代码表》正确填报。在实际业务中，申报单位容易错选为其他用途，造成改单。

（四）实施贸易救济措施货物（螺栓）进口报关单填制案例解析

2024 年 1 月 15 日，××科技有限公司与英国 Schells DC CO.，Ltd. 签订进口螺栓的合同，货物于 2024 年 3 月 20 日生产完毕发往北京首都国际机场。

进口商品的信息如下：

商品名称：螺栓；申报商品编号：7318151001；品牌：DC；材质：碳钢；抗拉强度：1000 兆帕；杆径：10mm；非用于民用航空器维护和修理；监管条件：无。

进口商提供的通关文件有发票、箱单、证明螺栓原产于英国 Schells DC CO.，Ltd. 公司的原产地证、空运单等。

！易错栏目

1. “原产国（地区）”栏

（1）规范填报：英国。

（2）易错点解析：此栏目为必填项。根据《关于实施贸易救济措施货物进口报关单自动计税有关事项的公告》（海关总署公告 2018 年第 7 号），在申报符合实施贸易救济措施条件需要征收反倾销、反补贴税的商品时，“单一窗口”会自动弹窗提示。此商品原产于英国，依据《关于对原产于欧盟的进口碳钢紧固件所适用的反倾销措施期终复审裁定的公告》（商务部公告 2016 年第 24 号）、《关于原产于欧盟和英国的进口碳钢紧固件反倾销措施期终复审裁定的公告》（商务部公告 2022 年第 17 号）等，在“原产国（地区）”栏录入“英国”后会自动弹窗提醒如图 2-36 所示。

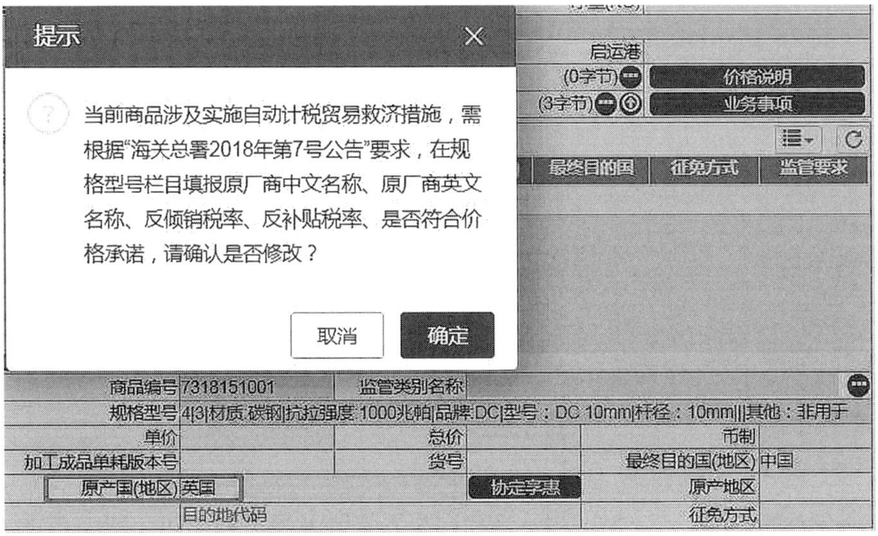

图 2-36 在“原产国（地区）”栏录入“英国”后会自动弹窗提醒

点击“确定”后会自动跳转至商品申报要素录入界面，如图 2-37 所示。

商品规范申报-商品申报要素

规格型号（根据海关规定，以下要素应全部填报）。

品牌类型	境外品牌(其它)
出口享惠情况	不适用于进口报关单
材质	材质:碳钢
抗拉强度	抗拉强度:1000兆帕
品牌（中文或外文名称）	品牌:DC
型号	型号：DC 10mm
杆径	杆径：10mm
GTIN	
CAS	
其他	其他：非用于民用航空器维护和修理
原厂商中文名称	其他欧盟公司
原厂商英文名称	All Others
反倾销税率	0.26
反补贴税率	
是否符合价格承诺	否
规格型号	4|3|材质:碳钢|抗拉强度:1000兆帕|品牌:DC|型号：DC 10mm|杆径：10mm|||其他：非用于民! （137/255字节）

该商品涉及贸易救济措施，请按海关总署公告2018年第7号要求填报。

友情提示：点击确定按钮后将根据界面商品申报要素进行重新归类。

取消　确定

图 2–37　商品申报要素录入界面

逐项根据商品信息录入申报要素，在“原厂商中文名称”处选择真实的生产厂家名称，敲击回车后会将“原厂商英文名称”“反倾销税率”“反补贴税率”等信息自动带出，点击“确定”后此模块录入完毕。

在实际业务中，申报单位如不了解实施贸易救济措施的货物申报要求，错报原产国（地区）或录错原厂商中文名称，会造成“双反税”计算错误，导致漏缴税款等严重后果。

2. “随附单据”栏

（1）规范操作：在随附单据文件类别中选择“00000009–原产地证据文件”并上传外商提供的原产地证明文件。

（2）易错点解析：此栏目是有选择必填项。根据海关总署公告2018年第7号，进口货物收货人申报进口属于实施贸易救济措施的货物，无论进口货物原产地是否为涉案国（地区）的，均应如实申报原产地并提交相关原产地证据文件（包括但不限于原产地证书、原产地声明等）；无法提交原产地证据文件的，应出具情况说明。在实际业务中，申报单位易漏传原产地证明文件，导致后续海关验估时让企业补充提供或改单补税，给企业造成损失。